企业阅读 本土实践

# 建材家居
# 经销商
# 实战42章经

王庆云◎著

中华工商联合出版社

图书在版编目（CIP）数据

建材家居经销商实战42章经/王庆云著．—北京：中华工商联合出版社，2016.3

ISBN 978-7-5158-1544-2

Ⅰ.①建…　Ⅱ.①王…　Ⅲ.①建筑材料-市场营销学　Ⅳ.①F765

中国版本图书馆CIP数据核字（2015）第285401号

建材家居经销商实战42章经

作　　者：王庆云
责任编辑：于建廷　效慧辉
责任审读：郭敬梅
封面设计：久品轩
责任印制：迈致红
出版发行：中华工商联合出版社有限责任公司
印　　刷：三河市文阁印刷有限公司
版　　次：2016年4月第1版
印　　次：2019年3月第2次印刷
开　　本：710mm×1000 mm　1/16
字　　数：220千字
印　　张：16.25
书　　号：ISBN 978-7-5158-1544-2
定　　价：66.00元

服务热线：010-58301130
团购热线：010-58302813
地址邮编：北京市西城区西环广场A座
19-20层，100044
http：//www.chgslcbs.cn
E-mail：cicap1202@sina.com（营销中心）
E-mail：gslzbs@sina.com（总编室）

# 博瑞森图书：企业阅读　本土实践

亲爱的读者朋友：

也许您是博瑞森图书的老读者，也许是新朋友，欢迎您阅读博瑞森图书！

当今中国，各行各业都存在着转型升级的压力与机遇。博瑞森图书与您一同应对转型挑战并发现其带来的机遇。

我们一直在问：什么样的书能为您解决管理难题并带来启发？

我们一直在找：哪些作品能帮助企业从跟随到领先？

我们一直在做：把最好的作品以最便捷的方式呈现给您，纸质版、电子版、书摘邮件、微信……

我们策划图书的原则是：

- 企业阅读——与您一样，做水中的游泳者，而非岸上的观众或教练，企业的困惑就是我们的任务。
- 本土实践——与您一样，立足本土环境，追求卓越实践，传播最适合当下中国企业的管理之道。

我们也向所有的企业管理者、管理咨询专家和企业研究者征稿，让更多被实践检验的好思想、好方法迸发出来，为企业助力！（bookgood@126.com 或 QQ：1963328416 或手机号 13611149991，绝非“自费出书”，不向作者收取任何费用）

如果有一天，您把博瑞森图书视为您优秀的事业伙伴、管理助手，我们也就实现了自己的梦想。

博瑞森图书

最近刚好做了一场针对区域经理如何打造样板市场的培训（美其名曰“十二门市场操作心法”），虽然是针对区域经理的，但作为经销商和操盘手也可从中体会一番。

## （一）必须正确看待“存在”与改革

“一切合乎理性的存在都是合理的，一切存在都是可以改变的。”如果忽视前半句，你就不可能真正理解他、理解他的现状和原因、理解他的苦衷和忧虑。但是理解他并不意味着认可他，因为还有至关重要的后半句“一切存在都是可以改变的”。如果忽视后半句，你的价值也就荡然无存了。

## （二）必须问的十个问题

哪怕对行业再了解，对区域再熟悉，调研这一步都不能够省略。哪怕调研的结果和一开始预想的一模一样，也不能因此降低调研的作用。调研时，竞品需要了解，顾客更不能忽视，必须做定性座谈会，必须搞清楚他们为什么买我们的产品，为什么不买我们的产品，为什么买竞品的产品，为什么不买竞品的产品等等，这些最本质的问题必须得到清楚明了的回答。具体问题如表 1 和表 2 所示。

**表 1　顾客核心十问**

| | |
|---|---|
| 1 | 什么样的人在买该类产品？什么样的人在买我们的产品？他们在哪里？有什么特点？ |
| 2 | 为什么要买该类产品？ |
| 3 | 何时购买？ |
| 4 | 在哪里购买？ |
| 5 | 从哪里收集相关信息？在哪里看到了哪些品牌的信息？ |
| 6 | 如何判断该类产品的好坏？ |
| 7 | 谁发起、谁决策、谁使用？购买流程是怎样的？ |
| 8 | 为什么买我们的？为什么不买我们的？ |
| 9 | 为什么买某竞品的？为什么不买某竞品的？ |
| 10 | 购买后使用情况怎么样？是否满意？ |

**表 2　竞品核心十问**

| | |
|---|---|
| 1 | 谁在卖该类产品？谁在卖和我们一模一样的产品？他们在哪里？有什么特点？ |
| 2 | 他们的产品特点、产品组合怎样？ |
| 3 | 他们的品牌有什么特色？ |
| 4 | 他们在哪里卖？ |
| 5 | 他们通过哪些渠道在推广？ |
| 6 | 他们的顾客有什么特征？ |
| 7 | 他们的主力市场在哪里？ |
| 8 | 他们的竞争反应模式是怎样的？ |
| 9 | 他们的组织与人员状况如何？ |
| 10 | 他们的实力如何？有何特殊资源？ |

## （三）革命，还是变革

有了思路和方案，必须考虑到底以何种方式和节奏让改变发生。是暴风骤雨？还是和风细雨？这就要看有没有到了必须革命的地步，能不能应对可能带来的风险，以及能否承担得起革命的代价。比如，我们就曾在一个项目上既没有选择暴风骤雨，也没有选择和风细雨，经销商承受不了“大雨”，“和风”又不会有效果，所以我们采取了“中雨 + 雷阵雨”的工作节奏。

## （四）打好预防针

如果要实施一种新的思路和方案，一定要提前告诉经销商两点：一是做好前两次效果不理想的心理和少许投入的准备（因为很多情况下需要沉淀，需要方法的沉淀也需要团队的沉淀）；二是做好个别人员离职的思想准备和人员储备（变革都是要触动利益的，不合适的人出局往往是难免的）。这两点非常重要，必须提前讲，这都是经销商的敏感区域和痛点。

## （五）敢于承担责任

做市场，最怕相互扯皮、相互推诿。必须明确责任归属，并有勇气承担起自己的责任。我们在做项目的时候都会直接告诉对方“如果败了，是我们的责任；如果成了，你们的功劳最大”。同时，我们还特别强调和坚持“先行吃亏”的企业文化。

## （六）必须帮他省钱

很多经销商评价我们的作业时最常说的一句话就是“没有花多少钱，就办了大事”。为经销商省钱，有两个原因，一是让我们接盘的很多都是个烂摊子，基本没啥钱，大投入根本不可能。二是我们必须将心比心，尊重对方的每一滴心血和汗水。说的自私一点，尊重对方的劳动，对方才会尊重我们的劳动。

## （七）杜绝单打独斗

需要埋头苦干，也需要抬头望天。整合资源，比单打独斗更有效。在这个顾客被分流、媒体碎片化，各类成本不断攀升的时代，整合资源、团结一切可以团结的力量、抱团取暖、共同做大分享利益、共同分摊成本和风险成为必然的竞争模式。

## （八）管理是核心

方案出来之后，组织、人员和管理是核心。正如毛泽东所说的那样：“路线方针确定之后，干部是关键。”如果有了思路而没有合适的人，将直接导致大量宝贵时间的浪费。这种痛，比没有思路更痛彻心扉。操盘者必须从“业务能手”向“组织高手”转变。

## （九）动起来是关键

如果操作的区域比较大，覆盖的经销商比较多，一定会有相当的经销商始终停留在琢磨、分析和测算的阶段，始终不敢迈出第一步。实践必将证明：“有些臆想的困难在实际中根本不足为道，有些认为轻而易举的事情才是真正的绊脚石”。我们的建议是“在奔跑中调整姿态”。

## （十）沟通必须到位

做样板市场需要沟通的层面非常多，与厂家的沟通，与经销商的沟通，与经销商中间层和执行层的沟通，与其他合作伙伴的沟通，还有项目组内部的沟通。特总结了几条沟通经验供参考，与经销商的沟通要掌握5个秘诀，盘思路、看状态、做计划、做跟踪、做指导；与厂家高层沟通要特别注意3个要点，一是不在其位、不谋其政，二是与公司确定的大方向保持高度一致，并将所从事的事情提高到一定高度上来看待和表述，三是保持正直、自信、自尊。

## （十一）态度很重要

能力重要，但单纯的能力赢得不了对方的尊重，态度好却可以轻松实现这一点。具体而言，感悟有如下6点，见表3。

**表3　六点态度**

| | |
|---|---|
| 少扯些淡，多谈点事 | 很多咨询师喜欢和客户扯东扯西，就是很少谈工作。客户当时可能因为话题很兴奋，但当他回过神来后一定很气愤，心想：“他到底给了我什么?”在很多项目上，我们的工作精神是“少扯些淡，多谈点事；能直接，不绕弯；能现在，不推后”。并践行了“白加黑”和“5+2”的工作方式，和客户一起干，带着客户一起熬，客户熬不下去了，好评上来了，当然最核心的业绩也上来了 |
| 该拍桌子的时候，就拍桌子 | 客户请我们来，是解决问题的，不是听我们拍马屁的。有不同的意见就要表达，需要强烈反对的甚至要敢于拍桌子。虽然当时他的脸色会不好看，但他们回去仔细一想，知道你确实是在为项目努力，为对方着想，就足可以加分了 |

续表

| | |
|---|---|
| 建立规矩，首先是为了约束自己 | 在项目开始时必须建立严格的规矩，一方面我们必须带头执行，另一方面一多半的规矩不是约束对方的，而是自我约束，让经销商看到我们的诚意，从而也为项目的执行奠定良好的基础 |
| 保持正直，才能站得直 | 必须拒绝来自经销商的任何物质奖励，哪怕是吃饭也要严格控制，除了团队聚餐，一律自理。拿人家手短，吃人家嘴软，站得直，才能站得久 |
| 在不懂的地方就该低头 | 我经常和我们的团队说：虽然别人叫我们老师，但我们“不懂的地方”远比“懂的地方”要多得多。所以，我们遇到短处的时候，必须彻底丢掉咨询师的架子，去各地学习先进经验。即使是我们的长处，我们也不能放弃取经。因为我们的长处是跨行业的，远不如在客户系统内的最佳实践转化的快、有效性高，为此我们必须腿勤起来。这样一来，你会发现一个非常有意思的现象，这样的举动不但不会降低我们在客户、经销商眼中的地位，反而会引起极高的评价。其实，我们心里也应该非常清楚，低头并不代表我们失去了自信，因为作为咨询师，我们的思维足以把最先进的企业实践梳理提升。我们必须有这个自信，在低下头的那一刻，已然胸有成竹 |
| 不表功，只秋后算账 | 在一次次成功面前，我们开会时有一个习惯，涉及客户工作时，我们以鼓励为主；涉及我们自己的工作时，我们只讨论过失，不谈功绩。这一点让经销商对我们刮目相看。有的时候弄得客户都不好意思，甚至看不下去，主动替我们说话，而且好话越来越多。其实，我们的思路就是“我们先放倒自己，别人只有扶的份了。” |

## （十二）最后一点：永远下活棋

合作中一定有矛盾，一定有意外，一定有不开心，但我们需要始终谨记，哪怕是在看似一片死棋的时候，也一定要留一个活子，尽量避免只有一个选择的选择，因为有两汪活泉，才可以防止被绑架，才可以真正地伸缩自如。

做营销，注定了要在冰与火、刀与剑中度过。这是营销人员的宿命，也是营销人员的浪漫。12 条法则，12 条注意，12 门心法，也是 12 项修炼。

最后，以笔者的一首小诗结束本篇自序。

**变革：鹰之歌**

生存，还是毁灭？
处在生命拐角处的回答，鹰无法拒绝。
生存，是因为选择了生存，
毁灭，是因为选择了毁灭！
它可以枕着昨日的辉煌迎接死亡，
也可以抓住一百五十天与死神较量。
它毅然选择了面向岩石——重生的开始。

撞击，一次次的撞击，
它要让坚硬的岩石也留下它与命运搏击的、骄傲的痕迹！
摩擦，一次次的摩擦，
它甚至把它作为了一次和自己较劲的、饶有兴趣的练习！

喙脱落之后的等待是何其的漫长，
但它坚信：陪伴它的，除了辘辘饥肠，还有重生的渴望！
新喙长成了，它雀跃着，
然而这只是暂时的欢呼——新的战斗已经开始！

把老化的趾甲一根根拔掉，任鲜血一滴滴洒落，
它不会在疼痛中呻吟——那是懦夫的伎俩；
它是空中之王啊，它要在痛苦中放声歌唱：
“这血必将染红山崖，也必将染红明天的太阳！”

它无法休息，因为痛苦之后将是新的痛苦；
它又格外兴奋，因为与命运的最后一战即将打响！
把那又长又重的羽毛一根根的拔掉，一根根的拔掉！
让高贵的血，再次浸透自由的渴望！

让脱落的羽毛飘向大地，宣告它即将胜利的消息！

几个月之后，一声长啸响彻天空。
新的喙、新的爪、新的翅膀——死神屈服了。
它再次赢得了蓝天
——这曾经属于它、又再次属于它的蓝天。
它将再次
威慑大地30年！

备注：鹰——世界上最长寿、最神奇的鸟类就是这样历练出来的。如果说浴火重生是凤凰的传说，那鹰的历练就是现实的涅槃。

特此为序。

2015年9月26日

# 上篇

## 老板就要这样当

# 一、老板是企业的天花板

新东方创始人俞敏洪在接受第一财经《中国经营者》栏目专访时说道："我的成长有多快，新东方成长就有多快，这就是我的核心竞争力。如果我不成长，新东方一定就停止了。我就是新东方的天花板。"

一个企业能够做多大、走多远，归根到底受老板自身能力和境界的制约，老板的能力和境界为企业的发展封顶，这就是天花板定律。说狠一点，企业最大的瓶颈、最大的绊脚石就是老板自身。经销商老板更是难逃此魔咒，因为比起厂家来，经销商更是经销商团队的顶梁柱，甚至是唯一的顶梁柱。

那么，对于经销商而言，哪几个天花板最要命呢？

一是发展愿景的天花板。老板在走到一定程度后，突然不知道该怎么走了，找不到方向感和节奏感。核心原因有两个，如表1－1所示。

**表1－1　产生发展愿景天花板的原因和对策**

| 原　　因 | 对　　策 |
| --- | --- |
| 视野不足：视野有多大，世界就有多大 | 多结交高质量的朋友，多出去走走 |
| 发展的内在动力和意愿下降：怕风险，求安稳，典型的小富即安心态 | 大多数情况下是厂家出手，逼其就范 |

二是用人管人的天花板。走团队之路是企业发展壮大的途径。用人管人不到位，企业注定做不大、走不远。对核心团队成员的识别、使用、激励、管控等工作，既涉及老板胸怀的问题，也涉及技术操作的问题。相当一部分老板正为此困惑，在用人管人方面出现了反反复复、犹犹豫豫、停滞不前的问题，甚至反被外人"绑架"或"釜底抽薪"，弄得自己人去楼空、为他人做了嫁衣裳。这并非危言耸听，血淋淋的现实

案例很多。葛大爷说“21 世纪最贵的是人才”，这句话不全对，因为最贵的是忠心的人才！

三是惯性思维的天花板。这是绝大部分老板都不愿意承认但又确实存在的天花板。对经销商而言，主要容易产生“过低估计外界威胁、过高估计自身能力”的问题，尤其是前期越成功，后期越自负。所以，从这个意义上看，失败是成功之母，成功也是失败之父，即使许多伟人也是如此。在跨界竞争、模式竞争、资本竞争的快速迭代的商业环境里，尤其需要保持敬畏之心，驱散自满之情。在这方面，万科王石的表现让人拜服。在万科年会上，有记者请王石用一句话概括公司发展的经验，王石说：“不用一句话，只用三个字：没想到。”记者又请他用一句话概括公司未来的发展，王石说：“也不用一句话，还是三个字：不确定。”这就是对成绩的清醒，对未来的敬畏。

要实现企业的真正跃升，必须首先实现老板的段位升级；要实现企业的实质变革，必须首先进行老板的自我突破。很不幸，在这方面，没有任何人可以代替。很庆幸，因为这才说明，你才是真正的当家人。

“十年来我天天思考的都是失败，对成功视而不见，也没有什么荣誉感、自豪感，而是充满了危机感。也许是这样才存活了十年。我们大家要一起来想，怎样才能活下去，也许才能存活得久一些。失败这一天是一定会到来，大家要准备迎接，这是我从不动摇的看法，这是历史规律。”这段话源自任正非 2001 年 3 月在企业内刊上发表的一篇文章《华为的冬天》，此时正是华为发展势头良好的时候。接下来，大家都知道，互联网泡沫破裂让这篇文章广为流传，“冬天”自此超越季节，成为危机的代名词。其实，清醒的企业家每天都认为倒闭是随时有可能存在的，天天在备战。

但是，很多人都是到了逼不得已的时候才想到了改变，然而此时的变革风险和阻力已经很大了，甚至一旦变革不成功，可能连后路也没了。所以优秀的企业家会选择在企业自身形势最好的时候开始变革。因为此时的人心最盛、资源最足、阻力最弱、风险最小、余地最大。同时，最好的时候往往也是衰落的开始，此时变革也正当时。当然，这需要非凡的胆识。

经销商变革的内容主要有三个方面，如表1－2所示。

**表1－2　经销商变革的内容**

| 组织变革 | 主要涉及组织结构的调整和激励方案 |
| --- | --- |
| 管理方式变革 | 主要体现为由人管人到制度管人，由粗放式管理向精细化管理的过渡 |
| 发展模式变革 | 包括目标市场、利润模式和关键控制点的变革 |

越是发展，问题越多，也就越需要改革。是主动出击呢，还是坐以待毙？作为企业家，管控着企业的利益，不可不慎重，但也不可被眼前的成绩和众多利益相关者的短浅目光所束缚，应该看到甚至可以预示到自身裂变或聚变的节点。你，听到改革的种子在土中发芽的声音了吗？

## 二、经销商是被逼大的

某著名家居品牌，以三四线城市为重点，一开始店面面积300来平方米，当扩大到500平方米的时候，一些经销商没有信心，于是这些经销商被淘汰了。当店面面积由500平方米变成1000平方米的时候，又有一些经销商没有信心，又淘汰了一批；当店面面积由1000平方米变成2000平方米时，同样如此。到了后来，平均面积都达到了3000平方米，其中不乏面积达到5000平方米、个别面积甚至达到10000多平方米的超级店。这意味着什么呢？跟着厂家一路走过来的经销商，都实现了从小商贩到当地首富级别的龙门之跃；甚至相当一部分人都成了政协委员，格局彻底打开。另外，部分经销商听取厂家建议，在早先时候实现了物业自有，单纯商业地产升值，他们的身价都不知道翻了多少倍。

事实上，经销商就是被逼大的。大部分经销商受其理念尤其是胆识的制约，常常会出现小富即安、投资渐趋保守的“中等发达国家陷阱”现象，此时，他们往往无法单凭自身的意志完成突破和跃升，这就需要厂家的强力介入和拉升，无论是利诱也好，还是胁迫也好。

在利诱不足的情况下（一般都是不足的），胁迫就会成为主角。于是经销商的抱怨之声就会四起，甚至有人会跳梁。没关系，快速的成长必然会有痛苦的撕裂。

作为厂家渠道管理人员，无需为经销商的怨气所困。真正的变革必有成员的淘汰，话也可以反过来讲，没有人员淘汰的变革不是真正的变革。不遇难事，不识人；不涉投入，不知商。与挺过去的伙伴一起迎接海阔天空，向那些挺不过去的战友送一声祝福、各奔前程吧。只要自身够硬，任何时候都不会缺乏随行者。有人走，就会有人来。只要股票够好，就不会缺少接盘侠。正所谓，一份缘尽，自有一份缘起。与谁同行，到哪里去，同等重要。

作为经销商，无需怨恨厂家的胁迫，这恰恰是你真正突破的转折点。越是痛苦，成长越快，突破越大。过程中，你会痛苦；挺过后，是一段传奇。正所谓，挫折是受挫之后的转折，痛快是痛苦之后的快乐。

逼其就范，真正有实力的强势品牌，无不如此操盘。

被逼长大，真正从“夫妻店”成长为“大商”的经销商群体，无不经此历练。

## 三、竞争对手是你搞大的

很多经销商抱怨市场竞争越来越激烈了。激烈的市场竞争是一个有前途的品类所必然面对的宿命。竞争越来越弱，说明这是一个没有前途的品类。所以，无需抱怨，反应庆幸。

然而，我想说的是另外一点，那就是竞争对手能够做大做强，很大程度上不是市场的红利，而是你发给他们的红包。该进的时候不进，让竞争对手抢了先机；该建立门槛的时候不建，让竞争对手长驱直入；该拉开差距的时候不拉，让竞争对手有机会跟车尾随；该痛击的时候不舍，让竞争对手择机一举弯道超车。对手，不是你搞大的，难道还是隔壁老王搞大的？

你如果有幸捷足先登，务必要先发制人，否则必将遗恨终生。在强劲对手来临之前，务必快速抢占最优地段和最大面积的店面，快速抢夺最优秀的人才，快速抢占消费者的心智，快速抬升竞争对手进入的门槛，快速做大做强。在这种情况下，只要不犯重大失误，后来者很难超越你。之所以被后来者居上，根本原因是我们贻误了圈地、圈人、圈心的绝佳战机，本质上是自找的。于是，出现了前面畏缩不前、后面抱怨不断的现象。我只能说三个字：自作孽；八个字：早知如此、何必当初！

如果说，先行者有看不清形势、摸着石头过河的顾忌，才会畏缩不前、蜻蜓点水。那么，作为后来者，就不存在这个问题了，一旦看清这个品类和品牌是有前途的，那就“奔跑吧，兄弟”！趁着先行者还没有站稳脚跟，在他做大做强前，迅速实施后发制人的闪电奇袭。上天对你不错，生了个对手，还是为你趟路的。在位置、面积、形象、推广、团队方面，以雷霆之力一举超越他，让他由先驱荣升先烈。难不成，还要等着他做大或者其他后来者居上吗？虽然现在有点割肉的心疼，但总比将来被淘汰好得多。长痛不如短痛，对他不狠就是对自己残忍。

比如，某地板品牌 D（实木著称）当初攻击某地板品牌 S（强化著称），采取的策略就是后发制人。S 在哪里开店，D 就在哪里开店，而且要求非常明确：位置更好、店面更大、形象更佳、广告更凶、人员更猛！结果，后来者登堂入室，先行者也猛然苏醒，绝代双雄从此纵横江湖、享誉天下。

现在，你的选择是什么呢？

# 四、怎样哭着向厂家要奶吃

## （一）会哭的孩子有奶吃

这句话在厂商关系中应用是最胡扯的。笔者走访了很多市场，与很多经销商零距离沟通，最常听到的是抱怨厂家的产品和服务存在各种问题，最需要支持的是厂家能在当地多投些广告、多给些补贴。出于礼貌，一般情况下我的应对都比较委婉。但按照我真实的性子，我会说："就你这点销量和只求广告支持的理念，如果我是厂家，一点支持都没有。有合适的经销商，就淘汰了你。"这不是危言耸听，大部分有实力的品牌厂家就是这么想的。

如果一定要哭，也要会哭。但哭之前，必须先弄清楚，你是要牛奶呢，还是奶牛呢，还是一起把挤奶工也要过来。

举个例子，我就见到一个会哭的，当时我在参加某品牌315华东区促销宣贯会和样板市场启动大会。晚上，和厂家营销总监在酒店房间里讨论问题，经销商开始轮流拜访营销总监。一连几个经销商都是直接过来哭穷，要政策、要支持的。营销总监送走一个就鄙视一个。这时。来了一位浙江某市的年轻经销商牛总，30岁左右，他拿出了三页打印的工工整整的材料，然后说道："领导，这是我们市场上一年的总结和今年的市场投入方案，请您指导一下。今年是我们做的第二年，我准备响应公司政策，新开一家店，做3~4场大型联盟活动，新增3个左右的推广团队，实现销量的再翻番。"

这次，营销总监主动问了："你需要厂家什么支持?"

牛总说："目前，还不需要厂家怎么投入，毕竟市场是我们自己的，生意是我们自己的，我们的品牌和产品优势这么明显，做不好对不起厂家，更对不起自己。如果一定要支持，那就请领导经常莅临我们市场指导工作，我们做这行毕竟时间很短，我们也太年轻，难免会犯一些错误。”

这场会面愉快的结束了。牛总离开房间的那一刻，厂家营销总监说话了：“像这种经销商，要什么给什么，不要，公司能给的也要给。不仅是为了销量，更是为了鼓励这个正能量。这个风不能歪！”一年下来，公司能给的政策全部都给了，而且是优先级别的那种。

作为经销商的你，会要政策了吗？在此特别说明一下：从严格意义上讲，厂家只需要提供产品和利润空间就可以了，其他都是赠品。而我们的经销商大多数情况下，毫无感恩之心，还会抱怨赠品的各种问题，赠品不够多、赠品不够好、赠品不贴合自身。四个字：得寸进尺。正是因为厂家有很多做不到或者做得不够好的地方，才需要你来做。什么都提供了，要你干什么？什么都提供了，凭什么要和你分享利润？让厂家提供的支持和服务为你量身定制，如果你是厂家，面对成百上千的市场，为每个市场量身定制，你能做到吗？你自己都做不到，凭什么要求厂家这么做。厂家其实只需要和你谈销量就行了。

## （二）自以为是还是敬畏之心

某品牌的一个经销商，年营业额过亿，工厂下来的任何文件，他都会收集起来，认真学习、认真执行。甚至厂家找不到文件的时候，都能在他那里找到。

有人问他：“你为什么这样呢？厂家的东西就真的那么好吗？”

他答道：“首先，我不相信我们一小撮人能比厂家以及厂家的智囊团那么多人更聪明。其次，他们这么做肯定有他们的道理。无论是从利益上，还是从智商上，他们为什么要乱搞、要瞎搞呢。所以，对于厂家的东西，我必怀敬畏之心。说的狠一点，很多人都是死在了四个字上：

自以为是。”

有人又问：“厂家的东西，都适合你的市场吗？”

他答道：“那也不是。我也会结合我的市场去做一些改变。但是考虑到我的团队甚至我本人也会有惰性，习惯于原来的操作、懒得改变，所以我基本上都会按照先僵化、后固化、最后再优化的思路来做，否则，开始就优化，最后极有可能什么都动不了。还有一点，就是直接奢望厂家的东西完全贴合自身的市场情况，这本身就是痴心妄想。这话不好听，话糙理不糙。因为我原来也这副德行，后来才转过弯来。”

这就是意识的差距。很多经销商会抱怨厂家的变革是瞎折腾。折腾就对了！有活力的企业必须要折腾，有野心的经销商也必然会折腾。只有折腾，才能舒展肢体，强身健体，摆布得开。至于是不是瞎折腾？那就不是单个经销商所能判断的了。正所谓夏虫难以理解冬寒，一域难以理解全局。厂家做得比你大、比你强，一定有他的道理所在。

## 五、生意是折腾出来的

经过这些年的市场操作和咨询服务，我发现一个特点：生意好的，都是折腾出来的。顺丰的董事长王卫是个缺乏安全感的人，没几天就要折腾一下，结果折腾来折腾去，折腾出一个快递行业无可争议的王者。

不怎么折腾的生意多半半死不活。为什么？因为思路不是想出来的，是折腾出来的。资源不是等出来的，是碰出来的。团队不是训出来的，是市场的弹药喂出来的。有人说建材行业促销活动太频繁，消费者越来越不感冒。但是没有这么多的蓄客活动、促销活动，哪有现在的善战团队。有了强势的团队，自然会有思路，自然会有生意。

所以，我看一个经销商是否有前景，就看他的团队状况。以阳刚气盛的年轻人为主的团队，经营总不会太差。以混个保险的老大妈为主的团队，好也不会好到哪里去。我个人尤其看好并乐于招募东北军、川湘军，一定要是男性性格的人，即使女的也必须是女汉子，因为他们能折腾，折腾起来够猛、够狠、够辣、够味。其实只要有了这样一群人，只要厨师长水平不是太差，总可以炖出一锅好菜。

怎么折腾呢？经销商需要做的事项如表 5－1 所示。

**表 5－1　经销商需要做的事项**

| | 事　项 | 说　　明 |
|---|---|---|
| 1 | 多观察顾客 | 看顾客在观察什么、触摸什么、询问什么、在意什么、犹豫什么，读懂他，那是一座金山 |
| 2 | 多琢磨顾客 | 他为什么买、为什么不买，不妨组织个顾客座谈会，敞开聊一聊，你一定会有意外的发现 |
| 3 | 多观察导购 | 观察导购面对顾客时，哪些过招有效、哪些过招无效，你认为无效的可能很灵光，你认为有效的可能顾客真的不感冒 |
| 4 | 多上小区去看看 | 和物业、装修现场人员、业主、保洁阿姨、在跑小区或者做小区推广的人员多沟通交流，沟通之间大有价值 |
| 5 | 多研究对手 | 包括他的产品、他的话术、他的团队、他的推广、他的门店等等，再差的对手只要能生存下来，总有你学习的地方 |
| 6 | 多和商场的人交流一下 | 东家常、西家短，绝对能帮你把那顿饭钱赚回来 |
| 7 | 多结识一些建材家居行业里面的人 | 说不定他不经意的一句话突然会把你点亮 |
| 8 | 多向建材家居行业做得好的人学习 | 尤其是那些前端的商户，不仅是资源，更宝贵的是经验 |
| 9 | 多和厂家互动 | 多和厂家的销售人员、培训人员、客服人员打打交道，多花一点时间，你会收获更多 |
| 10 | 多和同品牌经销商互动 | 多和厂家其他做得好的经销商互动一下，他们给你的将是最有借鉴价值的东西 |
| 11 | 多和团队成员沟通 | 多倾听一线声音，一起来研究应对，战略在打炮的射程之外，但真理一定在打炮的射程之内 |

续表

| | 事　项 | 说　　明 |
|---|---|---|
| 12 | 多做培训 | 集中培训、现场培训、一对一培训、自主培训、外部培训，有机会就练兵，经得起折腾的兵才是好兵 |
| 13 | 多做活动拉练 | 大规模的活动是最好的培训、最好的实战，既练单兵又练团队，不要只盯着销量，人成长了也是极大的收获 |
| 14 | 多带团队出去玩一下 | 适当的休息玩耍也是一种蓄积能量的过程，你更会玩，他们才更会卖 |
| 15 | 多尝试新的东西 | 把家电产品拿来试试，把快消产品拿来试试，小试牛刀，有效后再大刀阔斧的改革 |
| 16 | 试一下你不擅长、不喜欢的方式 | 不擅长，做多了就擅长了；不喜欢，赚钱了也就喜欢了 |
| 17 | 不妨因人设岗 | 让他来折腾一下局部，看看结果究竟会怎样 |
| 18 | 允许下属犯一些小错误 | 只要不是致命的或成本很高的那种错误，这些错误和失败会给你带来惊喜 |

总而言之，没事找事干。生命在于运动，生意更在于运动。折腾吧，财神也喜欢能折腾的人。

## 六、必须有点血性和匪气

绵羊带领狼群，狼也是羊；狼带领羊群，羊也可当狼。这就是团队头人的作用。头人必须像山头的土匪大哥一样，能够震得住场子、罩得住弟兄、守得了地盘、抢得了山头。

有情义的一面，也必须有杀气的一面。该讲情义的时候讲情义，该动杀气的时候动杀气。正所谓怀菩萨心肠，行霹雳手段。尤其在团队淘洗和奖罚实施过程中，坚决不能混淆。俗话说，慈不掌兵、义不理财，就是这个道理。

没有血性和匪气的经销商将直面四大害：英才难聚、对手欺负、小鬼调戏、朋友轻视，具体如表6-1所示。

**表6-1　经销商直面的四大害**

| 四大害 | 说　　明 |
|---|---|
| 英才难聚 | 你在选人才，人才也在选你。真正的人才只会跟着真正的“男人”走。没有点血性和匪气的领导往往会聚一群同样没有血性和匪气的部下。正所谓鱼招鱼，虾招虾，物以类聚，人以群分 |
| 对手欺负 | 没有血性和匪气，往往就会畏缩不前、甚至自生窝囊气，对手自然觉得你好欺负，不良的对手今天搞你一下，明天弄你一下，专拿你这软柿子来捏。在快消行业乃至竞争非常惨烈的一些行业，在地推方面，真正胜出者往往是狭路相逢勇者胜。对手相逢，言语不和，怒而动手。一方领导温文有礼，责怪团队鲁莽。另一方头人直接问：“打赢还是打输？打赢有奖，打输就罚。”结果两个团队的士气、战斗力、凝聚力就完全不同了。我们不鼓励打架这种低级的处理方式，但它却说明了一个简单的道理，有的时候拼的不是道理，而是血性和匪气。拳头才是硬道理。是不是有点像枪杆子里面出政权的味道？本质相通 |
| 小鬼调戏 | 阎王好过，小鬼难缠。做生意难免会遇到一些找事的小鬼。既要安抚，又要喝止。一旦惯出他们的坏毛病，就会成为痼疾，就会积少成多，不仅造成损失，还影响心情 |
| 朋友轻视 | 在生意场的老板圈子里，除非他把你当作小弟或跟班的来看待，否则他们骨子里欣赏和敬畏的还是有点血性和匪气的人，温柔的虽然亲和力有余，但总会感觉缺少味道、不够过瘾，甚至还会怀疑你的团队领导能力 |

当然，我们所说的血性和匪气是浸透在骨子里和事情里，而非单纯地体现在言谈举止等肤浅的层面。它的本质是敢亮剑、敢担当、绝不怕事。这种血性和匪气有天生的，也有后天养成的。后天的养成，主要基于三个方面的修炼，一是作战能力的修炼，这是底气所在；二是践行承诺的修炼，这是意志力体现；三是直面问题雷厉风行的做事方式，这是前两者修炼到一定程度后的风格呈现。

话说得再直白一点，就是老板必须要有点老板范儿，格局大气一点、说话算数一点、做事爷们一点。

## 七、作为老板的三度修炼

### （一）修炼一：左手温暖右手

老板在员工面前注定是孤独的。有些话、有些事、有些压力只能自己默默承受，哪怕是酒后都要守口如瓶。如果一时冲动真的打开心扉了，两个字——失态。如果时不时地找员工倾诉一下，那叫不成体统。不是说老板不能随性、不能任性，因为你可以在家里、到朋友那里尽情地倒苦水，但唯独不能在员工面前诉苦。因为你的一言一行，员工都会在意、都会琢磨、都会联想，没有办法，因为你是老板。哪怕是假装，有时候也是必须的。

### （二）修炼二：不聋不哑不当家

水至清则无鱼，人至察则无徒。天不怕，地不怕，就怕老板完美化。每个人都有缺点，都会犯错误，我们会很容易地发现和指责别人的缺点和错误，尤其是在企业初创时期，带领着一个草台班子、一群梁山好汉，小事故就更多了。不过，有些事情你知道就可以了，没有必要凡事都说出来，更没有必要较真。因为很多事情，作为老板，你说出来不合适。用人之长，就要容人之短。正所谓不聋不哑不当家。但是，这个聋这个哑是建立在不触犯原则、不导致损失的情况下的。“不聋不瞎，不配当家；又聋又瞎，不能当家；该聋就聋，该瞎就瞎，才是真的大当家”，该精明时精明，该糊涂时糊涂，这是经销商的第二项修炼。

### （三）修炼三：怀菩萨心肠行霹雳手段

作为老板要带领着一群人左奔右袭、横冲直撞，当然需要爱兵如子，怀菩萨心肠。但是，作为一个兵团，不是慈善机构，必然要有军规，所以面对不守“军规”的人、价值严重不匹配的人，必须要有冷酷的一面，该行霹雳手段的时候，必须毫不犹豫、毫不手软。

此三项修炼，为老板所独有，遵循知易行难之法则。共勉。

## 八、领导力的提升路径

### （一）你的领导力是多少

领导力就是获取追随者的能力。有多少人愿意跟你走，你的领导能力指数就是几？比如，手下有10个人，5个人跟你走，你的领导指数就是5/10；如果10个人都跟你还影响了另外10个人跟你，你的领导指数就是20/10；如果10个人都不跟你走，还影响别人也不跟你，你的领导指数就是负数。唐僧向西，八仙东渡，铁木真南下，朱元璋北伐，都成就了一番事业。这说明，向哪走不是关键，关键是谁跟你走。

### （二）领导力来源于什么

权力当然是个香饽饽，但并不是领导力的来源。真正的领导力来源于影响力。不建立你的影响力，就没有领导力，尤其是“此处不留爷、自有留爷处”的市场环境，以及“臣不畏死，奈何以死惧之”的民营企业的雇员心态。仔细琢磨，你会发现一个很有意思的现象，权力与影响力呈反比关系。怎么讲呢？你越使用权力，你的影响力就越弱，使用权力的效果也就越差；相反，如果你的影响力越大，你使用权力的成效会进一步增强。所以，慎重使用权力，多考虑建立影响力。表 8－1 说明了职务权力与影响力的区别。

**表 8－1　职务权力与影响力的区别**

| | 职务权力 | 影　响　力 |
|---|---|---|
| 来源 | 组织规定 | 个人的业绩和魅力 |
| 范围 | 受权限限制 | 可超越权限、甚至可超越组织 |
| 大小 | 确定 | 不确定，因人而异 |
| 方式 | 以行政命令的方式实现 | 自觉接受（桃李不言，下自成蹊） |
| 效果 | 服从、畏惧<br>1. 权力不能够使人自觉<br>2. 权力不能够产生认同<br>3. 权力对下属影响有限 | 信服、追随、拥戴<br>1. 影响力是一种追随<br>2. 影响力是一种自觉<br>3. 影响力是一种认同<br>4. 影响力的效果超过想象 |
| 性质 | 强制性 | 自然影响 |

## （三）如何建立影响力

我们研究一下企业管理人员建立影响力的八条法则，虽然身份不同，但道理相同，作为经销商不妨从中体悟一下。

**法则一：要有一颗“公心”**。这个“公”，有两层意思，一是团队利益，因为你不仅代表你，你还是这个团队的头人，你自然要为这个团队的利益打头阵。否则，只念及自己的利益，与团队成员最基础的纽带就断了。二是公平公正，如果你处事不公，下属自然就会“不平则鸣”，必然导致人心涣散。但有一种不公却是需要的，就是“严于律己、宽以待人”，对待自己的亲属要苛责一些，对待员工要适当宽容一点。所以，做老板不是劳力者，而是劳心者。

**法则二：成为业务的“领头羊”**。很多人认为，作为领导只需要把握大局就好了，下面的业务让下属去做。这对大企业来讲，是行得通的。对于体量并不大的经销商团队而言，就高估了这个摊子了。作为经销商的基层甚至包括中层往往是以老板马首是瞻的，他们从内心深处希望自己的领导是个强人，能够帮自己拿主意，能够指导自己怎么干，能够在自己干不了的情况下，领导轻轻松松手到擒来。只有有了这份信服力，他们才会围着你转，你的团队的执行力才会上来。否则他们在私下里或者心里说“他不懂”、“他还不如我们懂呢”、“站着说话不腰疼，你自己试试看”、“就这几条枪，还只抓大局，不就是这点破事吗”等等，一旦有了这种心态，你的领导力何在！所以作为领导，仍需与时俱进，不断提升业务能力。需要注意的是，作为领头羊，并不是领头干，而是下属不支的时候，你可以支招或者撑起来。

**法则三：言必行，行必果**。言必行，这是诚信的问题，无信不立，更不用说无信有影响力和领导力了。这里尤其要注意，慎重和员工假客套，你可能觉得自己随口说说，但员工会当真的，因为你是老板或部门的领导。这就是所谓的“君无戏言”。行必果，这里强调的是领导做事情一定要果断，绝不能拖泥带水、拖拖拉拉，最后不了了之，既然去做了，就要有个结果，有个交代。没有哪个人会长期跟随着一个做啥事都不了了之的人。

**法则四：预见性**。这个就有点难度了，但这也是作为领导在下属心目中最厉害的地方，最容易建立威信的所在。如何提升自己的预见性呢？很简单，经验丰富一点（尤其多了解一些案例）、信息掌握多一点及时一点、看东西细一点、遇事多想一点（尤其换位思考）想远一点（走一步看不了十步，至少看三步）。经常如此锻炼，预见性自然会不断增强。

**法则五：煽动性**。真正的煽动性，不是让别人觉得“这个人说得真好”，而是要让别人“就按他说的干吧”！煽动性源自于对人性的深刻把握，源自于对人固有的优点和弱点的释放，是他们内心最期望、最柔弱处的呐喊。基本的要求是“先煽动自己，再煽动别人。你信了，别人都不一定信，更何况连你自己都不信”！

**法则六：坚持**。如果你希望自己具有影响力，你要问问自己：

①你是否是最后一个坚守阵地的人？

②你是否在公司遇到了前所未有的困难的时候，仍然坚持你自己的信念和工作，并去影响你的下属？

③当你在困难面前感到难以承受的时候，你是否比你的下属更早想到了退却？

④当你的下属在困难面前满腹牢骚、怨言四起的时候，你是否表现出与他们相同的看法？

⑤当上下左右都对你的做法表示出怀疑和抗拒的时候，你是否能够在孤独当中仍然“奋然前行”？

⑥很多时候，成功不是源自于智力，而是因为他挺过来了。

⑦如果你都不能坚持，有什么资格让别人坚持？

记住这句话，哪怕手中只有最后一颗子弹，也要对外表现出拥有整个军火库的信心！哪怕口袋里只剩下一个钢镚，也要对外表现出财大气粗实力雄厚的领导者风范！

**法则七：亲和力**。亲和力不是大家在一起热热闹闹，一起聊天，喝酒吃饭，彼此称兄道弟。亲和力不是大家一团和气，彼此之间没有争吵、冲突，甚至不存在不同意见，追求全体一致。亲和力也不是对下属有求必应。亲和力是在保持敬畏之心的同时，确保彼此坦诚相待、沟通顺畅、相互支持。领导充分信任下属“你办事我放心”，下属对领导“知无不言，言无不尽”。

**法则八：关心下属**。关心下属不是不批评下属，不是小恩小惠，更不是许诺空头支票。而是以我是领导，我要对我的下属负责的心态，去真正地关心下属在工作和生活中的梦想以及困难，力所能及地去帮助下属实现或者克服。

## （四）应该采取哪种领导方式

优秀管理者的领导方式并不完全取决于自我，因为他还因领导对象而异。下属在不同职业发展阶段和层次会有不同特点，需要有不同的领导方式与之相适应。如果僵化的使用指挥型，领导效果必将越来越差，甚至人员保留都会成问题。就如我们管孩子一样，孩子始终在长大，我们不能永远把他当孩子。表 8－2 列出了与员工发展层次相对应的领导方式。

**表 8－2　与员工发展层次相对应的领导方式**

| | 员工的发展层次（新员工到成熟骨干） | 对应的领导方式 |
|---|---|---|
| 阶段一 | 低能力、高意愿 | 指挥型：组织、监督和控制 |
| 阶段二 | 些许能力、低意志 | 教练型：指挥、支持 |
| 阶段三 | 高能力、变动的意愿 | 支持型：赞扬、倾听、辅助 |
| 阶段四 | 高能力、高意愿 | 授权型：授权、保留 |

## （五）做教练式领导

下属工作能力的 70% 是从工作中得来的。这 70% 的能力，大部分不是自然而然生出来的，而是在上级的辅导、教练下发展起来的。表 8－3 所示的是辅导和脱产培训的相关内容，仅供参考。

**表 8－3　辅导和脱产培训的相关内容**

| 项目 | 辅　　导 | 脱产培训 |
|---|---|---|
| 时间 | 工作中，无专门时间 | 专门的培训时间 |
| 地点 | 在工作现场，不停止工作 | 离开工作现场，放下手中的工作 |
| 培训师 | 上司（直属上司） | 专业的培训师或专门人员 |

续表

| 项目 | 辅　导 | 脱产培训 |
|---|---|---|
| 教材 | 没有 | 有 |
| 需求 | 针对某个人的特定问题 | 共同的问题 |
| 人数 | 一对一 | 集中，数人或数十人 |

本节主要讲了领导力的来源，影响力的建立法则，不同对象的不同领导方式。事实上，领导力还会与领导风格相关（如严谨型、魄力性、狼性血性等），领导风格往往因经销商的性格而异，在此不展开论述。但无论哪种领导风格，都需要爱护下属，因为“不护犊子的头儿不是好头儿”。爱护下属不是护短，而是敢于担当。你罩着他们，他们才会撑着你，游戏就这么简单。

# 中篇

# 团队就要这样带

# 九、先统一利益，再统一目标

我们经常会听到“统一目标、统一思想、统一行动”的说法，结果往往一个也统一不了。为什么？因为利益没有统一。利益不能统一，目标一定不能统一，就更不用说后面的了。因此，先统一利益，再统一目标，然后统一思想，最后才能统一行动。

电影《后会无期》里面，有句经典的台词：“小孩子才分对错，成年人只看利弊。”这句话虽然极端，但在生意场上却格外适用。因为生意本身就是一群人的利益攫取和利益再分配的关系，这些利益包括厂家的利益、经销商的利益、顾客的利益、员工的利益、合作伙伴的利益、商场的利益等等。

有人这样区分团队和团伙，团队是基于共同目标和使命的，团伙是基于利益和分赃的。我的观点是，团队首先是团伙，首先基于利益和分赃，然后才是所谓的目标和使命。没有共同的利益，团伙都不是，谈何团队！如果说两者的区别，我个人认为团队更侧重于团体利益和较长期利益，且有价值观方面的认同和情感方面的联系，而团伙更侧重于个人利益和短期利益，单纯因利而聚，也必将因利而散。

我还清楚地记得我大学毕业后第一任老板史总办公室里的那一幅字“舍得得舍得”，这是参透了生意的本质。

比如，要做一场促销活动，我们完全可以、也应该从利益相关者的角度出发思考问题，具体如表9－1所示。

**表9－1　利益相关者的思考**

| 利益相关者 | 思　　考 |
| --- | --- |
| 老板 | 想得到什么利益，为此可以付出多少 |

续表

| 利益相关者 | 思　　考 |
| --- | --- |
| 新顾客 | 顾客能得到什么利益，以便他能够在这场活动中快速下单 |
| 老顾客 | 老顾客可以得到什么利益，以便他能够主动地帮我带单、带人气 |
| 导购员 | 导购员可以得到什么利益，能够让他拿出十二分的热情来拼命卖货 |
| 管理人员 | 管理人员可以得到什么利益，让他能够拿出更多的精力和责任感来做好筹备和执行 |
| 合作伙伴 | 相关合作伙伴可以得到什么利益，以便他能够更用心、更支持 |
| 厂家 | 厂家可以得到什么利益，以便厂家更多的资源向这里倾斜 |

又比如，我要成为家装设计师的首推主推，我应该怎么做？具体思考如表 9－2 所示。

**表 9－2　家装利益相关者及思考**

| 利益相关者 | 思　　考 |
| --- | --- |
| 设计师 | 家装设计师的利益是什么：金钱？名声？圈子？无忧售后？人情面？等等 |
| 顾客 | 家装设计师带来的顾客的利益是什么：更匹配？售后更有保障？比店面价格更优惠？等等 |
| 施工人员 | 相关的施工人员的利益是什么：一根烟？一顿饭？帮点小忙？人格尊重？等等 |

这些利益关系，你理清了吗？行动之前，利益先统一了吗？

# 十、听到组织裂变的声音

从企业成长历程来看，实现台阶式增长的核心驱动力在不同阶段是不同的。第一个阶段是好产品驱动，第二个阶段是强组织驱动，第三个阶段是新模式驱动。大部分经销商都会在第一阶段交一个完美的答卷，因为这是作为商人的最基本的能力：识别商机。第二个阶段只有部分经销商可以完成，能完成第三个阶段的经销商就更少了。

从组织发展历程来看，经销商基本上经历四个阶段，从“草莽英雄”到“私人作坊”，再到“梁山团伙”，最后到“正规组织”。在这个历程中，经销商老板从“业务能手”升级为“组织高手”。经销商只有转变为组织高手，才能称得上是真正意义上的老板，否则，只能是最大的业务员。

相信很多人都听说分苹果的故事，两个人无论怎么切怎么分，都觉得不公平。于是有人设计了一个办法，先切的后拿，问题一下子解决了。这就是游戏规则设计、组织管理的魅力。你是亲自操刀呢？还是做制度设计师？

由于规模原因，厂家的基本组织命题往往是组织变革、流程再造和组织创新；而经销商的基本组织命题则是管理体系的建立和组织职能的发育。作为中小经销商，应该如何实现组织发力呢？在此，不妨参考“经销商组织建设 8 条黄金法则”，具体如表 10－1 所示。

**表 10－1　经销商组织建设 8 条黄金法则**

| | |
|---|---|
| 1 | 先做业务驱动，再做组织驱动。没有业务，什么都没用 |
| 2 | 业务发展到一定阶段，必须实现从抓业务到抓管理、从经营客户到经营员工的转变 |
| 3 | 与其介入矛盾，不如设计规则。与其尽善尽美，不如因陋就简，奔跑中调整姿态 |
| 4 | 围绕着两个满意度设计组织和管理：客户满意度、员工满意度 |
| 5 | 组织制度和企业文化，必须两手抓两手都要硬，不要因为人员少企业规模小，就忽视任何一个 |
| 6 | 大是大非，旗帜鲜明，做个明镜人；小是小非，难得糊涂，不聋不哑不当家 |
| 7 | 遇到大的调整，先恢复元气，再发力提速 |
| 8 | 怀菩萨心肠，行霹雳手段 |

# 十一、人才是这么划拉过来的

在走访市场的时候，很多经销商老板都反映人难招。同时，我们又发现很多人找不到工作，其中不乏人才。为何？因为老板需要的是真正的人才，人才需要的是真正的老板，这些都是比较稀有的，又何况遭遇信息不对称、相遇不逢时的制约呢。

## （一）先成梧桐树，不怕飞不来金凤凰

我们经常谈到产品的卖点，其实，在招聘时我们彼此都是产品，我们看应聘者的价值，应聘者也在看我们的卖点。什么卖点没有，人家凭什么加盟你？尤其是那些选择面较大、挑肥拣瘦的真正的人才。所以，首先需要从薪资福利上、工作环境上、专业提升上、发展空间上、价值意义上、老板魅力和口碑上等把自己培育成一棵梧桐树，才能引来金凤凰。正所谓，花香自有蝶飞。尤其是在薪资福利设置和工作环境上，因为这两点最为实在，也最为应聘者所关心，如果是你应聘，你不关心吗？

在薪资上，很多老板喜欢讨价还价，砍下来三百、五百的，很有成就感，殊不知这是极其愚蠢的行为。有人说过一个观点很是到位，“一个值 4000 元的人，就别讨价还价只愿付他 3500 元。即使省下了 500 块，实际上却凉了他的心，一旦有更好的机会，他会抬脚就走。相反，痛痛快快付他 5000 元，他会拿出两倍的能耐为你卖命干。记住，宁可花两个人的钱去招一个优秀的人，也不要用一个人的钱去招两个能力差的人”。不谋而合，我们在操作样板市场的时候，也是这么做的，对于管理者以略高于他期望的薪资纳入，裁掉 1/3 普通员工，给剩下的 2/3

的人涨工资，这样大家的干劲就一下子高起来了。当然，薪资涨了，相应的要求也就高了。要求高了，员工还不敢反抗，因为到别的地方，拿不到这么高的薪资。再也不像原来一样，不敢对员工怎么样。这是什么，这就是我之前提到的先统一利益，再统一目标，然后统一思想，最后统一行动。人力支出是成本，更是生产力。

## （二）遇到麦兜族，就收了吧

曾经有一场著名论坛，参加人员有冯仑、郭广昌、俞敏洪，这些“豪华男”们齐聚一堂，为创业企业、中小企业郑重推荐“经济适用男”。于是，“经济适用男”一夜之间就像出土文物一样成为人们关注的热点。在网络上，女白领将“沙和尚”选为“经济适用男”的形象代言人。这是一个几乎被人遗忘的角色。在这个想法不值钱、执行力升值的年代，“沙和尚”就是强劲执行力的代表。

如何钓到“经济适用男”呢？不得不提麦兜族，因为“经济适用男”多半出自这一部落。时下对麦兜族的官方描述是这样的一群人，他们拼命工作，不等、不靠、不要，有自己的梦想和追求，虽然失败，但依旧积极进取、永不放弃，坚信穷人可以凭自己的努力和汗水改变命运。以此观之，毕业2年以内、初来大城市急于改变命运或经历草根创业失败的人多为麦兜一族。我们的经销商可重点予以留心。

## （三）人才难招，那就天天招

都知道人才难招，那就不要等到急用的时候再招。按照事情的重要性和紧急程度，我们一般会把事情分四类并作解决排序，如表11－1所示。

表 11－1　四类事情的解决排序

| | 重要性 | 紧急性 |
|---|---|---|
| 1 | 高 | 高 |
| 2 | 高 | 低 |
| 3 | 低 | 高 |
| 4 | 低 | 低 |

大部分人都考虑到优先解决第一事项，固然没错，但如果对“重要但不紧急事项”不重视，到头来都会变成“重要紧急事项”。尤其是招人这种重要事项，紧急的时候往往没有好结果，往往会以“将就”结束。所以，管理上有一个重要的法则，必须多花些精力做“重要但不紧急”的事情。俗话讲，就是人无远虑，必有近忧。有人会说，在不怎么需要人手的时候，找到了人才，不增加成本吗？首先因人设岗又何妨，如果这个人才连自己的工资都挣不来，那还算什么人才。其次，如果一定要控制成本，那就把末尾的淘汰掉吧。

## （四）设置员工内部推荐奖

除了常规的发布招聘信息和定点挖人之外，内部员工推荐新员工也是一个非常有效的快捷方式。可为此设置推荐奖，具体可分为录用奖励、转正奖励和年度伯乐奖三种。年度伯乐奖可以是推荐人才转正最多的人，也可以是推荐的人员获得年度优秀员工奖的。当然，为了方便员工推荐，需要把招聘的要求讲清楚，同时注意不要形成内部帮派，防范将来可能的坍塌式风险。

### （五）格外慎重亲戚朋友的加盟

亲戚朋友的忠诚度和责任心往往比一般员工要高，尤其是亲戚。但是，如果你对亲戚朋友没有足够的控制力，建议不要轻易尝试这种危险的合作（培养自己的儿女作为接班人的例外，人力支出成本确实无法承受时例外）。因为亲戚朋友，在骨子里对你没有敬畏心，经常会任性而为，你对他往往打也不是、骂也不是，降职难，辞退更难，而那些非嫡系的员工也会觉得有老板亲戚朋友封顶，自己不会有太多的发展空间。尤其注意的是，随着发展，作为亲戚朋友往往会居功自傲，要求会越来越多，无法满足之时，就会变成最大、最危险、最难拔除的瘟疫发源地，甚至直接影响你的亲戚朋友圈，最终结局可能只有一个，那就是不欢而散，伤筋动骨。电影《中国合伙人》中佟大为有一句台词道出了其中的心酸，千万不要跟丈母娘打牌；千万不要跟最好的朋友合伙开公司，就是这么回事。

### （六）面试权不要轻易撒手

面试权尤其是最终面试和录用权应该牢牢控制在经销商老板手中。一是因为一般的管理者在如何识人、选人方面的能力比较欠缺，二是因为在许多人的观念里，谁面试和谁录用自己的，自己就是谁的人，如果完全交由下面人去面试，经销商老板不参与，一旦发生风吹草动，就有可能发生整编制式的哗变。

### （七）如何识别人才

诸葛亮在《将苑·卷一·知人性》中介绍了他的识将之道，如表11－2所示。

表 11－2　诸葛亮的识将之道

| | 原　文 | 解　　释 |
|---|---|---|
| 1 | 问之以是非而观其志 | 用是非之事来询问他，从而观察他的心智 |
| 2 | 穷之以辞辩而观其变 | 和他辩论一个问题，把他辩的没话说而激怒他，从而观察他应变的能力和本身的气度 |
| 3 | 咨之以计谋而观其识 | 问他对问题的一些看法和建议，从而观察他的学识 |
| 4 | 告之以难而观其勇 | 把困难劫难告诉他，从而观察他的勇气、胆识 |
| 5 | 醉之以酒而观其性 | 用酒把他灌醉，从而观察他的品性 |
| 6 | 临之以利而观其廉 | 用利益来诱惑他，从而观察他的清廉程度 |
| 7 | 期之以事而观其信 | 把事情交给他去办，从而观察他的信用程度 |

我们在运用这七个招数来招募人才、试用人才时，屡试不爽。只是有时把酒变成了打牌、打麻将或其他游戏而已。我在招人的时候，一般会故意把工作难度说的高一些，以看他的自信能力以及迎难而上的心态。在用人的时候，我个人特别喜欢“赌性”足的员工，我会鼓励员工和我对赌，团队和团队之间对赌。不具备这种风格且销售业绩差的销售人员很快就会被我排除出去。而有这种风格的员工，虽然暂时业绩不理想，但还可以培养。

# 十二、新人就该这样洗脑

## （一）新人离职率最高的时期

不同时期的员工离职原因是不同的。入职时的员工离职原因主要是薪资问题，入职 6 个月内的员工离职原因主要是工作氛围问题，工作 6 个月后的员工离职原因主要是管理方式和未来发展空间问题。员工离职率最高的恰恰发生在其入职后的 6 个月内，离职原因除去薪资问题，就是工作氛围问题，因为此时的很多经销商采取的策略是不管不问、自生自灭，看看你究竟怎么样，做得好就做，做得不好就开。作为一个有思想的人，爹不疼、娘不爱、领导不重视、同事不搭理，你说他会待多久？

## （二）试用期必须要做的三大改造

新员工很多都是跨行业过来的，对产品等方面比较陌生。即使有行业经验，公司基因也是不同的，也往往不对味。三大改造，是无论如何也不能回避的，三大改造具体包括管理制度层面、岗位知识层面和价值观层面的改造，具体如表 12 – 1 所示。

**表 12 – 1　新员工的三大改造**

| 三大改造 | 操作指南 |
| --- | --- |
| 管理制度层面 | 每个公司有每个公司的规矩，必须让大家清楚地知道公司的纪律，尤其是红线。我当时在企业做的时候，对于新员工第一天上班是这样安排的，上午首先组织欢迎仪式，然后由人事专员一对一逐条地讲解公司的管理规章制度，并由新员工签字确认知悉。下午由其自学和背诵，下班前进行考试。这就是第一天的全部工作 |
| 岗位知识层面 | 包括行业知识、品牌知识、产品知识、服务知识和相关技能等。上面说到了我对新员工第一天上班的安排，第二天，我会安排专人把他的岗位所需的知识和技能做个列表清清楚楚地告诉他，并开始粗线条的培训，细线条的培训是要基于他的表现来定制的。当然还有考试，有训必考，这是一个雷打不动的原则。当然，还会特别指定一个人担任他的师父，让他们师徒见个面、一起吃个饭 |

续表

| 三大改造 | 操作指南 |
| --- | --- |
| 价值观层面 | 这是最难的部分。因为这是最虚的部分，但也是最要命的地方。态度不对，其他都是水上漂。我的操作经验有五条：<br>1. 先统一利益，再统一价值观，这是基石。<br>2. 明确自己的价值观及其指导下的关键行动准则，为此我会做一个专门的企业文化单张，不需要多，一页就够了。<br>3. 做好氛围和仪式，这有点形式主义，如果连形式都做不到，就更不要谈内容了，宗教的仪式感、军队的站军姿和走队列不是没有道理的。<br>4. 制定和践行奖罚制度，这是最关键的，符合价值观的行为和个人必予鼓励，不符合价值观的行为和个人必须处罚，并充分发挥榜样的力量进行推广。<br>5. 管理者尤其是带头人必须对此坚信不疑、践行不移，否则就是自欺欺人 |

## （三）慎重选择老带新的那个老人

人学好很难，学坏却特别容易。如果一个新人的师傅自身不正、成天牢骚满腹、油头滑脑，那他带的徒弟也不怎么样？这个老带新的老人，务必要非常慎重地选择。一定要选择那些表里如一、态度端正、技能过硬的正能量老人，记住，态度端正是第一位的。如果确实难以找到这个老人，对于特别看好的人，宁愿自己亲自带。

## （四）务必抓住新员工的黄金一月

新员工入职后的第一个月无论对于新员工而言还是对于老板而言都是极其宝贵的。

首先，新员工第一个月的新鲜感、抱负心、工作热情都是空前的。老板务必对此要多加爱护、多加鼓励，并想办法进行保温和延长，尤其要注意尽量避免有意无意地打击这份初生牛犊的激情。如果有条件，先清除这些毒瘤，再招募新人，先下车，再上车。

其次，新员工对公司的认识，往往定位于第一个月。你不对他主动介绍公司的情况，他会自己想办法了解的，比如通过老员工等。但他了解到的和你主动介绍的区别是很大的，往往他了解的会以负面居多，这会对他产生非常不良的影响。所以，在第一个月里，老板应该变被动为主动，主动介绍行业状况、竞品情况和公司的发展规划。

那么对公司确实存在的一些问题，是否需要讲呢？建议对于大家都知道的问题还是开诚布公一些比较好。因为你不讲，自然会有人偷偷地告诉他。我们就不要掩耳盗铃、自欺欺人了。何况家家有本难念的经，有问题也不是件丢人的事。我们所要传达的不是问题本身，而是员工看待问题的态度和方法。我们要积极引导新员工这样一个理念："问题恰恰是提升的空间所在，招募新人不是为了抱怨问题而是为了解决问题的，很荣幸，我们找到了我们想要的人，那就是你。"

## 十三、这样对待老人们

谈恋爱的时候是在和他的全部优点相处，结婚后却是和他的全部缺点在生活。生活如此，工作也是如此。当新员工逐渐变成老员工，彼此的矛盾也就逐渐的显山露水了。老板抱怨员工有问题，员工抱怨老板有问题。有问题是必然的，但抱怨才是真正要命的问题。所以我们在讨论老员工问题的时候，首先思考一下自己是否过于苛责，水至清则无鱼，人至察则无徒。

随着时间的流逝，新员工的新鲜感和热情会逐渐消逝，仗着有点成绩开始在老板面前变得有些任性，仗着有点资历开始在新人面前变得倚老卖老，仗着越来越熟悉在同事面前开始变得口无遮拦。他们占据着公司最好的资源和位置，却愤愤不满；他们本应该成为公司最稳定的骨干力量，却对公司的未来渐渐失去信心，效能越来越低。遇到这种老人，我们是既恨又爱。究竟该怎么应对呢？

首先，需要分析老员工抱怨和效能下降的原因究竟是什么？具体原因分析和应对措施见表 13－1。

**表 13－1　老员工效能下降的原因分析和应对措施**

| | 表现 | 分析及应对 |
|---|---|---|
| 1 | 对工作回报不满 | 这种不满往往来源于干好干坏一个样、干长干短一个样。我们应该根据贡献情况适当提升薪资福利待遇，根据服务时间设置年度加薪方案，并尽量争取做到利益的多元化，物质利益、精神利益和自我实现利益兼顾。如果是其自身能力不足，应坦诚地告诉其提升空间，并尽量帮助其实现成长 |
| 2 | 多一事不如少一事的心态 | 认为干多干少一个样，多干多错多挨骂，少干少错少麻烦，这就需要我们设置合理的激励制度，并对多劳者的可控错误予以谅解 |
| 3 | 开始变得油滑偷懒 | 很多老员工都非常了解老板的喜好和作息习惯，由此变得油头滑脑，只干老板看得见的活，对老板不关心不重视的例行工作尤其是协作工作能拖就拖。这就需要老板自身心中有杆秤，并在监督机制上做出调整，让自己看不见的变成看得见的，看不清的变成看得清的 |
| 4 | 对工作本身失去兴趣 | 日久天长只干同一份没有多少变化和新意的工作，自然生厌，尤其对那些好奇心特别强、特别愿意尝新的员工而言。这种情况下，可以考虑通过轮岗和安排新任务来激发员工的兴趣，并想办法让工作变得有趣起来 |
| 5 | 自以为不可或缺，老板不敢拿自己怎么样 | 这种情况大有要“绑架”老板的意思。我们应该想方设法将老员工的相关资源转变为公司资源，将老员工的工作经验变成可复制的公司资产。让他感到“铁打的营盘，流水的兵，公司不会受任何人离职的影响，也拒绝任何的要挟” |
| 6 | 和空降兵冲突，感觉没有发展机会 | 在能力相近条件下，应优先选拔内部员工；如差距过大，可告知他，“这是一次难得的学习机会，务必珍惜，将来你能够学习到、提升到什么地步，我们才能把你提拔到什么位置。如果一味自满、不思进取，即使这个空降兵走了，我们还会从外部空降另外一个，这就不是我们所希望的了。” |

续表

| | 表现 | 分析及应对 |
|---|---|---|
| 7 | 作为利益既得者故意抵触变革 | 这方面我们可以在老员工中的积极分子和新员工中率先实施变革，在利好面开始呈现的时候，再把几个老员工中的意见领袖争取过来，然后开始逐个地拔钉子户。如果实在拔不掉，那就只能采取非常手段，请其另谋高就了，毕竟改革不能因为个别的钉子户而停滞。 |

其次，我们还要对老员工的质地做区别对待。从整体上来看，老员工可分为三类，具体如表 13－2 所示。

**表 13－2　老员工的分类和应对**

| | 分　类 | 应　　对 |
|---|---|---|
| 1 | 忠诚的高产出的老员工 | 这是公司发展的核心骨干，老板的左膀右臂，务必珍惜爱惜 |
| 2 | 忠诚度高但能力开始跟不上的老员工 | 这是公司的稳定性力量，尽量采取再学习和再培训的方式帮助其成长。不要轻易放弃，落得个薄情寡义的名声，冷了老员工和新员工的心。何况这个年代，专业的人好找，忠诚的人难寻，哪怕笨一点，也要格外珍惜 |
| 3 | 有些能力但自视甚高不服从管理且拉帮结伙的老员工 | 此类人对公司的影响极大。对待此类人，我的原则是，能救则救，不能救则做好准备后务必快刀斩乱麻。能补偿就补偿，若其狮子大开口则必须断然拒绝，且不可助其恶气，助长后来者的恶习。虽然对方可能加盟竞争对手后对我们进行精确打击或揭发一些不便公开的秘密，但对此类人绝不能久拖，越拖越麻烦。虽有阵痛，但长痛不如短痛。<br>经销商的体量本身就不大，只能允许存在一个山头，那就是老板这个山头 |

再次，坚决不能被老人绑架，必须有新血液进来。不管是能人，还是什么人，作为老板要始终注意坚决不能被任何人绑架，坚决不能出现离开谁企业就转不了的现象。这就要求我们在做组织建设的时候尤其要注意五点，具体如表 13－3 所示。

表 13－3　组织建设要注意的五点

| | 要　点 | 说　　明 |
| --- | --- | --- |
| 1 | 不可让一人兼太多岗位 | 如果兼岗，也不能同时兼多个重要岗位。这个人力成本是必须要支出的，因为它是抗风险的成本 |
| 2 | 不可将重要资源、资产寄予一人 | 需要把一堆鸡蛋放到不同的篮子里 |
| 3 | 最核心的资产务必亲自掌控 | 重要客户、财务、人事，这些必须由老板一把抓 |
| 4 | 务必将其资产和经验公司化 | 这是一个逐渐薄皮的过程，每天拔羊毛，而不是一次性拔光，那就太明显了，容易适得其反，最好将这一过程制度化和日常化 |
| 5 | 不可不做人员储备 | 需要确保人走就能有人进，人下就能有人上。必须时刻思考某个骨干离开后谁能接上的问题 |

最后，人走人来，很正常，不要拔凉拔凉的。

在服务一家乳业企业的时候，孙董事长颇有感慨地分析了自己团队建设的心路历程，“当年，我开始招人的时候，那是真的用心啊，把每一个我看中的人都当成一块宝，捧在手里怕摔了，含在嘴里怕化了。后来经过一段时间，员工成熟了，他们就一波一波地离开了，当时我那个心啊，真是拔凉拔凉的，甚至开始怀疑人生，不愿意见人，觉得特别丢人，特别失败。到了后来，又招了一批人，结果还是这个样子，虽然也有所心痛，但毕竟不像第一次那样撕心裂肺。再后来，我就对人走人留，看得很平淡了。因为我想明白了，每个人都有每个人的路要走。只要一路走来，还能有两三个人一直陪伴着你，就知足吧，其他的随缘吧。无关爱恨，保持平常心。人走才会有新鲜血液进来，看上去是坏事的，未必不是一件好事。而且只要不是大规模的、团体性的，好处总还是大于坏处的。”这也应该成为我们经销商老板应有的心态。

# 十四、怎样培训更有效

关于培训，绝大部分经销商都很重视，但并不是所有的经销商都享受到了培训的果实。关键就在于忽视了培训是个系统工程，某个环节跟不上，就有可能功亏一篑。在此，我们特别强调六点培训法，如表14－1 所示。

**表 14－1　六点培训法**

| | 分析维度 | 操作指南 |
|---|---|---|
| 1 | 针对性的培训 | 针对自身的问题，挖掘培训需求。比如，成交率低，就培训成交率的；客单值低，就培训客单值的；小区难进，就培训如何进小区的；家装渠道出单量小，就培训家装渠道如何提质增效的，等等，哪里有问题，就在哪里下手 |
| 2 | 谁来培训 | 让真正懂的、有实战的人来培训。比如，让团队里这方面的佼佼者分享经验，如果团队内部没有，就邀请本地市场上非竞争行业但手法相似的实操高手来分享，当然不要忘了给人家封个红包，这样才能长久。而且要请就不要请一个，可以多请几个，但不要一次性请，要分开来请，他们各有各的绝招，需要我们慢慢消化 |
| 3 | 怎样的频次比较合适 | 需要不定期的培训，但更需要定期的培训。定期培训设置在月度总结后比较恰当，因为问题已经显现出来了，就直接面对下个月该怎样做的事儿了，这样听者会更加用心 |
| 4 | 培训之后如何跟踪 | 只培训，没考核，培训效果一定大打折扣，甚至相当于没有培训。这就要求我们在培训过程中务必要做笔录，且随时提问，培训结束时还要组织考试，好的有奖励，差的有处罚。在后期执行中，也要及时跟进，尤其要到现场去定期巡视和随机督导，采取口头问、现场演等方式对培训效果进行强化 |

续表

| | 分析维度 | 操作指南 |
|---|---|---|
| 5 | 参加外部培训应有哪些要求 | 出发前，务必做好相关准备（如相关设备和要求清单）；培训中必须要求做好记录和拍照工作，并尽量采取录音或录像的方式，有条件的还要索取讲师的培训课件。培训后，要求培训者提交受训资料，并向未外训人员分享培训内容，最好是正式的培训会，这样去培训的人会听的更加认真，没有参训的人也会格外重视 |
| 6 | 逐渐完善自己的培训课程系统 | 通过内训和外训，积累形成自己的培训课程体系，将个人经验公司化，将公司经验知识化，为以后的培训提供便利。表14－2是培训课程系统的一个案例，仅供参考 |

表14－2　培训课程系统一览表

| 课程规划 | | | | | | | | | | | | | | | | | | | | | | | |
|---|---|---|---|---|---|---|---|---|---|---|---|---|---|---|---|---|---|---|---|---|---|---|---|
| 类型 | 课程名称 | 讲师 | 类型 | 导购员 | 销售组长 | 收银员 | 店长助理 | 店长 | 订单员 | 安装工 | 搬运工 | 仓管员 | 客服专员 | 维修工 | 售后主管 | 市场专员 | 市场主管 | 出纳 | 会计 | 财务主管 | 人事专员 | 人力主管 | 商场经理 |
| 基础课程 | 品牌及企业文化 | 内部 | 岗前 | | | | | | | | | | | | | | | | | | | | |
| | 员工手册 | 内部 | 岗前 | | | | | | | | | | | | | | | | | | | | |
| | 仪容仪表 | 内部 | 岗前 | | | | | | | | | | | | | | | | | | | | |
| | 心态训练 | 内外 | 岗前 | | | | | | | | | | | | | | | | | | | | |
| | 服务规范 | 内部 | 岗前 | | | | | | | | | | | | | | | | | | | | |
| | 岗位工作职责 | 内部 | 岗前 | | | | | | | | | | | | | | | | | | | | |
| | 职业道德 | 内外 | 岗前 | | | | | | | | | | | | | | | | | | | | |
| | 行业知识 | 内部 | 岗前 | | | | | | | | | | | | | | | | | | | | |
| | 商品知识 | 内部 | 岗前 | | | | | | | | | | | | | | | | | | | | |
| 专业课程 | 门店卫生标准 | 内部 | 在职 | | | | | | | | | | | | | | | | | | | | |
| | 门店样品陈列技能 | 内部 | 在职 | | | | | | | | | | | | | | | | | | | | |
| | 门店样品管理 | 内部 | 在职 | | | | | | | | | | | | | | | | | | | | |
| | 门店灯光管理 | 内部 | 在职 | | | | | | | | | | | | | | | | | | | | |

续表

| 类型 | 课程名称 | 讲师 | 类型 | 课程规划 | | | | | | | | | | | | | | | | | | | |
|---|---|---|---|---|---|---|---|---|---|---|---|---|---|---|---|---|---|---|---|---|---|---|---|
| | | | | 导购员 | 销售组长 | 收银员 | 店长助理 | 店长 | 订单员 | 安装工 | 搬运工 | 仓管员 | 客服专员 | 维修工 | 售后主管 | 市场专员 | 市场主管 | 出纳 | 会计 | 财务主管 | 人事专员 | 人力主管 | 商场经理 |
| 专业课程 | 门店音乐管理 | 内部 | 在职 | | | | | | | | | | | | | | | | | | | | |
| | 门店价签管理 | 内部 | 在职 | | | | | | | | | | | | | | | | | | | | |
| | 门店消防预防与处理 | 内外 | 在职 | | | | | | | | | | | | | | | | | | | | |
| | 门店意外事故预防与处理 | 内部 | 在职 | | | | | | | | | | | | | | | | | | | | |
| | 门店防盗知识 | 内外 | 在职 | | | | | | | | | | | | | | | | | | | | |
| | 门店服务规范 | 内部 | 岗前 | | | | | | | | | | | | | | | | | | | | |
| | 产品卖点与演示 | 内部 | 在职 | | | | | | | | | | | | | | | | | | | | |
| | 竞争品牌与产品对比分析 | 内部 | 在职 | | | | | | | | | | | | | | | | | | | | |
| | 销售技巧与异议处理 | 内部 | 在职 | | | | | | | | | | | | | | | | | | | | |
| | 收银操作规范 | 内部 | 岗前 | | | | | | | | | | | | | | | | | | | | |
| | 顾客档案管理 | 内部 | 在职 | | | | | | | | | | | | | | | | | | | | |
| | 门店基本财务知识 | 内部 | 在职 | | | | | | | | | | | | | | | | | | | | |
| | 送货规范 | 内部 | 岗前 | | | | | | | | | | | | | | | | | | | | |

续表

| 课程规划 | | | | | | | | | | | | | | | | | | | | | | | |
|---|---|---|---|---|---|---|---|---|---|---|---|---|---|---|---|---|---|---|---|---|---|---|---|
| 类型 | 课程名称 | 讲师 | 类型 | 导购员 | 销售组长 | 收银员 | 店长助理 | 店长 | 订单员 | 安装工 | 搬运工 | 仓管员 | 客服专员 | 维修工 | 售后主管 | 市场专员 | 市场主管 | 出纳 | 会计 | 财务主管 | 人事专员 | 人力主管 | 商场经理 |
| 专业课程 | 安装技能与规范 | 内部 | 岗前 | | | | ■ | ■ | | ■ | ■ | | | | ■ | | | | | | | | ■ |
| | 入户服务规范 | 内部 | 岗前 | | | | ■ | ■ | | ■ | ■ | | | | ■ | | | | | | | | ■ |
| | 投诉处理规范与处理技巧 | 内部 | 在职 | ■ | ■ | ■ | ■ | ■ | ■ | ■ | ■ | ■ | ■ | ■ | ■ | ■ | ■ | ■ | ■ | ■ | ■ | ■ | ■ |
| | 维修技能与规范 | 内部 | 岗前 | ■ | ■ | ■ | ■ | ■ | ■ | ■ | ■ | ■ | ■ | ■ | ■ | ■ | ■ | ■ | ■ | ■ | ■ | ■ | ■ |
| | 客服回访规范 | 内部 | 岗前 | | | | ■ | ■ | | | | | ■ | ■ | ■ | | | | | | | | ■ |
| | 仓库入/出库、存放、盘点、卫生管理 | 内部 | 岗前 | ■ | ■ | | ■ | ■ | | | | | ■ | | ■ | | | | | | | | ■ |
| | 仓库消防预防与处理 | 内部 | 在职 | | | | ■ | ■ | | | | ■ | | | | | | | | | ■ | | ■ |
| | 市场调研知识 | 内部 | 在职 | | | | ■ | ■ | | | | ■ | | | | | | | | | ■ | | ■ |
| | 促销基本知识 | 内部 | 在职 | ■ | ■ | | ■ | ■ | | | | | | | | ■ | ■ | | | | | | ■ |
| | 广告制作知识 | 内外 | 在职 | | | | ■ | ■ | | | | | | | | ■ | ■ | | | | | | ■ |
| | 电脑与办公软件基本知识 | 内外 | 在职 | ■ | ■ | ■ | ■ | ■ | ■ | | | ■ | ■ | | ■ | ■ | ■ | ■ | ■ | ■ | ■ | ■ | ■ |
| 管理课程 | 销售组长的工作流程与规范 | 内部 | 在职 | | ■ | | | | | | | | | | | | | | | | | | ■ |
| | 店长的工作流程与规范 | 内部 | 岗前 | | | | ■ | ■ | | | | | | | ■ | | ■ | | | | | | ■ |

续表

| 类型 | 课程名称 | 讲师 | 类型 | 课程规划 | | | | | | | | | | | | | | | | | | | |
|---|---|---|---|---|---|---|---|---|---|---|---|---|---|---|---|---|---|---|---|---|---|---|---|
| | | | | 导购员 | 销售组长 | 收银员 | 店长助理 | 店长 | 订单员 | 安装工 | 搬运工 | 仓管员 | 客服专员 | 维修工 | 售后主管 | 市场专员 | 市场主管 | 出纳 | 会计 | 财务主管 | 人事专员 | 人力主管 | 商场经理 |
| 管理课程 | 售后主管的工作流程与规范 | 内部 | 岗前 | | | | ■ | ■ | | | | | | | ■ | | ■ | | | | | | ■ |
| | 市场部主管的工作流程与规范 | 内部 | 岗前 | | | | ■ | ■ | | | | | | | ■ | | ■ | | | | | | ■ |
| | 财务部主管的工作流程与规范 | 内部 | 岗前 | | | | | | | | | | | | | | | | | ■ | | | |
| | 人力资源部主管的工作流程与规范 | 内部 | 岗前 | | | | | | | | | | | | | | | | | | | ■ | ■ |
| | 管理者的角色转换 | 内外 | 在职 | | ■ | | ■ | ■ | | | | | | | ■ | | ■ | | | ■ | | ■ | ■ |
| | 经营诊断分析 | 内部 | 在职 | | | | ■ | ■ | | | | | | | ■ | | ■ | | | ■ | | ■ | ■ |
| | 目标与计划管理 | 内部 | 在职 | | | | ■ | ■ | | | | | | | ■ | | ■ | | | ■ | | ■ | ■ |
| | 时间管理 | 内部 | 在职 | | | | ■ | ■ | | | | | | | ■ | | ■ | | | ■ | | ■ | ■ |
| | 成本管理 | 内部 | 在职 | | | | ■ | ■ | | | | | | | ■ | | ■ | | | ■ | | ■ | ■ |
| | 团队建设与管理 | 内部 | 在职 | | ■ | | ■ | ■ | | | | | | | ■ | | ■ | | | ■ | | ■ | ■ |
| | 领导力培训 | 内部 | 在职 | | ■ | | ■ | ■ | | | | | | | ■ | | ■ | | | ■ | | ■ | ■ |
| | 会议管理 | 内部 | 在职 | | | | ■ | ■ | | | | | | | ■ | | ■ | | | ■ | | ■ | ■ |
| | 早晚会的主持 | 内部 | 在职 | | | | ■ | ■ | | | | | | | ■ | | ■ | | | ■ | | ■ | ■ |

续表

| 类型 | 课程名称 | 讲师 | 类型 | 导购员 | 销售组长 | 收银员 | 店长助理 | 店长 | 订单员 | 安装工 | 搬运工 | 仓管员 | 客服专员 | 维修工 | 售后主管 | 市场专员 | 市场主管 | 出纳 | 会计 | 财务主管 | 人事专员 | 人力主管 | 商场经理 |
|---|---|---|---|---|---|---|---|---|---|---|---|---|---|---|---|---|---|---|---|---|---|---|---|
| | | | | 课程规划 | | | | | | | | | | | | | | | | | | | |
| 管理课程 | 开店流程与规范 | 内部 | 在职 | | | | ■ | ■ | | | | | | | ■ | | ■ | | | ■ | | ■ | ■ |
| | 门店用品与礼品管理 | 内部 | 在职 | | | | ■ | ■ | | | | | | | ■ | | ■ | | | ■ | | ■ | ■ |
| | 员工辅导技巧 | 内外 | 在职 | | | ■ | ■ | ■ | | | | | | | ■ | | ■ | | | ■ | | ■ | ■ |
| | 训练员辅导技巧 | 内外 | 在职 | | | | ■ | ■ | | | | | | | ■ | | ■ | | | ■ | | ■ | ■ |
| | 商务礼仪训练 | 内外 | 在职 | | | | ■ | ■ | | | | | | | ■ | | ■ | | | ■ | | ■ | ■ |

■表示需要掌握的

# 十五、如何应对员工离职

## （一）员工离职原因只有两点最真实

关于离职原因这个问题，有很多种答案，比如，薪水不足、琐事太多、工作量过重、同事不和（尤其是上下级）、没有发展空间、缺乏成就感、受到不公平待遇、上班路途变长、精神压力过大、个人及家庭变故、被对手挖墙脚、自主创业等。

最不可信的就是员工离职申请上的理由。在网上甚至出现了大量类似《三十八个辞职的理由告诉你离职原因怎么写》的文章。一位经销商曾向我提起一个他非常能干的老员工，这名老员工没有任何征兆就突然申请离职，而且态度坚决，“老板，我要和我的好姐妹去创业，做化妆品生意，已经谋划了六个多月了，门面已经签约，现在装修已经进场了。”这位老板非常的痛心，但也知道怎么留都是留不住了，因为人家装修都进场了，典型的吃了秤砣铁了心，除了忍痛割爱，又能怎样！该员工掷地有声地告诉老板：“老板，您放心，如果我再出来打工，还为你打工。”这句话让经销商找回了一些安慰，竟然感动了许久。结果，不到一个月，该老板不经意间发现该员工跑到隔壁商场里做起了一个木门品牌的店长，火大之余，感叹道：“天要下雨、娘要嫁人，随她去吧。”

马云对员工离职有着一针见血的看法，“员工的离职原因林林总总，只有两点最真实：一，钱，没给到位；二，心，委屈了。这些归根到底就一条，干得不爽。员工临走还费尽心思找靠谱的理由，就是为给你留面子，不想说穿你的管理有多烂，他对你已失望透顶。”说出这话的人，真是把人性给彻底看透了。仔细想想我们在做老板之前，给别人打工时离职的真正原因是不是这样？是不是也为离职理由所纠结和伪装？很多情况下，我们都是做老板久了，把那份原生态的“本真”给忘了。

## （二）预防离职，只需三板斧

预防离职的方法有很多，但说到底，无怪乎这三种最能打到点上。

**1．营造快乐的工作氛围**

现在的很多孩子都是“被宠坏”的一代，都是“很会享受”的一族，同时也是“很自我、很任性”的一族，尤其是 90 后。他们对工作氛围、对自己意志的体现看得很重，甚至重于对薪资的要求，稍有委屈和不爽，就会拍屁股走人，“哼，此处不留爷，自有留爷处，大不了，回家住”。所以，我们经销商的团队只要不是以中老年人为主的“养老院”，就必然遭遇如何面对这群年轻人的问题。传统的等级制、命令制、处罚制、森严冷酷的管理必然失效。平等式、参与式、鼓励式、快乐的管理才是应对这群人的有效方式。“平等”是指沟通方面的平等，不居高临下，讲究平心而论。“参与”是指尽量将经营问题的研讨和管理制度的制定让员工一起来参与，让他们遵守他们自己制定的游戏规则。“鼓励”是指多些精神鼓励、物质奖励，少些精神打压、物质处罚。“快乐”是指要营造轻松快乐、活力四射的工作氛围，而不是一个个的冷板凳。对于工作，我不太喜欢用“做工作”或“玩工作”，“做”太过严肃，“玩”太过轻佻，我喜欢用四川话“耍”，“耍”介乎两者之间，可以简单理解为“有兴致的折腾”，它把那种趣味性、能动性、竞争性和快乐感给表达出来了。各位老板不妨仔细琢磨和研究一下“怎么耍”。

**2．及时关注员工异动**

很多老板之所以感到员工离职有些突然和没有任何征兆，是因为他对员工的异动掌握不够及时。实际情况是员工在思考离职和决定离职的时候，多多少少都会有一些迹象（有时候甚至是员工故意呈现出来，让我们感受到的），这就需要老板从蛛丝马迹中明察秋毫。一般有这些征兆，如表15－1所示，供参考。

**表15－1　人员异动征兆**

| | |
|---|---|
| 1 | 经常抱怨公司的薪资福利和管理模式，并经常与其他公司好的方面进行对比 |
| 2 | 喜欢参与讨论的人突然参与度骤降，这说明他对公司的事情不感兴趣了 |
| 3 | 开始在领导面前讲个人或家庭变故，这可能是做离职申请的铺垫 |
| 4 | 勤奋的员工突然变得效率低下了，这种情况，往往是人在曹营，心在汉 |
| 5 | 多方打听某个公司的情况（尤其是行业内的），他在开始收集和确认下家的信息 |
| 6 | 在网上投递简历，经常打开招聘类网站的员工已经不是嫌疑的问题了 |
| 7 | 经常请假，尤其是着正装的情况下请半天假的，八九不离十是去面试 |
| 8 | 经常小心翼翼地接听电话，会规避同事，接听电话时非常礼貌，会确认时间和地点，甚至会简短地介绍自己，或者说现在说话不方便 |
| 9 | 经常做些神神秘秘的事，比如，和同事说“以后再告诉你，以后你就知道了”等等 |
| 10 | 处事风格上出现较大变化，如一向拍马屁的现在变得敢于顶撞，或者相反 |
| 11 | 开始大量收集和复制公司材料 |
| 12 | 开始往家里收拾私人物品或者开始集中归还公司物品 |

察其常态，才能识其异端。作为经销商老板和团队的管理人员必须有这种识别风吹草动的意识和技巧。当然也有的公司在提拔人员或者安排员工从事重要岗位工作的时候，会冒充猎头公司给该员工打电话，以做试探。经销商不妨也可以安排朋友帮忙测试一下。

**3. 主动调整薪资和职位待遇**

前段时间和朋友聚会，谈到如何挽留离职员工的问题。一位创业朋友说：“到了这个地步，首先肯定是和他谈涨工资。”相信很多经销商老板也是这么做的。但是有一个问题，为什么我们一定要等到对方要离职或以离职来要挟我们涨工资的时候再来涨呢？到了这个地步，其实双方的关系已经很微妙、很尴尬了，你不舒服，员工更不舒服。而且即使这次能留下来，下次呢？

据我们了解，通过谈涨工资的方式来留人的，没有多少人能够长久待下去的，因为绝大部分人会不屑于依靠离职来讨价还价，觉得很没有意思。薪资调整方式共有上、中、下三策，具体如表15－2所示，供参考。

**表15－2　薪资调整方式的三策**

| | |
|---|---|
| 下策 | 离职谈工资 |
| 中策 | 以年为单位每年评估涨工资一次，一般用于规模大的公司 |
| 上策 | 对体量普遍不大、人员打眼看得过来的经销商，上策是根据其业绩、能力和付出及时主动地调整与之匹配的薪资和职位待遇 |

员工既然已经胜任那个职位，就不要怀侥幸心理了。你的所谓的“省”往往到了最后都是“不省”，聪明反被聪明误。不信你可以算一下，招一个好员工、培养一个好员工、丢掉一个好员工以及把好员工送给对手的成本究竟是多大？有人会说，这是不是太随便了。我认为这正是身段灵活的经销商的最大优势，如果这个优势不具备，那就是小公司得了大企业病。

当然，能够做到主动出击，就必须要及时掌握员工的能力变化、业绩状态和付出情况。所以，作为老板要花更多的精力在人身上，而不是具体事务方面。为什么？因为对老板而言，他所经营的核心对象，就两个，一是顾客，二是员工。在营销理念上，顾客第一。但在经营管理上，员工才是第一位的。因为所有营销的问题都可以通过管理的手段来解决，比如，某个营销问题，只要找到能解决这个营销问题的专业人才并让他的才能得以有效发挥就可以了。

营造快乐的工作氛围，及时关注员工成长和异动，主动调整薪资和职位待遇，舞动这三板斧看上去容易，实际上需要经销商长期的付出甚至还要做些取舍。记得全聚成的老板史总说过一段话，管理就是把母鸡和公鸡放到一起，让他们快乐地下金蛋的故事。大道至简，本质如是。

# 十六、如何用好职业经理人

## （一）何时需要职业经理人

职业经理人，是在企业运营达到一定阶段甚至是高级阶段的产物。在夫妻店的时候“不存在”职业经理人，因为“养不起”。在公司化运营比较薄弱的时候“不应该”，因为“管不了”。请职业经理人，一般情况下，最好是同时满足如下四个条件，缺一不可，具体如表 16－1 所示。

**表 16－1　聘用职业经理人的条件**

| | |
|---|---|
| 1 | 自身财力能够支撑，形势相对较好的时候 |
| 2 | 自身需要从日常运营中脱身出来思考更重要的事情的时候 |
| 3 | 非常清楚请职业经理人过来要干什么的时候 |
| 4 | 平台基本搭好，平台之上即使用错一个不良职业经理人，也不至于犯致命错误的时候 |

## （二）要职业经理人来干什么

很多老板之所以请职业经理人，是因为自己不知道该怎么办，所以请外来的和尚来念念经。这种心态来请职业经理人，是非常可怕的。尤其是体量规模还不是特别大的经销商，让职业经理人来指导老板，一般的结果就两个：一个是老板觉得这个人瞎指挥，开掉了；另一个是职业经理人觉得老板太保守、听不进，走掉了。为什么？因为这个阶段，走什么路，画什么饼，必须是老板来定的事儿。职业经理人来干什么？就是把你指的路走好，把你画的饼做出来。所以，老板首先非常清楚这个定位，其次必须清楚地告诉职业经理人。“好的职业经理人不是告诉你做什么，而是把你想做的事做得更好更有效率。”但是，又有多少职业经理人能够清楚地知道自己的角色定位呢？

实际上，也只有老板清楚了这个彼此的定位之后，才知道应该聘请怎样的职业经理人。而不是看到个香饽饽就想挖过来，结果怎么吃都是苦的。在某个阶段，往往只有一种类型的职业经理人是最适合你的。因为每个阶段，你的最大矛盾和最大命题往往只有一个。没有想明白这个问题，不建议轻易聘请职业经理人。

## （三）如何给职业经理人授权

职业经理人毕竟是外人，即使他的经验、能力和资源都很好，与企业的结合还是需要时间的。何况现在作秀的太多，金玉其外败絮其中、水分多干货少的人并不在少数。所以，出于对自己负责，也对他人负责的精神，给职业经理人的授权不宜一步到位。因为权力下放容易，回难收。一旦回收，职业经理人基本也就准备辞职了，即使你不这么想，对方也会感到你对他不再信任。

职业经理人一开始不适宜担任营销总监或副总经理这样的岗位，一方面，会激化空降兵和老员工之间的关系，另一方面，缓冲期岗位不宜太核心。所以，我们大可以把“总经理助理”这类可上可下、可走可留、权力可大可小、容易控制的职位作为职业经理人的过渡岗位。在这个岗位上，也可以观察他的真实能力（业务能力、组织能力缺一不可）究竟怎么样。

职业经理人负责的板块，也宜一块一块的来，先给他一亩地，做好了，再给他一亩三分地。建议可以从外部业务板块入手，然后统管门店部分，最后再抓其他运营。

为了防止风险，不建议职业经理人整个团队进驻（除非你有十足的掌控力），而且对于财务权以及重要岗位的人事权必须牢牢抓在老板自己手中。同时还需要适当的分权制衡，以免尾大难掉。

## （四）职业经理人三把火怎么烧

如果你是职业经理人，上任三把火不宜轻易烧，否则可能会烧到自己。进去公司后，肯定会发现大堆的问题，这正是请你来的原因。不要抱怨问题，你的老板对这些问题基本上都是“门儿清”，他请你来不是听你抱怨的，而是希望你能解决这些问题。更不要抱怨老板吝啬授权让你感到摆布不开。老板这么做是完全正确的，你的抱怨才是奢望，因为事业是老板的，一旦闯了祸，你可以拍拍屁股走人，老板却要承担损失。权利不是要出来的，而是老板给的，当你把一亩三分地做得风生水起时，他自然会给你一亩五分地。

职业经理人首先要做的是让改变发生，哪怕是小改变也是改变。千万不要好大喜功，为了大改变而耗尽时间，结果极可能是时间耗尽了，大改变还是没有发生。所以，不妨先从最容易看到结果、阻力最小的地方进行改变，让老板和团队尽快地看到因你到来而产生的改变。

当你的能力被老板认可，被核心管理人员认可的时候，你的三把火才可以真正地烧起来。这三把火怎么烧呢？表 16－2 所示的是三把火的核心着力点。

表16－2　三把火的核心着力点

| | |
|---|---|
| 抓人心 | 无论何种方法，关键是保持自己处于以大多数人针对极少数人的状态，且老板不在极少数之列，培植“新人”比争取“老人”容易 |
| 抓流程 | 抓住了人财物的信息流、决策流、出入流也就基本掌控住了运营的大命脉，当然，你掌控的越多，你需要承担的责任也就越多 |
| 抓分工 | 抓住了分工也就掌控了人员和资源配置的能力，这是权力的核心，一般情况下也是“流血”和流言四起的时刻，能做到和平演变的绝对是组织的高手 |

三把火成功的关键在于“静若处子，动若脱兔”，若“言而不行，行而必拖”，则新旧势力的对决胜负已定。

## （五）对职业经理人的建议

有些职业经理人败走麦城，有些职业经理人一举成名。败走麦城的，责任肯定是双方的，但职业经理人的责任肯定更大一些。因为无论如何，要么是你在业务上有不足，要么是在沟通上有不足，要么是在组织能力上有缺陷。诸多案例说明，绝大部分原因是业务能力尚可，但心态不对、与老板沟通不到位和组织能力欠缺，也就是我们所说的“是业务高手，但不是组织高手”。

一举成名时候往往也是自我膨胀的开始。我见过不少这类职业经理人，四处彰显自己在这场变革中所起到的巨大作用。职业经理人的作用自然是无可置疑的，但是，老板发挥的作用更核心，他发现了你，他重用了你，他支持了你的变革，他为此匹配了资源，他承担了几乎所有的风险。所以，当你膨胀的时候，请记住有一个人比你承担的更多，他就是你的伯乐，你的老板。

# 十七、要方法也要成功学

市面上，对成功学的认识基调逐渐从原来的神话变成了现在的批判，甚至被人称为一剂毒药，一碗比雾霾更可怕的心灵鸡汤。有人从数学概率上批判，也有人从价值观上批判，还有人从实用度上批判。一般情况下，方法派极其看不惯成功学，认为高喊几个口号，自欺欺人，用处不大。我虽然是方法派，但却非常敬畏成功学。

首先，成功学如果真正能够落地的话，它所带来的那种团队士气，是方法派无论如何都做不到的，在此，我们没有必要吃不到葡萄说葡萄酸。

其次，方法要起的作用离开了成功学的理念往往要打折，甚至打对折都是有可能的。因为士气不高，你的方法，他可能连学都不学。

再次，如果成功学不落地，方法也会存在不落地的情况。所以，不落地都是糟粕，落地都是精华。片面的成功学和片面的方法论一样，都是一剂毒药，又有什么相轻的道理呢！现在的反思，只是一种矫枉过正。

最后，哪个更重要呢？我的答案很简单，缺哪个，哪个最重要。

对于新员工，尤其是年轻员工，我们既要输入方法，也要输入成功理念。我称之为，一个是战法、一个是心法。心法不对，战法也就徒具其形。在此，我简单梳理一下对成功学的几个基本认识。

成功学倡导：人人都可成功。

成功学倡导：成功有方法。

成功学倡导：目标和行动。

成功学倡导：加强自我管理。

成功学倡导：付出和坚持。

成功学倡导：正能量的传导。

从内容上来看，这六点，哪个不是销售人员应该具备的理念和素质呢？有些人讲这些东西，就是老调长谈；但是那些成功学大师来讲，确实激动人心，震撼心魄。我曾亲自听了几堂成功学的课程，有家居建材业的，也有安利直销产品的，他们的现场调动感和感染力真的非常惊人。他们一定做对了一些事，一定抓住了人性底层的某些东西（渴望成功、寻求突破），一定有一些话和行为与听众在那一刻发生了共鸣。因此，对成功学，无论你是多么的厌恶，请敞开心扉，用心去发现它的闪光点；闭上眼睛，只有黑夜。

就我所接触的一些成功的建材家居企业和经销商来看，凡是成功的，无不是重视成功学且做到一定程度落地的。有的还与成功学的服务签订了年度服务合作协议，每周都做一场培训，并将部分报酬和年度业绩完成挂钩。虽然各个阶段的侧重点不同，但是成功学始终在其中发挥着重要作用。

关于成功学的理念，我们经销商需要去研究；对于成功学的那种捕捉人性、调动人心、营造氛围感的沟通方式，更需要去研究。只有这样，你才能够成为拨动员工内心那根弦的人。

下面所列的是部分成功学大师的著作及其核心观点，供参考。

美国奥格·曼狄诺《世界上最伟大的推销员》，经典之作。

美国拿破仑·希尔："成功态度最重要，有积极的态度就有积极的人生。"

美国本杰明·富兰克林提出个人品德修养的基本准则，并在青年时期对自己进行了严格的品德行为训练。

美国阿尔伯特·哈伯德在其著名的《送给加西亚的信》中提出了以忠诚、勤奋和敬业为核心的工作原则。

美国戴尔·卡耐基则提出了良好人际能力的基本思路。他认为："成功15%靠专业技术，85%靠人类工程即人格和领导别人的能力。"这一切都构成了个人成功的基本要素。

现代管理学之父德鲁克提出了“有伟大成就的人，向来善于自我管理”，“不是有了工作才有目标，而是有了目标才有工作”，“如果不对时间进行管理，那么任何管理都没有必要了”等观点。

安东尼·罗宾斯：“多数人失败的原因，是因为太过在意——生活中的琐事。”

# 十八、凡事必有 PK

有些人鼓励平常心，我在企业里或者在服务客户那里首先就是辞退那些具有平常心的销售人员。我个人非常欣赏生活中持平常心的人，但作为销售人员，他要去竞争。销售压根就不是持无所谓心态的人应该做的事。我欣赏那些争强好胜、不服输的人。有些人玩文字游戏，说争强好胜不等于进取心，到现在，我也不明白这些人到底是什么观点。我的观点是，连争强好胜之心都没有，会有哪门子的进取心！

为充分发挥争强好胜之心在运营中的势能，我们提倡五项基本原则。

## （一）凡事必有 PK

对于容易评估的活动一律采取 PK 竞争手段。PK 的内容可以丰富多样，比如，PK 留顾客信息数、PK 邀约数、PK 成交数、PK 成交总额、PK 大单值、PK 引导顾客关注微信数、PK 老顾客转介绍数、PK 知识掌握程度、PK 服务满意度、PK 建议数量和建议采纳量、PK 数量也 PK 效率等等。但在一个特定的 PK 活动中，不宜超过 2 个 PK 项目，否则就是目标不明、主次不分，效果必然大打折扣。

## (二)团队PK为主,个人PK为辅

争强好胜,如果单纯停留在个人层面,会直接影响团队的协同性和稳定性。所以,我们在不打压个人层面争强好胜的同时,积极引导转化为团队竞争。比如,自己与对手的竞争,自己与周边经销商竞争,自己门店与自己门店的竞争,这个小区团队和那个小区团队的竞争。而且鼓励各PK小组自主设计队名、队歌和口号等,并在办公地点制作相关物料(如海报、展架、旗帜、袖标和特色服装等),全面营造PK氛围。组长可以是竞选,也可以是自我推荐,让他们在施展个人能力的同时,也找到归属感。

## (三)没有赌注,就没有PK

赌注当然以物质为最佳。但也不能全部是物质的,一是因为支出大,二是因为持续的单纯物质会形成不良风气。所以物质和精神的赌注要复合交叉进行。精神的赌注如打扫卫生一个月,为胜利者洗衣刷鞋子一次,在公共场所开心大冒险一次等等。

赌注可适当让参赛者自行下注,形成“对赌奖金池”。赢了拿走,输了认栽。但是,这种让员工自掏腰包的对赌形式,金钱不宜过多且频次不宜过密,最好老板也出部分赞助金。

## (四)PK必须大张旗鼓

PK就要大张旗鼓地搞,启动会、对赌协议签署仪式、奖金池入池仪式和承诺宣言等必须隆重地做,配上条幅、易拉宝、海报和PK龙虎榜等物料形成浓厚的竞争氛围,甚至还要拍照、拍视频。统计结果每日都要在龙虎榜登记,并在微信群公告,让大家始终在PK的氛围之中。

当然，这个大张旗鼓，既包括启动前，也包括进行中，还包括结束后的奖励总结大会。

### （五）“PK＋培训”更配

为了提升PK效果，尽量为PK的内容进行专项的培训。如PK客单值，那就在PK正式开始之前组织一堂如何提升客单值的培训。这种情况下，培训的效果更佳，PK的效果更大。

PK不仅能够激发大家的斗志和凝聚力，同时也是我们发现组织人才和识别管理人才的捷径。据我们的经验来看，每次大型的PK总要跳出一两匹黑马，让你刮目，让你惊喜。PK吧！

## 十九、以人为本的误区

撇开顾客层面先不论，只看内部员工问题。以人为本真的错了吗？应该说，不完全对，它的完全语句应该是“以有用的人为本”。根据有用和无用，以及有用的程度，还要进行再分类。杰克·韦尔奇上任GE公司首席执行官后，把GE员工分为20%是优秀的（A类），70%是一般的（B类），10%是较差的（C类）。20%优秀员工一定要提拔、鼓励、高酬，让他们看到方向；一般的员工要加以教育培训；较差的员工（有时还占据其他员工上升的通道）必须坚决淘汰。所以，对于大一点的经销商团队，我们建议经销商实行末位淘汰制。阿里巴巴为了激励员工不断积极进取，实行了末位淘汰制。马云说，“我们公司是每半年一次评估，虽然你工作很努力，也很出色，但你是最后一个，非常对不起，你就得离开。在两个人和两百人之间，我只能选择对两个人残酷。”

其实，以有用的人为本，也不完全正确，实际上应该是“以有用的、价值观相同的人为本”。这方面，阿里巴巴的人才分类系统就很值得研究。在阿里巴巴，员工通过考核被分成三种：一是有业绩，但价值观不符合的，被称为“野狗”；二是事事老好人，但没有业绩的，被称为“小白兔”；三是有业绩，也有团队精神的，被称为“猎犬”。阿里巴巴需要的是“猎犬”，而不是“小白兔”和“野狗”，对“小白兔”会通过业务培训来提升他们的专业素质，而对于“野狗”，公司在教化无力的情况下，一般都会坚决清除。

特此修正以人为本的误区，提醒管理者不要柔情过度乱以人为本，人性化管理绝不是众生平等（管理再人性化也是一种管理，既然是管理就有层级，就有不平等）。希望以此能避免管理者与被管理者的双向误解。

## 二十、少谈主人翁，多谈执行力

### （一）主人翁意识，别奢望了

很多老板特别喜欢谈“主人翁意识”，希望员工像主人一样爱护公司、尽职尽责、乐于奉献，甚至大讲特讲“血肉相连、心灵相通、命运相系”。这是多么美妙的境界啊！可惜只是自欺欺人的乌托邦。为何？因为你们的关系本质上是雇佣关系、而不是合伙人关系。甚至大部分经销商连员工的养老医疗社保都不交，就期望对方以主人翁的精神做事，如果是你，你信吗？不要把员工想得太傻，否则你才是最大的傻子。“不管你信不信，反正我信了”，那你的员工也只能“呵呵”了。在这个绝大多数员工“已经戒了理想”的商业时代，更适合“少谈些主人翁意识，多谈些打工者精神”。

如果主人翁意识提得太多，个别员工真的信以为真了，也是个麻烦，成天想着主人该想的事，就是不愿做打工者该做的事，那谁来做打工者该做的事呢！而且员工对此会有不切实际的期望，当这个幻想一旦破灭（也注定破碎），负面影响力会很大。

其实，老板需要的也不是主人翁意识，而是主人翁意识所带来的责任感和执行力。由于团队做事肯定都是围绕着一个主心骨来开展的（如果有两个主心骨，那就撕扯吧；三个或者更多，那就惨不忍睹了，迟早崩盘，早崩早好），都是这个主心骨意志的体现和兑现。所以，主心骨之外的人，他的核心价值就是执行力。我们只要直奔目标，围绕执行力怎么来提升就可以了。

## （二）先看一个九段秘书的段子

有个关于执行力的帖子，一度非常火，叫作《九段秘书》，总经理要求秘书安排次日上午九点开一个会。下面是一至九段秘书的不同做法。

一段秘书的做法：用电子邮件或在黑板上发会议通知，然后准备相关会议用品，并参加会议。

二段秘书的做法：抓落实——发通知后，再打一遍电话与参会人员确认，确保及时通知到每个人。

三段秘书的做法：重检查——发通知，落实到人后，在会前 30 分钟提醒与会者参会，确定有没有变动，对临时有急事不能参加会议的人，立即汇报给总经理，保证总经理在会前知悉缺席情况，也给总经理确定缺席人是否必须参加会议留下时间。

四段秘书的做法：勤准备——发通知，落实到人，会前通知后，去测试可能用到的投影，电脑等工具是否工作正常，并在会议室门上贴上小条，此会议室明天几点到几点有会议。

五段秘书的做法：细准备——发通知，落实到人，会前通知，测试了设备，还先了解这个会议的性质是什么？总经理的议题是什么？然后给与会者发去与此议题相关的资料，供与会人参考，提高会议效率。

六段秘书的做法：做记录——发通知，落实到人，会前通知，测试了设备，提供了相关会议资料，还在会议过程中详细做好会议记录（在得到允许的情况下，做个录音备份）。

七段秘书：发记录——除了之前的准备，会后整理好会议记录（录音）给总经理，然后请示总经理是否将会议记录发给参加会议的人员，或者其他人员。

八段秘书的做法：定责任——将会议上确定的各项任务，一对一地落实到相关责任人，然后经当事人确认后，形成书面备忘录，交给总经理与当事人一人一份。并定期跟踪各项任务的完成情况，及时汇报总经理。

九段秘书的做法：做流程——把上述过程做成标准的“会议“流程，让任何一个秘书都可以根据这个流程，把会议服务的结果做到九段，形成不依赖于任何人的会议服务体系！

同样是做秘书，同样是准备开会这样一个看似简单的任务，但是，不同的细致程度和考虑问题的全面性却反应了人所具有的截然不同的价值，如果将这一价值体现在数字上，就是你值多少钱。

一段秘书的做法：发通知 60 元

二段秘书的做法：抓落实 800 元

三段秘书的做法：重检查 1000 元

四段秘书的做法：勤准备 1500 元

五段秘书的做法：提前量 2000 元

六段秘书的做法：做记录 3000 元

七段秘书的做法：发纪录 5000 元

八段秘书的做法：定责任 8000 元

九段秘书的做法：做流程 15000 元

## （三）员工的执行力为什么低下，条条与你相关

很多经销商都希望拥有九段执行力的下属。但是，很多行业的很多经销商由于体量较小，没有几个可以聘请到九段的人才，即使收归麾下，能不能留住也是个大问题。这样的人才就是凤凰男、金龟婿，而我们大部分经销商老总能够请到的、能够支付得起的、能够留的下来的更多是经济适用男。

既然是经济适用男，那么他的自然执行力水平最多也就 3、4 段左右。如果是个生手，甚至更低。所以，也就出现了很多经销商老板四处抱怨员工执行力低的现象，看到别人手下执行力强的员工，都馋得流口水。

注意刚才的一个提法，叫作自然执行力，就如同自然增长率一样，它是可以提升的。首先让我们先来看一下导致员工执行力低的原因究竟有哪些，这样我们才能够对症下药。

**1. 管理者自身理念问题**

当出现员工执行力低的时候，老板首先需要反思的就是自己。因为老板作为领导者，领导者必须具备的两大管理能力就是“凝聚方向的能力、使之执行的能力”。万科总裁郁亮曾经说过“执行力的理念是上级推卸责任给下级很便捷的手段”。抱怨下属执行力低，首先就表示你的领导能力不足。因为，作为管理者的一个核心的能力就是：使员工执行的能力。

**2. 员工不知道要干什么**

一方面是领导没有把具体任务交代清楚，其中最容易忽视的就是时间，很多老板下达任务时都不带时间。另一方面是领导没有把真正的目标和意图交代明白。比如，在战场上，上级给你的任务是向西走，你向西走了，结果却挨批评了，为什么，因为上级真正的意图只是想通过你将敌人主力调开，结果敌人没动，反而分散了自

己的力量。所以，领导者在安排工作时，比交代具体任务更重要的是交代目标和意图。

**3. 员工不知道该怎么干**

有些人只给目标和任务，就是不给方法，除非你确信他确实有这个能力，或者你是为了考验人、锻炼人，抑或自己也不知道，而希望他摸索出一条道路来。否则，你需要问询一下他打算怎么干，给他一些参考意见，甚至开展专题培训，并在任务执行中及时给予辅导。

**4. 员工没有资源去干**

老板让下属去建立圈子收集情报，目标讲得很明确，也很认可员工汇报的操作思路，但就是迟迟没有执行，为什么呢？请客吃饭哪个不需要花钱呢？你不出钱，让员工垫钱，有几个人愿意这么付出呢？他们是打工的，赚个钱不容易，在你那里是个小钱，在他那里可能就是一笔不小的花销。所以，必须为下属完成任务提供人、财、物方面的支持。

**5. 员工不愿意干**

员工不愿意干的原因具体有如下几点：

（1）利益冲突时。

（2）当员工感觉付出与回报不成正比时。

（3）当员工相互比对，感觉有失公允时。

（4）对事情不认同时。

（5）所处两个对立派系时。

（6）不愿额外奉献，如超过了工作职责之外、正常工作时间之外时。

（7）因私人关系不良，导致恶意抵触时.

（8）因生病等私人事情，状态不佳时。

（9）已决意离职，身在曹营心在汉时。

**6. 员工时间管理不到位**

时间过短、交叉作业时，如果时间管理不到位，可能出现混乱从而导致执行效率低。而任务时间过长，也可能导致员工懈怠，一拖再拖，本来相当宽松的时间却弄得格外紧迫。

## （四）九段秘书不好招，先做九段老板吧

为了打造九段秘书，你必须做到九段老板。不妨从如下9个方向做些努力吧！

**1. 找到合适的人**

选错了人，所有的努力都是白费。何为合适的人？目标匹配、价值观匹配和优势匹配的人就是合适的人。和者同行，道不同不相为谋。

**2. 把人放在最适合的位置上**

销售人员，需要具备积极主动意识、良好的人际关系和应对变化的能力，而行政人员则要求具备足够的耐心和稳定性。如果让行政人员去做市场销售，则无法有效应对市场的变化；同样，如果让销售人员去做行政等后台服务类工作，同样会打消他的积极性。

**3. 提供具有竞争力的薪资福利**

这是根本。和别人一样的工资，期望招到比别人优秀的人，让他拿一份钱干两份活，这必将导致人员执行懈怠、离职率高。由于员工的经验、资源和能力不同，薪资往往不同，为避免攀比，一般需要建立薪资保密制度。

**4. 明确责权利体系**

在大的方面，要把职责、权力和利益的清楚；在具体任务上，需要把意图、任务内容、资源支持和激励处罚措施讲明白。在这方面，要特别注意授权的问题，不宜一步到位，最好走一步算一步，通俗点讲就是种好一亩三分地，我再给你一亩五分田。否则放得太快，对方承受不

起，再回首就很难，你受伤，他也受伤，最后往往一拍两散。

**5. 建立清晰的工作流程，实现环节控制**

一般节点包括三个方面，事前方案把关、事中关键点跟踪和事后总结清算。如果有条件尽量实现信息化。

**6. 加强目标管理**

一般包括六个步骤，目标预定、组织调整、目标分解、达成协议、过程管理和总结评估。务必建立看板管理。

**7. 建立沟通机制**

实行例会制度，晨会、晚会、周会、月会，宣贯会、动员会、现场会、总结会，以及重要事情及时沟通机制，甚至借助其他即时通讯平台（如微信），做到及时汇报、及时调节和及时反馈。为了节省时间，你必须在沟通上多浪费点时间。

**8. 加强培训**

文化培训、技能培训、管理能力和自我管理能力培训，其中自我管理能力中时间管理和情绪管理尤其重要。有条件的可参考肯德基组建训练员机制，让基层员工通过考试获取资格，既提供了成长空间，又多了一批后续力量和执行力量。

**9. 加强督导**

员工不做你期望他做的事情，只会做你监督他做的事情。这里的督导，不仅是监督，还要指导。与具体事项相比，更重要的是建立监督体系，如巡视制度、影子顾客制度、批评与自我批评制度等。

最后，以柳传志对执行力深刻的洞察来结束本节："一不要以为召开会议或进行培训了，问题就解决了；二不要以为规章制度或文件下发了，流程就理顺了；三不要以为亲自沟通或安排部署了，执行就到位了；四不要以为看到问题提出问题就完事了，知道不等于做到！总之，好的执行力就是管理者的紧盯 + 基层的实干。"

# 二十一、必须谈点企业文化

## （一）企业文化虚，那是你把它做虚了

现在市面上有两种对企业文化的典型认识，一类是至高无上论，一类是彻底无用论，一个在天上，一个在地狱，就是不在人间。而且落入地狱的原因往往是一开始把它捧得太高，后来受到了伤害。其实，我们没有必要故意把它拔高或者贬低，它就是个实实在在的东西。实在到任何企业都有，无论有没有写在纸上、有没有贴在墙上、有没有喊在嘴上。

见到来宾，主动向前并说："您好，欢迎光临！"这是企业文化。

有人打电话过来咨询问题，等到对方先挂断后再礼貌的挂机，是企业文化。

到顾客家中服务，先穿鞋套再入户，临走的时候问上一句"还有没有其他需要帮忙的"，是企业文化。

喜人之长、容人之短，是企业文化。

采购时牢记"拿人家手软、吃人家嘴短"，坚持拒绝"吃喝拿要"，是企业文化。

生产时发现缺陷就难受、不立即解决就睡不着，是企业文化。

时刻关注市场变化，保持危机感、紧迫感，不断学习，不断创新，是企业文化。

遇到问题不抱怨，积极主动想办法，是企业文化。

按时到达会场，遵守会场纪律，主动做课堂笔记，是企业文化。

……

反过来，迟到、早退、勾心斗角也是企业文化，只是不是我们倡导的企业文化，不是我们期望的工作氛围。但如果它确实存在，它就是你真实企业文化的一部分！

## （二）何为企业文化

企业文化，它游离于一切企业活动之外，却又渗透于企业一切活动之中，它就是给我们方向、给我们准则、给我们工作氛围的东西。企业文化的作用就是统一目标、统一思想、内强素质，外树形象。

统一目标、统一思想，就是“心向一处想、路向一处走、劲向一处使”。大家都向西，你偏向东，都向前推，你偏向后拉，不仅耗费资源，而且浪费时间，这些是企业文化首先要避免的不良现象。

内强素质、外塑形象，就是要求大家“注重仪容仪表、注意言行举止，做到内外兼修，什么是内外兼修，说白了，就是既要别人看，也要自己干”。潍坊中百集团有一条规定，所有员工只要着工装或配工牌坐公交车时，无论遇到男女老少必须让座。你觉得这条规定执行后，大家会怎么评价中百集团？

## （三）企业文化的建设有如下鲜明特征

1. 企业文化一点也不虚，如果虚，那是因为企业把它做虚了。如果企业文化做虚了，都是参与者，没有无辜者。

2. 企业文化无孔不入，它涉及企业的研发、采购、生产、营销、服务、财务和人事等方方面面，凡是有人思考与行动的地方都会被其覆盖。当然，也可以从更本质的角度讲，它渗透在价值缔造和价值分享两大环节。一个在产品质量上偷奸耍滑、在薪资福利上百般克扣、在付出方面斤斤计较、在成功面前争功争宠的企业，大家很容易想到这样的企业会是怎样的风貌。

3. 企业文化首先是企业家文化，其次是企业文化。作为企业的灵魂人物，企业文化一定深深地打上了企业家的意志、风格和烙印。因此，企业文化必须由企业家或真正具备了该精神与血统的企业一号人物来领衔和贯彻，否则就是胡扯。

4. 企业文化虽然由企业家发起，但由全体员工共同缔造和共同分享，无论是优秀的企业文化，还是拙劣的企业文化。

5. 所有的企业文化尤其在核心价值观层面都有着惊人的相似性，因为做企业就是做人，做人的道理是相同的，成功的基本原理是一样的。

6. 企业文化无论对企业还是对员工，都是一场修炼。因为我们都会面临诱惑和一些两难的境地。

7. 优秀的企业文化，不仅可以造就一个优秀的企业，还可以成就一个人，一个家庭，甚至与之相关的一群人的人生；拙劣的企业文化，则不仅败坏一家企业，还会摧毁一个人，一个家庭，乃至与之相关的一群人的人生。

## （四）极简之道做企业文化

做企业文化，并不需要做得大而全，尤其是经销商做企业文化，越简单越好。哪怕土一点，都没关系，关键是实用。下面我们提供四个企业的企业文化，供大家参考。

**【企业文化案例一】**

A企业的企业文化很简单，奉行“不迟到的企业文化”。老板是这么解读的：“上班不迟到、任务不迟到、回报不迟到、升职不迟到。如果迟到，都迟到。”简单吧？但很有用。所以他们的团队执行力非常强，基本能够保障工作按时完成，而且员工离职率也很低，因为老板同样做到了“回报不迟到、升职不迟到”。所以该企业的企业文化一体两面，有要求员工的，也有要求老板的。

**【企业文化案例二】**

B企业奉行的是“多一点点”的企业文化。老板是这么解读的：“服务顾客，多给一点点，不要太多，过犹不及，还增加成本；和同事相处，多让一点点，不要过分忍让，免得得寸进尺，六尺即可；和领导相处，多敬一点点，拍马屁就过了；对家人，多关心一点点，但不要儿女沾巾，男儿还是要远征。每天成长一点点，不要一口吃个胖子，每天一点点已经很多。”这个文化很实在，他的团队很和谐。

**【企业文化案例三】**

这是我在打造样板市场的时候，结合经销商的特征，做的一个团队文化，供参考。

××市场团队红皮书

我们要建立一家正能量的公司，培养一个正能量的团队，塑造一群正能量的个人；它，军纪严明，狼性十足！它，独能战，合能赢！它，让我们眷恋，让对手敬畏！

为此：

1. 我们鄙视迟到！

（1）工资不迟到：工资每延迟一天，每人发放100元滞纳金；欠发大于3天，滞纳金翻倍；遇到周末，周五发放，绝不推到周一。律人先律己，工资准时足额发放是老板的天职，拒绝任何理由。

（2）报到不迟到：一个月内，员工每迟到一次，所属团队实行连坐，处罚方式为体育运动，数量100起，由主管随性发挥；累计迟到两次，取消当月所属团队及其成员的所有评优奖励，一荣俱荣，一损俱损；累计迟到3次，一律开除，无论任何理由。老板每迟到一次，捐献

100元公共活动经费，必须当天兑现，每延迟一天，追加100元滞纳金。我们厌恶等待，更厌恶被等待，我们永远鄙视一己之责连累全体的人！无论是谁！

(3) 使命不迟到：累计三次自己承诺的任务没有在规定时间内完成的，团队取消番号，或被重新编组，或被其他小组吞并。团队负责人三个月内不得担任管理职务。使命必达，是意志问题；是否履约，是诚信问题。我们永远鄙视言而无信的人！

2. 我们鄙视抱怨！

(1) 严禁小报告：任何背后告状的行为都是可耻的，我们鼓励有问题公开、坦诚地讲；对于背后中伤他人的，无论是在管理者面前，还是在同事之间，一经发现一律辞退。对于听取小报告的管理者，一律取消管理职务。我们永远鄙视背后打小报告、心底狭隘不够敞亮的小人！

(2) 严打抱怨者：我们鼓励公开地就事反映问题和提出建议，坚决打击私下抱怨的瘟疫扩散，私下抱怨同事、任务或报酬的，一经发现，立即开除。

世界上没有绝对的公平，也没有绝对的不公平。不要抱怨付出回报不成正比，无数的事实证明，只要付出，必定会在将来的某个时候、某个地方收获。耍小聪明的人也必将在未来的某个时候、某个地方栽跟头！

你一定会有委屈，任何人都会有委屈，那就让委屈把你的胸怀撑大！

抱怨是无能的表现！我们永远鄙视怨天尤人的抱怨者！

3. 对于借口，我们深恶痛绝！

(1) 在迟到上不允许有任何借口，在抱怨上不允许有任何借口。

(2) 对于任务暂时失利，首先分析自身的原因，其次再分析客观的原因。分析自身是重点，客观原因的分析也要分析自身存在的问题。无论在口头上还是书面上，严禁次序颠倒。颠倒三次，管理者取消管理职务，非管理者三个月内不得晋升。

(3) 运气不好也是你的错，实践证明，当你越勤奋的时候，你的运气就会越好。军令也会有错的时候，那就在错误的军令上，把事情做对！

(4) 当被管理者视为借口的时候，严禁任何申辩。

4. 我们认为奉承、邀功和争宠，是极其可笑和猥琐的行为！

(1) 我们认为，奉承上级的人品行不正，乐于被奉承的人格局太小。

(2) 我们认为，邀功的人首先是贬低了自己，其次是暴露出他的贡献确实不大，否则又何必邀功！

(3) 是功是过，功大功小，天知地知，你知我知，大家知。没有傻子，把别人当傻子的人，自己才是最大的傻子。

(4) 不与下级争功，不与同事争宠，做好自己，常怀感恩，是你最大的底牌，也是你最好的牌。

5. 我们欣赏主动性强的人。

(1) 主动性强的人是我们最器重的人；主动性是我们招人、用人、提拔人和奖励人的最关键、最核心的考察指标。

(2) 我们认为主动性强不强是人品问题，是后天培养无法改变的本性。主动性强的人是唯一可塑之人。

(3) 何为主动性？没事找事，眼里有活，是主动性强的人！不怕活多，就怕没活，没活的时候不是庆幸，而是难以抑制的焦虑，是主动性强的人！总在思考如何做得更好、更省和更快的人，是主动性强的人！

(4) 老板踢都踢不动的人，无论在哪里，都会被清场；踢着老板走的人，无论在哪里，必将成栋梁。

(5) 主动性强的人是我们团队的宝贝，是我们团队的脊梁。

6. 我们欣赏敢打敢拼、敢作敢当的人。

(1) 说一万句，不如做一件事。敢说，不如敢做。口头派一文不值，行动派千金难买。

(2) 对于困难和阻力，我们认为：一，没有困难和阻力的事情是没有价值的；二，困难和阻力是我们成长的唯一机会；三，始终做自己熟悉的事情，只能说明我们始终在一个水平线上奔跑。

(3) 面对困难和阻力，我们是悍匪，我们是野狼。匪气是我们的唯一脾气，狼性是我们的唯一血性！亮剑是我们的唯一选择！逃避永远不是我们的选项。

(4) 推卸责任的人，到哪里都不会受到欢迎，而且注定被抛弃、被嫌弃！作为领导者，必须记得，第一责任人永远是你，永远没有第二个人！

(5) 我们判断一个人能否独当一面，一方面是看他的能力，另一方面就是看他是否敢作敢当。有能力的人很多，敢担当的人很少。你是多数中的一个，还是少数中的一员？

7. 我们欣赏直面自身的人。

(1) 每个人都能发现别人的缺点，但并不是每个人都有勇气能够直面自己的不足。直面自己的人，才是真正强大的人！

(2) 只有直面远远不够，还需要改变，还需要限时提升，这个期限是：立刻！

8. 我们欣赏看重情义的人。

(1) 面对伙伴，我们情义无价，肝胆相照，我们既要春风化雨，又要仗义执言！

(2) 我们欣赏和赞美爱，羡慕、嫉妒和恨让人变得更加猥琐，欣赏和赞美则让人更加敞亮，更加强大。

9. 我们坚信：

(1) 人对了，世界就对了。不能占据诚信最高点的人，一生都将为此被动。

(2) 邪不压正，我们能用正能量感染多少人，我们就能在未来领导多少人？

(3) 我们相信，团队可以改变自己。我们更相信，自己可以改变团队。

念念不忘，必有回响！

我们奉你为天使，视你为栋梁。不要让团队失望，更不要让自己失望。

我们希望人们（包括敌人）能这样形容我们：虎狼之师、正能量军团！

# 二十二、如何做人员激励

## （一）激励究竟有什么作用

人员激励的核心目的在于调动员工的积极性（即乐意干）和责任感（即用心干），以提升工作效率和工作业绩。在自然状态下，没有谁的积极性和责任感能够始终高昂、永不消退，即使他的自制力和进取心再强，也需要在低谷或者下滑的过程中借助外力得以提升。激励的极致作用就是激发人的最大潜能，但它的作用不能无限放大，因为它还受到外界环境和自身能力的制约。因此，为了提升效率和业绩，需要目标合理、能力提升和人员激励三者并重。

## （二）激励的作用原理和重要原则

俗话说："有求必苦，无欲则刚。"正是因为心有所求、心有所欲，故易被外界的供应和满足所吸引、所调动。心动、帆动、风动，这就是激励所能起作用的基本原理。激励与奖励相比有着本质的区别，那就是激励面向未来的期许，奖励针对过去结果的兑现。做人员激励，务必注意如下七个原则，具体见表 22－1 所示。

**表 22－1　人员激励的原则**

| | 原则 | 说　　明 |
|---|---|---|
| 1 | 因人而异 | 每个人的所好不同、所求不同、所欲不同，故有效的激励手段也必将因人而异。有的在乎公司的大品牌有面子，有的在意办公地点的便利，有的在意老板的赏识，有的会在意工资，有的会在意职位，有的在意社保和公积金，有的在意成长，有的在意同事关系，甚至有的还会在意在公司里有可能找到男女朋友，正所谓每个人都有自己的激情，只是点燃他们激情的火种不同 |
| 2 | 因时而异 | 存在即本质，人是一个动态的变量，所求所欲会随着时间而发生变化。新员工进来，如果是第一份工作，他会非常在意学习和成长；但是工作了 3、4 年后，他必然会在意物质，因为他的经验丰富了，也要娶妻生子了；如果到了 35 岁以后，大部分人都会在意稳定了，因为 35 岁之后找工作的难度就比较大了。故有效的激励手段也必将因时而异。激励必须先诊断而后行，切忌想当然 |
| 3 | 因地而异 | 人是社会化动物，在不同的场景下有不同的在意和忌讳，故有效的激励手段需要因地而异、因场不同。有一个段子是这样的："老板，我要请假！""有什么事？""我要去参加前女友的婚礼！""开着我的宾利去！顺便把我女秘书带上。"这就很好地说明了激励需要因地而异的特征。实践中这样的例子也非常多，比如，有的公司会向优秀员工的大学发去一封感谢信，"感谢学校给我们公司培养了如此优秀的人才。"有的老板会在客户那里直接声明"这是我的左膀右臂"，如此种种，让员工怎能不感激涕零、知恩图报呢 |
| 4 | 过犹不及 | 如果激励程度不足，会导致激励效果不理想；但如果激励过度，不仅成本过高，还会助长被激励对象的贪婪，甚至对老板的盈利空间有过多不理性的猜忌，有时还会产生激励依赖症，即无激励、不做事，这就是病态的了 |
| 5 | 目标合理、努力可期 | 不可过低，亦不可过高。踮脚够得着才有成就感；够不着则信心不足；盲目以为够得着则必遇挫败感，后遗症较大，这种现象尤其表现在工作经验少、单凭一腔热情往前冲的年轻新员工身上。而且应注意不能常败，亦不可常胜，做到胜略多最佳，这样大家都有信心，又有小担心，所以就会尽力前冲 |

续表

| | 原则 | 说　明 |
|---|---|---|
| 6 | 忌平均主义 | 平均主义无激励。除了新年阳光普照，图了开心之外，其他都要论功行赏，忌吃大锅饭 |
| 7 | 牢记一句话 | 唯女人与小人难养也，远之则怨、近之则不逊。女性指弱者，小人指孩子，员工在老板面前始终会有弱者的一面和孩子的一面，难免会出现这种现象。所以要远近始终，不可过远，亦不可过近。亲和与敬畏之间，务必掌握好尺度 |

## （三）激励的核心口诀

以销售为核心的经销商员工激励策略，可以凝缩为一句话，就是营造一种快乐轻松、重奖励轻处罚、重业绩也重情义、欣赏赞美爱、比学赶帮超、破除万难向前冲的工作氛围，让外在激励转化为内在动力。核心口诀的具体说明见表 22－2 所示。

表 22－2　激励核心口诀的说明

| | 核心口诀 | 说　明 |
|---|---|---|
| 1 | 快乐轻松 | 快乐也是生产力。轻松是指工作氛围，而非工作本身 |
| 2 | 重奖励轻处罚 | 鉴于 90 后特征，奖励为主处罚为辅。奖励宜物质和精神兼顾，处罚尽量避开物质处罚。奖罚都需及时兑现，否则效果必将大打折扣 |
| 3 | 重业绩也重情义 | 业绩情义并重，做一个有温度的团队，二者相权，必有前后，业绩作为团队公义必先于个人私情 |
| 4 | 比学赶帮超 | 就是竞争机制和分享机制 |
| 5 | 欣赏赞美爱 | 就是团结协作，避免勾心斗角、窝里斗以及官僚主义。在此，制度重要，意识更重要，关键是形成这样的氛围和习惯 |
| 6 | 外在激励转化为内在动力 | 先统一利益，再统一目标，再统一思想，最后统一行动 |

## （四）激励手段——物质激励

什么情况下进行物质激励？一般需要同时满足三个条件，一是目标的完成需要投入极大的努力才能实现；二是员工特别在意目标完成所获得的物质激励，即物质激励对激励对象有效；三是单纯的精神激励无法达到期望的激励效果。

## （五）物质激励设置的依据和主要方式

物质激励设置的依据一般分为两类，一是目标完成所能带来的收益大小（或去除风险的大小），二是激励对象的月收入状况。二者结合，设置物质激励的尺度。

物质激励的方式主要有三种，见表 22 – 3 所示。

**表 22 – 3　物质激励的方式**

| 激励方式 | 说　明 |
| --- | --- |
| 现金激励 | 提成，奖金，分红等 |
| 奖品激励 | 任务奖品（按事项设置、按时间设置），优秀奖品（PK 结果），幸运奖品（氛围营造使用），阳光普照奖品（安慰奖品，一般用于年会） |
| 福利投入 | 团队福利（团队业绩达成），个人福利（个人目标完成或评优胜出），具体表现形式为餐饮、旅游、带薪休假、其他娱乐活动 |

## （六）物质激励设置的注意事项

1. 物质激励的考核项目一般需要量化处理，这样才能体现公平公正原则。

2. 物质激励一般需要拉开档次，建议两个相邻层次激励的奖励差距为1倍左右。

3. 物质奖励不宜购置劣质产品和使用风险较大的产品，建议通过正规渠道选购优质品牌产品，实用物品和时尚新奇物品均可。

4. 物质激励的同时，需要给予精神激励和自我实现激励，三者结合使用。

5. 不能把员工惯坏了，不能惯出有物质激励就干、没物质激励就不干的坏毛病。因此，长期物质激励宜有规律可循，建立可信度；短期物质激励可自由发挥，可有可无，可大可小，让其找不到规律，不能形成惯性认识，否则，额外的激励就会被员工误认为是本来就有的、本来就该发的固有激励。

为了了解提成设置的方法，表22－4列举了提成设置的案例，供参考。

**表22－4　提成设置的案例**

| 算法示意 | 举　　例 |
|---|---|
| 保底工资（基于行业水平） | 2500元/月 |
| 目标＝10倍固定成本；基础目标＝5倍固定成本<br>此处固定成本为月房租＋装修成本月摊<br>设定稳定状态下的固定成本占比为10% | 营业目标：16万/月店（2名导购，均摊8）<br>基础目标：8万/月店（2名导购，均摊4） |
| 人力支出所占销售额比率＝经销商毛利率－经销商期望利润率－固定成本占有率－推广成本占有率 | 50%－15%－10%－10%＝15% |
| 导购人力支出所占销售额比率＝人力支出总占比－其他人力成本占比总和 | 15%－（安装3%＋物流2%＋测量2%＋设计1%＋其他1%）＝6% |
| 不计提成线 | 2500÷6%＝42000，综合基础目标4万，取高 |
| 无梯度提成 | >4.2万部分，提点6%（注意这是总空间设置，一般会进一步压低） |

续表

| 算法示意 | 举　例 |
| --- | --- |
| 梯度提成 | 第一梯度：4.2 万 < X < 6.7 万，其间提点 5%<br>第二梯度：6.7 万 < X < 8 万，其间提点 8%<br>第三梯度：大于 8 万，其间提点 6% ~8% |
| 综合 | 综合投入风险和收益情况，低于理想目标值时减少部分点数，高于目标值可增加部分点数 |

备注：分红是在总目标完成的情况下，经销商利润的让渡。

## （七）激励手段——精神激励

人是物质与精神的合体，既有物质的需求，也有精神的需求。所以精神激励在特定场景下效果非常明显，与物质激励相比，它的成本几乎为零，但比物质激励更有温度，因为精神激励有着物质激励所没有的情感因素。精神激励的内容大体包括 11 点，具体见表 22－5 所示。

**表 22－5　精神激励的内容**

| 序号 | 维　度 | 说　明 |
| --- | --- | --- |
| 1 | 表达你对他的尊重 | 对他本人、他的亲朋好友以及一切他在乎的人的尊重 |
| 2 | 表达你对他的关注 | 关注他的业绩、成长以及着装造型等的变化 |
| 3 | 表达你对他的关心 | 对他工作生活中的困难表达关心并提供力所能及的帮助 |
| 4 | 表达你对他的认可 | 对他的人品、态度、工作方法、工作业绩予以认可 |
| 5 | 表达你对他的赞扬 | 私下表扬－公开表扬，对内表扬－对外表扬，对上表扬－对下表扬，口头表扬－书面表扬，重点表扬－顺带表扬，统一规范－私人定制 |
| 6 | 表达你对他的感谢 | 私下感谢－公开感谢，对内感谢－对外感谢，对上感谢－对下感谢，口头感谢－书面感谢，重点感谢－顺带感谢，统一规范－私人定制 |

续表

| 序号 | 维　度 | 说　　明 |
|---|---|---|
| 7 | 表达你对他的器重 | 凸显他在你心目中的地位和在公司的重要性 |
| 8 | 表达你对他的喜爱 | 非男女私情，特指爱将，因人品和业绩等带来的偏爱 |
| 9 | 彰显你对他的保护 | 不护犊子的领导不是好领导 |
| 10 | 授予相关表彰荣誉 | 借助一定物质以公开形式进行表彰和授予荣誉身份 |
| 11 | 授予部分可控特权 | 如特殊带薪休假权、内部员工认购价、员工亲友价等 |

## （八）自我实现激励

这类激励不同于物质激励和情感激励，他是以员工的成长和目标达成为发力点的，对于有追求、进取心强、有自我实现价值情结的员工非常有效。这类员工往往是让你又爱又恨的员工，爱是因为他们做事积极、能力强；恨是团队协作差、有野心、容易奔赴更大的山头。具体的激励方式如表 22－6 所示，供参考。

**表 22－6　自我实现激励的方式**

| 序号 | 维　度 | 说　明 |
|---|---|---|
| 1 | 协助实现个人能力和成长的突破 | 提供培训机会，专人传帮带 |
| 2 | 协助进入更高级社交圈 | 方便时，带其进入更高级别的交际圈子 |
| 3 | 给予能力施展的机会和空间 | 在恰当的时机下，赋予其恰当的职位和权限 |
| 4 | 充分给予意见表达权 | 提供意见反馈渠道，表达尊重和重视，给予反馈，可行予以推行和奖励，不可行耐心说明原因并表达感谢 |
| 5 | 部分参与式决策 | 尤其是涉及其利益、需要其执行的部分决策 |
| 6 | 成长记录 | 将员工的成长记录计入档案，甚至制作成卡片或视频 |
| 7 | 纳入公司成长的里程碑式人物 | 如凌烟阁 24 功臣等 |
| 8 | 给予其少量干股 | 不仅赋予其物质分红权，也体现了他的价值和地位 |

续表

| 序号 | 维　度 | 说　明 |
| --- | --- | --- |
| 9 | 其他 | 鼓励甚至资助其爱好、兴趣和特长的养成和发挥 |

## （九）给予干股时的注意事项

1. 在业绩好的时候，授予干股；经营业绩不理想时，一般不建议授予。

2. 干股授予人员必须是又红又专的人员，红是指忠心，至少跟随3~5年以上，这是第一要求；专是指能力强，能够独当一面，且比较难以替代。

3. 干股属于协议馈赠性质，仅享受对应的分红权，不在公司股权上予以体现，且干股人走股消，不得转让。持干股的人不得以干股为名，要求参与决策、对外签订合同和举债。

4. 干股分红必须以完成年度基本目标为基础，低于目标不分红。

5. 干股分红基于营业额，而非基于利润，严禁任何干股持有者查阅公司经营账目。

6. 干股及其分红方案，每年议定，年度兑现，工作不满一年者不予分红，个人业绩目标未完成者不予分红。除法定假日外，请假超过30天者不予分红。

7. 干股和分红方案永远试执行。

8. 具体方案可根据经销商自身情况制定。

## （十）激励的若干技巧

前面讲的主要是激励的三大手段，现在我们将分门别类地说一下激励的具体技巧，见表22－7所示。

表 22-7 激励的具体技巧

| 序号 | 激励技巧 | 说 明 |
| --- | --- | --- |
| 1 | 目标激励 | 不仅要设置终极目标，也要设置阶段目标和过程目标，让大家更有信心和方法实现目标 |
| 2 | 榜样激励 | 树立某方面的标兵，大力宣传，并引导大家正确对待榜样。使大家学有方向，赶有目标。管理者应以身作则，成为这方面的榜样。同时注意榜样的不断成长以及榜样的忠诚度 |
| 3 | 沟通激励 | 上下级之间有效的沟通，可以发现员工存在的问题及原因，做到看病抓药。即使单纯的沟通，对下级而言也不仅仅是工作交代，还意味着关注、关心、器重和信赖等。所以，适当多和下属交流谈心，下属的干劲是谈出来的 |
| 4 | 授权激励 | 授权意味着对员工的信任和器重，以及给员工更广阔的施展空间和机会。授权宜稳健进行，由小到大、由少到多、由不重要到重要，逐步过渡，并明确哪些是临时授权的，哪些是常态授予的 |
| 5 | 情感激励 | 与员工建立情感联系，适当时机做些心中有你、雪中送炭、护犊子、够意思、知遇之恩和宽容之心的事情 |
| 6 | 竞争激励 | 对于容易评估的活动一律采取 PK 竞争手段。在相关篇章中已经做了阐述，不赘述 |
| 7 | 文化激励 | (1) 通过价值观和做事风格等企业文化的建立，营造一种团队氛围和行事作风，激励成员一同奋进。<br>(2) 价值观，何为价值观，简单地讲，就是从公司层面回答：“什么是值得的？什么是不值的？什么是对的？什么是错的？什么是鼓励的？什么是禁止的？”<br>(3) 做事风格，是“狼性的”还是“羊性的”，是“雷厉风行的”还是“谨慎稳妥”的，是“有往必返”还是“有去无回”，是“敢于亮剑”还是“曲线救国”，是“逢敌拿下”还是“你打你的，我打我的”，是“兄弟们，跟我上”还是“兄弟们，给我上”，是“一言既出、驷马难追”还是“此一时彼一时” |
| 8 | 分享激励 | 团队建设中要推动良性分享。包括：大家的成长心得分享，成功的经验分享、失败的教训分享等。在例会上或微信组里要专门设置板块，在固定的时间，大家一起来分享来诉说，这样成功的经验可以得到复制，失败的教训也可以引起他人的注意和规避。在此期间，我们所要做的就是鼓励、疏导，同时坚决避免压制说服 |

## （十一）特别说明

虽然我们相信，人人皆有慧根，人人皆可成佛，人人都可以被激励、被改变。但我们的时间毕竟有限，精力毕竟有限，甚至改变人的能力毕竟有限。在我们有限的时间内，可能我们激励的对象就是朽木不可雕，就是烂泥扶不上墙，所以，就让志同道合者一同前行，各怀鬼胎者各奔前程吧。总之，找到性情相投、风格匹配和血性吻合的人，始终是我们用人的第一要义。

# 下篇

# 二十三、压制式竞争策略

基于“竞争对手是你搞大”的理念，有条件的经销商，应首选压制式竞争策略。何为压制式竞争策略？不是处处比人强，而是务必在“关键处”和“肥水处”压着对手打。

我们先看两个压制式竞争的案例。

**案例一：如此卖菜**

我所在的小区、对面的小区以及左右两侧的小区大约共计5000多户，入住率90%以上，每日对蔬菜的需求量非常的大。虽然有个比较大点的菜市场，但有点偏远。所以就在中间地带出现了许多摆摊的，随着他们的原始积累完成以及城管的不断来袭，有两家在中间地带分别开了15平方米左右的蔬菜店，生意很好。然而好景不长，没过半年，就杀进来一个程咬金，一下子同时开了2个店（夫妻俩一人管一家，后来我们才发现他们是一家子的），每个店都在40平方米以上（将近对手的3倍），而且店的位置都比其他家的要好（已经没有更好的位置、更大的面积的店面）。每天早上，都有几辆专门运蔬菜的车停在附近，菜多、新鲜、送小菜还大气，这样一搞，偏远位置的菜市场生意就更差了，另外两家小店没过2个月就宣布倒闭了。

现在，这个程咬金在蔬菜方面堪称一家独大。之后开始以类似的方法操作水果。不过此时，他却找不到比原来的两家水果店更好的位置了（人家先入为主，都占了好多年了）。于是他采取的办法是“大店+大单品+APP下单送上门”。大店是指他的店面比最大的对手大40%，做大单品是收缩产品线，重点力推2~3个品类，甚至有时聚焦在一个品类上，于是利用量多拿货成本低的优势疯狂打折销售。为了解决位置不佳的问题，他支持直接送货上门，为吸引住户加APP，别人送苹果或品相差的火龙果，他直接送最新鲜的大西瓜。结果，他很快就成为销售最好的水果店。但他还是为位置不理想所耿耿于怀，最后直接以两倍的租金成本把对手的店硬是挖了过来。现在蔬菜和水果都是他们家的天下了。最近观察到，他们又开始涉足烤鸭了。遇到这样的狠角色，你还能做些什么呢？这就是典型的压制式竞争策略。

**案例二：开业狙击**

在某市，某家居品牌一直稳坐老大位置。2011年全国排名前三甲的某品牌进驻该市场。老大开始有点如坐针毡了，因为他非常清楚，如果不能利用自己的先发优势、历史积淀优势、品牌优势和成本优势一开始就压制住对手，后面的日子肯定不会好过，甚至40%的客流都要被对手分流走。

该经销商通过调研，准确地获得了对手的开业时间、开业促销力度和广告投放计划。和厂家沟通后果断决定以双倍的推广投放和更低的价格优惠，直击对手要害。结果对手开业营业额不足2万，自己期间营业额却高达280万。对手厂家要让经销商开业当日收回前期投入的豪言壮语破灭，对手经销商信心严重受损。然后，又经过了2次如此对决，结果如出一辙。对手经销商和团队信心彻底崩盘，从此一蹶不振，甚至开始偷偷地多样化经营起来，厂商矛盾日益尖锐，越做越差，被市场彻底边缘了。

这位常年的老大依然稳坐老大位置，更重要的是，其他经销商再也不敢轻易触碰他的蛋糕。这就是一战打出多年安稳，打出了自己的威风，吓破了敌人的心胆。

## （一）压制式竞争的前提

实施压制式竞争的前提主要有四点，具体如下：

1. 必须准确判断这个市场有足够的吸引力。战果都不能支撑你压制式火力的成本，那就是赔本赚吆喝了，这就需要做好市场的充分研究。

2. 必须能在关键成功要素里找到压制的机会。位置、面积和价格，等等，最核心的成功要素里必须存在机会或者颠覆机会。否则，在无关紧要的地方下刀子，花费多，却不见痛痒不见血，就是瞎折腾，浪费火力了。这就需要我们非常了解影响顾客的关键购买因素以及对手的致命缺陷。

3. 你必须有一定的资金实力，没有弹药，单纯喊是没用的。

4. 你必须是一个理性的赌徒。有识，还要够胆。天天算小账、小富即安的经销商不适合这种玩法。

## （二）压制式竞争的指标要求

压制式竞争的指标要求具体见表23－1所示。

**表23－1　压制式竞争的指标要求**

| 指标 | 要　求 |
| --- | --- |
| 销售指标 | 1. 区域销售额第一<br>2. 区域销售量第一 |
| 硬指标 | 1. 位置最好<br>2. 面积最大<br>3. 装修最佳<br>4. 店数最多<br>5. 广告最猛 |
| 软指标 | 1. 团队最悍<br>2. 导购最强<br>3. 服务最好<br>4. 口碑最佳<br>5. 最能折腾<br>6. 最不敢惹 |

### （三）提防落入敌人圈套

压制式竞争尤其要注意避免在错误的方向发动错误的战争，分散了兵力，浪费了弹药。先看一个真实战例：某著名可乐品牌红方，在某小城遭遇另一著名品牌蓝方的奇袭，以超低价迅速侵入红方经销商和终端体系。区域经理江湖告急，主张必须接招，否则就兵败如山倒了。老总看到之后，仔细分析了一下："该区域市场很小，一直以来都是红方占据绝对优势，俗称红区。蓝方这次应该是以低于成本的价格杀过来的。如果以同样的打法，蓝方损失不大，因为他的份额有限，红方的损失就惨重了。所以，可以判断，对手这样的奇袭也不会持续太久，只是一次开山爆破罢了。但是如果任由其折腾也不行，所以我们要以其人之道还治其人之身，选择一个蓝区，我们以同样的方法杀过去。这就叫作围魏救赵。"结果如此一折腾，战争很快就平息了。试想，如果盲目听从区域经理的江湖告急，就火拼上了，会怎样？所以，我们要动若脱兔，必先静若处子。

最后，特别补充压制式竞争的三个注意事项：

一是以竞争为导向，先入必须为主，后发快速制人。

二是对于对手的动作，要么不响应，要么必须实施压倒性火力狙击。

三是逢敌公开亮剑，但绝不暗箭伤人，以免形成恶性循环。

## 二十四、开店，开大店

### （一）为什么一定要开大店

建材家居终端竞争依然遵循着这样的一个制胜法则：小城开大店；

大城开多店，必有旗舰店。无论是大城还是小城，都要有一个大店。因为只有大店才能打出你的气势，才能彰显你的实力。中国商人和中国消费者永远改变不了的德行就是：以貌取人！相貌寒酸，谁看得起你！谁和你玩！顾客看不上，异业伙伴不搭理，小兄弟也不愿跟你，竞品欺负你！你还怎么混！

## （二）开大店的目的

开大店就是为了镇住顾客、挤压竞品空间、吸纳人才和利于发展分销商，具体见表24－1所示。

**表24－1　开大店的目的**

| 目的 | 说　明 |
| --- | --- |
| 镇住顾客 | 店面是会说话的，它会告诉顾客，你有实力、你更可信、你的品牌更强大。所谓店大欺客，客大欺店，这个欺不是欺骗的欺，而是欺压的欺。小城市的顾客更是如此，大部分人都会认为大店的才是大品牌 |
| 挤压竞品空间 | 优质商场的空间资源是非常有限的，你的大了，对手的就小了；你的小，对手就有机会大了 |
| 吸纳人才 | 人才找工作也是要看颜值的，店面就是你的颜值。水往低处流，人往高处走，店大也是高度 |
| 利于发展分销商 | 这个店不仅仅是零售的，它还是招商的桥头堡！任何人都想抱大腿、傍大款！店面会告诉他们：它的老板是大老板！至少是敢投、敢闯、敢拼的老板！你敢赌，你的下级分销商才敢与你一起赌！你都不赌、没信心，谁还敢与你一起混？做老板没有一点赌性、一点血性，永远是夫妻店 |

## （三）怎样才叫大

一般来说，比当地最大的店面还要大40%才叫大。因为低于40%

的差距并不容易被人感知到。很多优秀的建材家居店就是遵循的这个比例。其实，面积大只是一方面，我们还要注意，它的大，还指沿街面积大，广告门头大。店面的沿街面积和纵深相比，沿街面积更为重要，因为沿街面积就是广告面积和接客面积（不一定只有门才接客，只有人才接客，物料也可接客，而且是24小时不休地接客）。门头面积，不仅要求宽度，还要追求高度。尽量去争取，按照宽度和高度的极限去争取。

## （四）不仅要大，而且要高大上

装修必须高大上，如果你是高端的，你只有这一条路。如果你是中端、低端，最佳的选择也是高大上，因为高举低打、高举中打，效果往往更好。很多经销商接待重要人员的时候，都会盛装出席，但并不是所有的经销商都有提升店铺形象接待顾客的理念，他们的包包可以是LV的、阿玛尼的，就是不愿意在装修上多投入，甚至能省则省、以次充好，殊不知这是在打自己的脸。有的经销商还会直接把大店变成了大作坊，从而导致大店的投入功亏一篑、毁于一旦，行百里者半五十。

## （五）开大店，成本高啊

不能盈利，成本再低都是高的；实现盈利，成本再高都是低的！开大店是成本最低的推广方式！即使做大量的广告也无法替代开大店的影响力，因为广告更多是告知，而大店不仅仅是广告，还是体验，更是终端拦截，这就决定了它的不可取代性。从建材家居行业来看，发展迅猛壮大的厂家和经销商无一不是渐趋大店模式，足以说明问题！

李嘉诚说过，任何一个机会都会经过四个阶段，看不见，看不起，看不懂，来不及。你不开大店，迟早会有人开的；当你想开的时候，位置空间就未必等你了。不信，可以试试看。

# 二十五、吆喝，吆喝，还是吆喝

## （一）不会吆喝，就不会做生意

你不吆喝，谁知道你？会哭的孩子有奶吃。厂家只负责全国性的吆喝，地方性的吆喝只能靠经销商。都是厂家吆喝，要你干什么？有些经销商会认为做广告是在为品牌做宣传，没错，但更是为你的生意在做宣传。有的经销商还会担心万一厂家哪天不让做了呢，合同都是一年一签的？可笑之极，除非你严重违反厂家规定，触碰了红线，厂家不得不失你一地而保他全国。除此之外，你业绩做得好，哪个傻子会干掉你！你的生意太滥，又有谁能保得了你。区域经理是背任务、吃提成的，厂家老板是看销量、看排名的。对于经销商而言，最硬的道理，莫过于，枪杆子里面出政权，销量里面出发言权。

## （二）先做行业影响力，再做顾客影响力

这是我们在建材家居业内率先提出的一条推广法则。为什么会提及这个法则呢？因为在我们操作样板市场的时候，发现了两个特征。第一个特征，因为投资大，顾客会想着法、绕着圈去找所谓业内的人咨询哪个品牌好、能不能拿到优惠，即使没找到朋友，也会通过其他导购员来了解情况。如果其他的导购员告诉顾客“我没听说过这个品牌”，结果会怎样？消费者会想，行业里的人都不知道，看来不是啥大品牌，这种不经意的一句话堪称是致命的。如果其他导购员说“还不错的，行业里面前三名。这个商场卖得最好的”，结果就完全不同了。第二个特

征，现在闭关锁国地做建材家居已经越来越难了，自己做，成本高、风险大，何不跟着个要经验有经验、要资源有资源的行业大哥们一起做呢？整合行业资源为己所用，已经成为启动市场的快捷方式，甚至是必经之路。如果行业没有影响力，谈何整合！基于顾客和异业资源整合的考虑，以及建立行业影响力投入少、容易做、见效快、效益高的情况，务必先做行业影响力。

那么如何提高行业影响力呢？商场高管那里常走走，各位建材家居老大多拜拜，家装协会那里多会会，周边导购员多谈谈，行业聚会多凑凑，大家都比较重视的展会多上上。不进则已，进去就搞出名堂，让人家对你刮目相看，时时想到你。我们曾经操作一个小品类（行业知名度极低，很多建材导购闻所未闻），厂家委托我们在杭州做样板市场，我们组织参与了一场齐家网在和平会展中心的展销会。当时，我们首先就把此次展销会定位成提高行业影响力第一、锻炼团队第二、赚顾客钱第三。所以，选择了门口最好的位置，能拿到的广告全部拿下（前期的和现场的），我们的临促无处不在。结果我们的销量成为家居类排名第一，彻底打出了实力和团队士气。经此一役，该品类在整个行业一炮走红，齐家网对我们啧啧称赞，各位建材商户对我们刮目相看。原来我们想参与一些联盟活动，没人理，此战后，就有人主动找上门来谈合作了。在上海，我们也采取了同样的策略，在金山做一场小区活动（当时刚进驻金山，知名度极低），共有 16 个品牌参加，结果该小区每家每户都贴了印有我们 LOGO 的福字广告，摆展下来，顾客登记最多的是我们（仅次于我们的是方太），卖卡最多的也是我们，我们的一名四川妹子还不经意间成了这次活动所有销售员中的大姐大，行业知名度一下子就提高了。

### （三）先做终端影响力，再做前端影响力

这句话的本质逻辑是先拿下进店的，再到外面拉顾客。如果进来的

顾客都不能成交，你花大价钱、花大精力拉进顾客来，就是在为对手做嫁衣裳，尤其是店中店模式。所以，先确保你的成交率达到一定水平后（至少不比对手低），再往外拓展。终端影响力如何提高呢？从静态上来看，主要包括店面位置、大小、装修和店面氛围。从动态上讲就是导购能力、促销特色、同商场异业导购对我们的支持和推荐意愿等。

## （四）广告投放三原则

1. 顾客在哪里，这是最基础的一个法则。从这一点来看，有四类广告，有条件可优先考虑，一是终端广告，来商场的基本都是准顾客，所以，必须优先投放广告。二是小区广告，建材家居的顾客不在新小区就在老小区，他们集中在哪里，就投到哪里。三是业主论坛广告，现在购房者越来越喜欢泡在群里，非常精准，价格不一，目前大部分免费，关键看如何操作。四是道路广告，资金少的可投放小区集中地的道路，资金多点的可以投放商场附近的道路，实力雄厚可考虑市中心道路。具体广告投放的技巧会在相关部分展开，在此不赘述。

2. 店面指向性。在广告网点投放上，有经验的经销商都会围绕着从顾客指向店面的动线来设计户外广告投放。如果东一榔头、西一棒槌，虽然都是瞄准了顾客，但效果往往会有所折扣。

3. 最贵的是最便宜的。有些经销商喜欢那些便宜的广告位，如果便宜又真的有效，那就太恭喜你了，你中奖了。如果你是为了骗取厂家的广告补贴，本文不讨论。以我们的发现来看，广告位便宜的一般没好货，甚至都是作为赠品来送的，只是有些经销商不知道罢了，还以为捡了个大便宜。举个例子，封面广告和封底广告，封面广告位价格是封底广告价格的 3 倍，但结果却是封面广告阅读量是封底阅读量的 10 倍，哪个便宜呢？在广告方面，性价比最高的往往不是价格最低的，也不是价格中位的，而是价格最高。所以，如果有条件上，请优先考虑贵一点吧，因为它是最便宜的。

# 二十六、必须有个老板圈

我的一个朋友在一个行业做了很多年的销售员，始终都是个业务员，而且业绩始终不上不下，如果不是国企、不是亲属介绍的，早就被开掉了。我就问他："做了这么多年，行业圈子里你认识几个人，一面之缘的不算，能够随时拉出来和你喝酒聊天、一起无所顾忌地聊天的有几个?"他答道："也就是几个同事而已。"做的为什么不行?答案显而易见了。

某家居品牌床垫经销商除了商场的几个领导混的比较熟，对房产、装修和建材做得比较好的老板一个也不认识。而有的经销商甚至混到了政协里，人际关系极其广博，用他们的话说："单纯凭我这张老脸，打几个电话，几十张床垫也能卖出去。"这就是圈子!

## (一) 老板圈是个财富圈

老板圈之所以是财富圈，是因为他能给你信息、经验、资源和人脉，具体见表 26 - 1 所示。

**表 26 - 1　老板圈是财富圈**

| 信息圈 | 行业信息、商场信息、竞品信息、小区信息、工程信息等 |
|---|---|
| 经验圈 | 营销的经验、管理的经验；当然除了成功的，还有失败的 |
| 资源圈 | 顾客资源、店铺资源、广告资源、人力资源 |
| 人脉圈 | 朋友的朋友是朋友，直接的圈子之外还有间接的圈子 |

## (二) 建材家居老板必须要建立的朋友圈

前端、同期品类的商户老板必须结交。如果你是做木门的，那么就要结交这些朋友：商场高管、装修公司老板、中央空调老板、地暖老板、瓷砖老板、洁具老板、橱柜老板、地板老板、小区广告公司高管、相关第三方高管以及其他人员。

怎么选择结交对象呢？绩优做基础、性格为考量，即订单数量多的优先考虑，双方对脾气、兴趣相投的重点结交。同时，采取普遍撒网、重点培养的策略，即处处留心、广结善缘，又重点结交3~5个当地前端品类老板。

## （三）结交的心态和方法

结交圈子应该怀有吃小亏不吃大亏的心态，即对于重点结交对象，适当的多付出一点，而远离那些经常为你挖坑的不良商户。

结交的方法有两个，一是运用中间人，如商场、广告公司、家装公司、展销会和行业协会等高管，他们一定认识你想认识的人，有人介绍，大问题就没有了。二是运用一生二、二生三的道理，由朋友介绍朋友，结交一个、拓展一片。但不宜一次性过多，否则彼此都没有印象，最好是阶段性拓展，平台相见，私下深交。

## （四）结交注意事项

初次结交的核心秘诀在于第一次只有一次，第一次是为了下一次。初次见面不要只谈工作，更多的应该是彰显诚恳、表达欣赏、交流热门话题（对上火），注意倾听、适当吐露，不言人短、少吹牛皮。没有人愿意和满嘴跑火车的人深交。经过第一次见面，如果觉得彼此对路的，那就主动约下一次。第一次见面的地点很多情况下是机缘巧合，第二次就是刻意安排了。为表诚意，第二次一般是我们主动到对方店里参观学习，然后再邀请对方来我们店里交流洽谈。

## （五）老板之间沟通的三重境界

和经销商打交道多了，我发现一个很有意思的现象。那就是老板之间交流是分境界的，不同的经销商的交流内容也是不同的，如表26－2所示。

**表26－2　经销商交流的内容倾向**

| 经销商 | 交流内容倾向 | 原　因　分　析 |
| --- | --- | --- |
| 小经销商 | 喜欢谈营销 | 因为他正在为营业额所困惑或兴奋 |
| 中经销商 | 喜欢谈团队 | 因为他此时正面临着公司化运营的阵痛期，对团队建设有很多苦水或得意 |
| 大经销商 | 更喜欢谈对人生的看法 | 相当一部分人会谈佛，因为此时的经销商生意顺风顺水，团队已趋稳定，对人生的价值观和人性有了许多新的体悟，渴望倾诉 |

当然，这三重境界没有高低，只是所面临的人生境遇不同罢了，在境遇发生变化时，便会随境而变、随遇而迁。在这里点出这一现象，更多的是为了方便经销商快速推断对方所处的境遇，从而快速找到共同语言。

## （六）老板朋友圈的日常维护

平时多烧香，急时有人帮。无事不登三宝殿，朋友做不长。结交之后还需做好维护，所以做老板是真心累。朋友管理也需要ABC分类，有些人有一面之缘也就可以了，有些人能够彼此熟悉就可以了，有些则需要精心打理。对于需要精心打理的朋友，每天可以微信互动一下，点下赞，评个论，让他知道你在关注他；每周和他电话交流一下，或者到他的店里坐坐；每个月和重点朋友喝喝茶、唱唱歌；如果外出，不妨带些特产分享。点滴之间，水滴石穿。你的用心，他会懂。在做事上，我们期望找到事半功倍的窍门；但在做人上，我们必须怀有事倍功半的持久心态。

# 二十七、必须建立你的情报网

## （一）几个问题，看你是不是聋子和瞎子

1. 你所在的市场，最近3个月和未来3个月有多少新房交盘，计划何时交盘？

2. 你所在的市场，每个月有多少场建材家居展销会，家居品牌有谁参加，效果如何？你亲自去过几场？

3. 你所在的市场，有几个建材家居联盟，他们是怎么操作的，效果如何？

4. 你所在的市场，有多少家有规模的家装公司，分别以哪类业务为主，1年大约有多少顾客量，他们对顾客影响力如何？

5. 你所在的市场，其他同类商户在卖场内可能不如你做得好，那么店外呢？他们在店外有哪些动作？

6. 哪些经销商在哪些方面做得非常突出，推广、导购、店面管理……你是否亲自去过了？是否带团队去过了？去了几天？是当天去的？

7. 你的顾客是怎么分布的？

8. 都是谁在买你的产品？为什么买？

9. 都是谁在买竞争对手的产品？为什么买他的？为什么不买你的？

10. 竞争对手的导购员究竟是怎么说你的？

11. 竞争对手广告是怎么做的？地点、时间？

没有情报，就是瞎子！就是聋子！就是自以为是！就是想当然！就

是拼运气，而且是狗屎运！死都不知道怎么死的！

## （二）必须收集的5类情报

### 1. 顾客情报

2010年，访谈某国内牛奶企业老总（该企业已有近60年的历史了，国企转制），“你觉得在消费者眼中，什么样的鲜牛奶是好牛奶?”该老总回答了一系列的指标。后来经过我们的消费者座谈会，老总扮作服务员旁听，得出来的结论为，大部分顾客认为：“喝起来比较浓（厚）的牛奶，是好牛奶!”会后，老总感慨：“做了十几年牛奶，我们竟然不知道在消费者眼中什么样的牛奶是好牛奶，难怪人家蒙牛几年就做到了全国，而我们现在还蜷缩在这个城市里，面临着被收购的风险。看来我们也只能够被收购了。”

表27－1列出了需要收集的顾客情报及其作用和获得渠道，供参考。

**表27－1　顾客情报**

| 需要收集的顾客情报 | 作用及情报渠道 |
| --- | --- |
| 目前购买我们产品的是哪些人 | 作用在于可以实现针对性营销、寻找业绩提升空间；此信息可以通过成交顾客分析获得 |
| 目前购买我们产品的人分布在哪里 | 作用在于可以实现针对性营销、寻找业绩提升空间；此信息可以通过成交记录分析获得 |
| 潜在顾客在哪里 | 作用在于可以针对性的顾客开发、宣传；此信息可以通过成交记录分析和业主调研获得 |
| 他们在什么情况下开始购买该类产品 | 作用在于寻找战机；此信息可以通过成交记录分析获得 |
| 他们通过什么渠道获取品牌和产品信息 | 作用在于帮助我们获取有效的宣传渠道；此信息可以通过顾客访谈获取 |

续表

| 需要收集的顾客情报 | 作用及情报渠道 |
| --- | --- |
| 他们接触了哪些相关产品广告、人员推广 | 作用在于探寻行业的推广渠道与状况；此信息可以通过顾客访谈获取 |
| 他们为买该类产品去过哪些地方，看过哪些品牌 | 作用在于帮助我们探寻顾客轨迹、梳理销售渠道、了解竞品；此信息可以通过顾客访谈获取 |
| 他们购买该类产品时在意哪些因素 | 作用在于制定针对性的宣传方案和导购话术；此信息可以通过导购观察与访谈获取 |
| 他们对使用过的同类产品有哪些怨言 | 作用在于制定针对性的宣传方案和导购话术；此信息可以通过导购观察与访谈获取 |
| 他们为什么买了我们的，没买对手的 | 作用在于寻找并明确我之长敌之短；此信息可以通过顾客访谈获取 |
| 对我们产品的投诉和怨言有哪些 | 作用在于提前预防和处理，提高顾客满意度；此信息可以通过投诉记录与访谈获取 |

### 2. 商场情报

2013年底，南京某著名建材商场要对店铺位置进行调整，经销商陈总与商场老总沟通后，商场老总承诺给予其想要的店铺位置。但该经销商还没有高兴几天，该商场老总就被调离了，换了新老总。新老总否认了之前的店铺招商方案，一切重新开始。原来的投入基本上泡汤了。

表27－2列出了需要收集的商场情报及其作用和获得渠道，供参考。

表27－2　需要收集的商场情报

| 需要收集的商场情报 | 作用及情报渠道 |
| --- | --- |
| 商场经营管理状况 | 作用在于实现方便商场相关的决策；此信息可通过商场内部人士访谈、商户访谈、对手商场访谈获得 |

续表

| 需要收集的商场情报 | 作用及情报渠道 |
| --- | --- |
| 商场组织结构、人事变动 | 作用在于实现快速适应；此信息可通过商场内部人士、与商场关系非常好的商户沟通获得 |
| 商铺资源 | 作用在于实现调换位置；此信息可通过商场内部人士获得 |
| 商户资源（同业、异业） | 作用在于实现竞争、异业合作；此信息可通过商场观察、商场内部人员沟通获得 |
| 顾客资源（人流） | 作用在于实现推广与销售决策；此信息可通过现场观察、商户、对手沟通获得 |
| 销售数据 | 作用在于实现合作价值与业绩对比分析；此信息可通过商场内部工作人员沟通获得 |
| 活动信息 | 作用在于实现相关决策；此信息可通过商场内部工作人员沟通获得 |
| 推广资源：商场广告、外部推广 | 作用在于提高性价比、增加通路；此信息可通过商场内部工作人员沟通获得 |

### 3. 竞品情报

2011 年，为某著名家居品牌提供服务。4 月中旬，该品牌总经理非常愤怒地指责他的团队："我们上午制定的五一促销方案，下午人家就知道了!"我当时心里就感慨，你们也不错啊，人家下午知道，你晚上就知道人家下午知道了。结论：真正的竞争就是从谍报开始的!

表 27 – 3 列出了需要收集的竞品情报及其作用和获得渠道，供参考。

表 27 – 3　需要收集的竞品情报

| 需要收集的竞品情报 | 作用及情报渠道 |
| --- | --- |
| 品牌概况：源地、历史、大事件、卖点 | 作用在于实现针对性营销；此信息可通过竞品官网、对方员工和业内人士获得 |

续表

| 需要收集的竞品情报 | 作用及情报渠道 |
|---|---|
| 老板信息：性格、实力、做事方式、做人 | 作用在于实现针对性营销；此信息可通过面聊、对方员工、商场和业内人士获得 |
| 组织结构与人事变动 | 作用在于实现针对性营销；此信息可通过对方员工和业内人士获得 |
| 店铺：数量、面积、历史、销售、人员 | 作用在于实现针对性营销；此信息可通过实地走访、对方员工、商场和业内人士获得 |
| 产品：出样、价格、卖点、弱点、主力 | 作用在于实现针对性营销；此信息可通过实地走访、对方员工、顾客和业内人士获得 |
| 销售信息：销量、销售额、客单、结构 | 作用在于实现针对性营销；此信息可通过对方员工、商场和相关第三方机构获得 |
| 活动：频率、力度、产品、推广、组织 | 作用在于实现针对性营销；此信息可通过实地走访、对方员工和对外宣传物料获得 |
| 推广：广告、人员推广 | 作用在于实现针对性营销；此信息可通过实地、对方员工、顾客及其广告公司获得 |
| 某次具体活动内容或对我方活动的响应 | 作用在于实现针对性营销；此信息可通过实地走访、对方员工和广告获得 |

**4. 供应商情报**

云南某经销商廖总在自己的市场勤勤恳恳，但销量始终做不起来。后来我们问他：“你有没有去其他做得好的经销商哪里取取经，看看人家怎么做的？”他总是说：“太忙了，没有时间。每个市场都有自己的特性，没有可复制性。”总部组织经销商学习研讨会，他也是以各种理由拒不参加。2010 年他的销量是 500 万，现在 300 万，厂家要取消他的经销商资格。他终于有时间了。真理是，世界上没有什么可以直接复制的，也没有什么绝对不可以复制的！

表 27 –4 列出了需要收集的供应商情报及其作用和获得渠道，供参考。

表 27 –4　需要收集的供应商情报

| 需要收集的供应商情报 | 作用及情报渠道 |
|---|---|
| 供应商供货规律 | 作用在于便于向总部下单；此信息可通过与供货部门职员的沟通获得 |
| 供应商政策变化 | 作用在于把握政策走向和机会；此信息可通过内部信息与公文获得 |
| 组织结构 | 作用在于实现与各部门的快速有效对接；此信息可通过与主管市场负责人沟通获得 |
| 保持与市场人员的良好沟通 | 作用在于与总部人员实现良好沟通；此信息可通过与总部相关人员沟通获得 |
| 供应商体系内的成功经验 | 作用在于分享和学习成功经验；此信息可通过与市场部、销售部负责人沟通、经销商交流与实地走访获得 |
| 供应商体系内的失败警示 | 作用在于规避失败与风险；此信息可通过与市场部、销售部负责人沟通获得 |
| 突发性事件对品牌、供货、财务的影响 | 作用在于实现提前预防和及时调整；此信息可通过与市场部、销售部人员沟通、管理平台发布获得 |
| 供应商管理平台发布的各类信息 | 作用在于为决策提供依据；此信息可通过管理平台的及时阅读获得 |

**5. 行业情报**

2013 年，我们参观某品牌经销商参加的联盟活动，它的退单期只有 1 天。而一般情况下退单期都会在 7 天左右。为什么会这么设置呢？这样对顾客的下单会不会造成阻力呢？原因很简单，因为下周另外一个联盟也要搞活动，而且邀请了该省著名节目主持人小强。如果退单期过长，极可能发生大规模的退单行为。这就是情报的作用。

表 27 –5 列出了需要收集的联盟情报及其作用和获得渠道，供参考。

表27－5 需要收集的联盟情报

| 需要收集的联盟情报 | 作用及情报渠道 |
| --- | --- |
| 联盟数量 | 作用在于实现方便合作和做出竞争决策；此信息可通过联盟组织者访谈、业内访谈获得 |
| 联盟主题 | 作用在于实现方便合作和做出竞争决策；此信息可通过联盟广告获得 |
| 联盟商户及变动性 | 作用在于实现方便合作和做出竞争决策；此信息可通过联盟广告、商户、竞争联盟获得 |
| 联盟历史 | 作用在于实现方便合作和做出竞争决策；此信息可通过联盟商户、竞争联盟获得 |
| 联盟效果 | 作用在于实现方便合作和做出竞争决策；此信息可通过现场观察、商户、工作人员、竞争联盟获得 |
| 联盟活动形式及周期 | 作用在于实现方便合作和做出竞争决策；此信息可通过现场观察、商户、竞争联盟获得 |
| 联盟组织结构 | 作用在于实现针对性营销；此信息可通过联盟商户、联盟工作人员、竞争联盟获得 |
| 加盟要求 | 作用在于实现针对性营销；此信息可通过联盟工作人员、联盟商户获得 |
| 联盟某具体活动时间、场地、推广等情况 | 作用在于实现方便合作和做出竞争决策；此信息可通过联盟广告、联盟工作人员获得 |

表27－6列出了需要收集的第三方活动情报及其作用和获得渠道，供参考。

表27－6 需要收集的第三方活动情报

| 需要收集的第三方活动情报 | 作用及情报渠道 |
| --- | --- |
| 有哪些第三方相关活动 | 作用在于实现方便合作和做出竞争决策；此信息可通过组织方访谈、索取资料、谈判、商户与业内人士访谈获得 |
| 活动形式与效果 | 作用在于实现方便合作和做出竞争决策；此信息可通过现场观察、商户、对手沟通获得 |
| 活动历史与周期 | 作用在于实现方便合作和做出竞争决策；此信息可通过组织方访谈、提供资料、对手了解获得 |

续表

| 需要收集的第三方活动情报 | 作用及情报渠道 |
|---|---|
| 组织方背景与核心资源 | 作用在于实现方便合作和做出竞争决策；此信息可通过组织方访谈、提供资料、商户、对手获得 |
| 组织方的组织结构 | 作用在于实现针对性公关；此信息可通过组织方访谈、资料提供、商户获得 |
| 某具体活动时间场地、内容、推广、商户 | 作用在于实现针对性合作和做出竞争决策；此信息可通过官网、广告、组织方访谈或提供资料、商户获得 |

## （三）情报的组织建设与协作

经销商李老板对情报工作高度重视，收集各类情报颇有办法，但情报工作却做得一塌糊涂，要么没有收到，要么不及时，要么不准确，每每有重大情况的时候，总是赶不上趟，拿不到好位置，拿不到好广告。恨得老板牙根疼，也不知道为什么？为什么出现这种情况呢？重视了情报工作，但严重忽略了情报管理工作。情报工作没有落实到具体人员身上去，没有定期的分析和决策，没有定期的汇报要求，没有考核要求，没有资源支持。

**1. 明确情报工作的负责人**

情报工作必须由老板挂帅，市场负责人为第一负责人，各部门紧密协作，不同类型的情报，具体的负责人有所不同，见表 27－7 所示。

**表 27－7　情报工作的负责人**

| 情报类型 | 负　责　人 |
|---|---|
| 竞品情报 | 总负责人：市场负责人<br>协作部门：导购、店长、市场工作人员 |
| 顾客情报－来店顾客 | 总负责人：店面主管<br>协作部门：导购、市场工作人员、售后人员 |
| 顾客情报－潜在顾客 | 总负责人：市场负责人<br>协作部门：市场人员 |

续表

| 情报类型 | 负　责　人 |
| --- | --- |
| 商场情报 | 总负责人：店面主管<br>协作部门：店长、市场人员 |
| 异业联盟情报 | 总负责人：市场负责人<br>协作部门：市场人员 |
| 第三方活动情报 | 总负责人：市场负责人<br>协作部门：市场人员 |
| 供应商情报 | 总负责人：经销商或职业经理人<br>协作部门：财务对接人、订单对接人、其他对接人 |

**2. 情报的协作不仅在于收集，还在于使用**

（1）撰写情报。

（2）抄送其他负责人。

（3）其他负责人阅览，追加信息，发表评论，转市场部情报专员。

（4）市场部情报专员汇总，呈报第一负责人。

（5）第一负责人批阅或组织会议讨论，形成情报处理意见，进入执行环节。

**3. 加强监督**

员工不做你让他做的事情，只做你监督他做的事情。

（1）主动—监督：一方面，负责人负责督促；另一方面，执行人主动汇报（在计划范围内）。

（2）部门—老板：一方面，各部分负责人负责监督；另一方面，团队第一负责人必须亲自担当总督导。

（3）定期—抽查：一方面，按照既有节奏查看情报工作；另一方面，实行随时抽查和提醒。

**4. 授权**

给予情报工作以资源支持，并实行申报制，具体如表 27 – 8 所示。

表 27-8 资源支持的授权及申报

| 激励 | 备　注 |
| --- | --- |
| 礼品 | 小礼品，部门负责人处理，备案待查，有总量控制。<br>金额较大礼品，申报老板特批 |
| 特殊折扣 | 一般折扣，部门负责人处理，备案待查。<br>超出权限，申报老板特批 |
| 餐饮娱乐 | 设定标准，且需申报老板特批。<br>宴请后必须有照片方可报销 |
| 现金 | 每一分钱必须向老板申报特批。<br>一般情况下由老板或部门负责人执行交付 |

**5. 情报收集注意事项**

（1）老板圈子。老板必须亲自建立老板与老板的圈子，这个圈子是普通员工无法建立的，它的价值超越了一般人的圈子。作为某品牌的经销商老总，必须与做得比较好的装修和建材品牌的老板、家居品牌的老板、建材家居媒体或活动组织方的老总建立圈子，做好关系维护。

（2）放长线。建立圈子，一开始不要急功近利，不要上来就想占别人的便宜，开始吃点亏是必须的。

（3）亲自确证。老板必须对重要情报亲自确证。因为普通员工在获取信息时可能是片面的，甚至在转达过程中已经发生了扭曲。

**6. 情报数据的管理**

某市场部文员离职后，将自己在原公司获得的顾客数据作为大礼献给了新的雇主，结果可想而知。但这位员工很快就被找了个理由劝退了，因为新的雇主对该员工有着很深的厌恶。我们关心的不是这位员工的前途，而应该思考他为什么能够拿到所有顾客数据？在管理严格的公司，是绝对不会允许这种情况出现的。齐家网为了避免该现象，把所有报名网页的手机号自动转为130×××6131，这就是数据管理比较好的方式之一。

**7. 情报的汇总与分类**

情报必须进行汇总与分类，杜绝分散、混乱。

（1）制定统一的表单，方便汇总。

（2）保留原始文件，按照五类情报分别存储不同的文件夹，并在文件名上标注情报收集时间。

（3）梳理形成要点统计表。

（4）更新原有旧数据表单。

**8. 情报质量管理：真实性、时效性，一个不能少**

（1）真实性管理

一是所有情报必须标明来源与收集人。

二是进行抽查管理，老板与负责人每周检查、不定期抽查。

三是实施问责制，导致不良后果的进行问责。

四是对于重要情报，老板与第一负责人亲自求证。

（2）时效性管理

一是必须规定各类情报的时效要求。

二是所有情报必须标明时间。

三是进行抽查管理，老板与负责人每周检查、不定期抽查。

四是实施问责制，产生不良后果要进行问责。

五是紧急情报及时沟通。

**9. 情报数据的备份管理，双保险，更安全**

（1）情报数据以电子档和印刷档两种形式保存。只有电子档的打印形成印刷档，只有印刷档的可以拍照形成电子版。

（2）两个部门管理，作业部门和行政管理部门。作业部门只负责保管和本部门相关的情报备份，行政管理部门负责整体的情报数据备份。

**10. 情报阅览与使用，建规矩，严执行**

（1）阅览，设置阅览权限，尤其是财务数据、顾客数据、销售数据更要规定阅览权限，如有突破必须经总经理特批阅览，设置阅览密码。

（2）拷贝：未经允许严禁复制、影印、拍照。

（3）他用：未经允许严禁他用。

决策之前，情报先行。知道要哪些情报，且将情报的收集和管理组织化、规范化、日常化，就真正地构建起了持续发力的情报系统。

# 二十八、导购提升就靠三板斧

提升导购员能力，其实并没有那么复杂。只需要做好三个方面的工作就好了。但是，这三个工作并不好做。

## （一）招到优秀的导购员

这是系衣服的第一粒扣子，这个扣子系错了，后面的很多事情也就注定失败了。所以，务必要招到优秀的导购员。

那么怎么找到优秀的导购员呢？优秀的导购员本来就少，还有很多人抢。怎么办呢？那就一分价钱一分货，高薪招人才，哪怕你付出1.5倍的薪酬，甚至2倍的薪酬都是值得的，因为你会发现最好导购员的业绩比最差导购员的业绩强2倍还要多。当然，即使你愿意花钱，也不一定相见逢时。你想招的时候，没有人；他想找的时候，你不缺。怎么办呢？那就天天招聘，遇到人才就招聘了，人才不能等到急需的时候才招。有些经销商可能会认为这样编制不就超标了吗？超标了又如何，害怕人才多吗？甚至因人设岗又如何，只要他的贡献超出他的成本就是赚。如果你觉得人实在太多了，那就在这个人才稳定后，将最差的那个辞退。

对于新经销商或者管理能力薄弱的经销商，在识别优秀的导购员方面可能还有些问题。根据我们的经验，优秀导购员有三个特点，一是服务意识强、态度好（会笑是必须的），二是沟通节奏感强、反应较快，三是雷厉风行或者非常具有亲和力（两个极端均可）。如果你还是拿不准，那就多招几个试用，人才在1~2个月内就会自己浮现出来的。

## （二）协助导购员快速入门

如何做到导购员快速入门呢？主要有以下四方面的工作。

一是编制一本《导购手册》，将品牌知识、产品知识、顾客特征、销售流程、销售技巧、销售话术和常见问题回答等统一汇编起来，系统地向新导购员进行培训。很多经销商会等待厂家来做这件事情。厂家有最好，没有的话，那就自己做，毕竟生意是自己的。而且厂家做的往往针对性并不是很强，适应自己的销售技巧和话术最终还是要靠自己来提炼。

二是让导购员深入了解房产、装修和售前售后的顾客状态，负责人可以带着导购员到小区里面、装修现场、安装现场和售后现场充分体验全过程，让其具有销售的情景感和生活感。

三是总结出5个典型的成功案例和5个典型的失败案例，和新导购员一起分享、一起分析和一起总结，从案例中帮助新导购员快速进入状态。

四是为新导购员指定一个优秀的师傅（态度端正、个人能力强且善于分享交流的导购），并对师傅的代训情况进行跟踪。

## （三）针对性帮扶

这里的针对性主要分为两种情况。

一是针对某个员工的。既然是针对某个员工，那就要对每个员工做专门诊断，对他的接待时长、成交率、客单值、折扣率、成败案例、销售话术和服务表现逐一进行分析，从而量体裁衣，为他的病症开出针对性的处方药。这个工作一般可以由店长来做，针对老员工要以月为单位做诊断和提升，针对新员工最好以周为单位做诊断和提升。

二是针对某个问题的。导购在销售过程中一定会遇到各种五花八门的问题，有些回答得了，有些则回答不上，有些虽然回答了但答案不统一，容易产生纠纷，回答的效果也是差异较大。这个时候，经销商或店长要做的，不是任由导购发挥，更不是坐等厂家答案，更不是自己闭门造车地给大家标准答案，应该是开一个专门的碰头会，把非常有经验的导购员聚到一起（甚至可以外聘资深导购），一块来研究碰到的问题，每个人都说说自己是怎么解决的，有一个人专门负责逐条记录，把大家的经验汇总形成一个意见版本，然后经现场优化后形成统一版本，最后向所有导购人员进行培训和宣贯。这样得到的答案往往更加准确实用，而且大家都有参与的成就感，培训起来也更有说服力。实际上，这个交流会就是最好的培训会。

这三方面的工作说明什么呢？它说明了营销的问题是可以通过管理的手段来解决的。不仅导购提升如此，推广提升也是同样道理，找到合适的人，把他领进门，然后进行针对性地帮助和提升。期间的诀窍就在于整合内部的资源甚至外部的经验为此服务。这才是真正的开放心态。

## 二十九、对标品牌，成长的捷径

### （一）何为对标

对标管理是 1979 年由美国施乐公司首创的以行业内或行业外一流企业作为标杆，从各个方面与之进行比较、分析、判断，找差距、学先进的一种管理方式，是企业不断改进和获得竞争优势的最重要、最有效的管理方式之一。

## （二）对标管理的分类

对标管理可以分为 4 类，具体见表 29－1 所示。

**表 29－1　对标管理的分类**

| 类型 | 举例 | 优点 | 不足 | 应对 |
|---|---|---|---|---|
| 竞争性对标 | 木门品牌对标木门品牌 | 两者有着相似的产品和市场，参考价值更大 | 获取对手核心信息较难；如果自身是领军品牌，只有被对标的份儿 | 挖墙脚或做行业对标 |
| 建材家居行业对标 | 木门品牌对标橱柜、衣柜品牌 | 同一个行业，但不同市场，利益冲突不大，相对容易实现对标，如木门对标橱柜 | 泛家居概念日盛，很多品牌开始做品牌延伸，且获取太多太深信息也比较难 | 挖墙脚或建立老板圈 |
| 跨行业对标 | 木门品牌对标汽车 4S 店 | 利益冲突很小，容易获得信息 | 需要转化，否则难以实行 | 一般为局部功能性对标 |
| 内部对标 | A 品牌经销商向 A 品牌的其他地区的经销商对标 | 相同的产品，市场操作大体模式相同 | 一方水土一方人，可能水土不服 | 多学习，再转化 |

## （三）明确对标对象

对标对象有 4 个，具体见表 29－2 所示。

**表 29－2　对标对象**

| 对标对象 | 对标对象建议 |
|---|---|
| 品类跟随者 | 首选品类领导者，其次建材家居领先品牌 |
| 品类领导者 | 首选建材家居领先品牌，其次为跨行业对标品牌 |
| 建材家居领先品牌 | 首选家电等耐用品领先品牌，其次为其他领先品牌 |
| 经销商 | 首选厂家经销商体系里的佼佼者，其次为当地行业内领导品牌，二者结合，前者产品相同，后者市场相同 |

## （四）明确对标内容

对标内容主要有全面对标和局部对标，具体见表 29－3 所示。

**表 29－3　对标内容**

<table>
<tr><th>内容</th><th>说　明</th><th>建　议</th></tr>
<tr><td>全面对标</td><td>各个方面的深度比较、分析、判断</td><td rowspan="2">先整体了解<br>然后结合自身情况<br>进行局部对标<br>一步步的改进</td></tr>
<tr><td>局部对标</td><td>对销售模式、推广模式、服务模式、组织管理模式等的某个或某几个方面的对标</td></tr>
</table>

## （五）不同层级了解的对标情况

老板、中间管理者和基层，不同的层级了解的对标情况是不同的，具体见表 29－4 所示。

**表 29－4　各层级了解的对标情况**

| 层级 | 了解情况 |
| --- | --- |
| 老板 | 模式 |
| 中间管理层 | 运作组织 |
| 基层 | 具体操作 |

## （六）编制对比清单

表 29－5 所列的是对标的对比清单，供参考。

表 29－5　对比清单

| | 对方的表现 | 对方的优缺点 | 对方的支撑因素 | 我方的表现 | 我方的优缺点 | 如果调整需要改变哪些支撑因素 |
|---|---|---|---|---|---|---|
| 销售模式 | | | | | | |
| 门店销售 | | | | | | |
| 其他渠道 | | | | | | |
| 导购提升 | | | | | | |
| 外部推广 | | | | | | |
| 促销活动 | | | | | | |
| 顾客服务－售前 | | | | | | |
| 顾客服务－售中 | | | | | | |
| 顾客服务－售后 | | | | | | |
| 人员组织结构 | | | | | | |
| 人员薪资与考核 | | | | | | |
| 人员激励 | | | | | | |
| 人员管控 | | | | | | |
| 团队文化 | | | | | | |

## （七）整合清单

编制清单后，要整合清单，找到对标改造的基本逻辑和顺序，根据具体情况适时调整，具体见表 29－6 所示。

表 29－6　整合清单

| | 描述 | 应对 | 应对步骤 |
|---|---|---|---|
| 问题点 | | | |
| 机会点 | | | |

### （八）对标管理的注意事项

1. 不能直接抄袭模仿，要坚持拿来主义，二次改造。

2. 必须摒弃轻慢心，怀敬畏心，你认为不过尔尔，实际上是你根本没看懂。

3. 不能只看表象，必须深度挖掘内部支撑和保障机制，否则只能是东施效颦，不得其法。

4. 要舍得投入，既然人家如此帮你，就要舍得各种埋单，尤其是到别的经销商那里去，既然占用了别人的精力，就不要再给别人添财务压力了，都去学习，都去吃，谁也受不了。

## 三十、单打，更需团结

这是一个需要团结的时代，团结一切可以团结的力量。所有经销商都应该温习那首儿歌："找呀，找呀，找朋友，找到一个好朋友，敬个礼啊，握握手，你是我的好朋友。"商道有时就是一段返璞归真的历程。

"未来的竞争将是联盟与联盟之间的竞争"，对于经销商群体而言，也不例外。2013 年笔者负责某家居品牌某区域市场（省级城市）的销售提升与样板建设项目，为期一年的经历，让我对"从单打走向团结的经销商群体"感触颇深。

在该城市，不算小打小闹的团队，主流的建材家居联盟组织就有 6 个之多。一方面，我们看到了建材家居商场的门可罗雀；另一方面，也看到了联盟生意在商场之外的春风得意。很多品牌正是通过联盟这种形式在冬天里过着春天般的日子，走出了非常规的速生轨迹。有的品牌只做3～4场联盟活动，全年的销售任务就完成了；有的建材品牌借助联盟一天能够做到1000余单的销量！这不仅仅是大都市独有的风景线，精彩与传奇在小城市里也开始热映。在6月底的一次联盟活动中，某床垫品牌5个小时销售额就冲过了100万的关口，要知道，这是该品牌进驻该市场的第2个年头啊！

何谓联盟？说白了，就是打群架，就是大家抱团销售的竞争模式。市面上的经销商联盟具有如下鲜明特征：

一是基于地域。由于在厂家的渠道设计中，更多的是区域经销。区域经销商的身份直接决定了经销商联盟的地域特色。

二是同业排他。有你没我，有我没他，这是基本的江湖规矩，也就是说基本上是异业合作。同业也有合作的，往往是针对共同的对手或威胁，但往往不持久，不在本文论述之内。

三是门当户对。品牌档次、品牌影响力和经销商实力匹配是联盟成员考察的核心项目。还有一个隐形但至关重要的指标，就是经销商的理念、为人和性格。此不和，一切都免谈，即使谈了，合了，最终也会闹分。

四是共同投入。一同做推广，一同做活动，最大的意义在于集中力量办大事，原来任何一家都不敢想的大活动，成为现实。比如100万元推广投入的活动，没几个经销商敢赌上一把，但现在依靠联盟的力量，10多个品牌，摊到每个经销商也就10来万元。

五是资源共享。围绕某一次活动，店面、人员、车辆和媒介等诸多资源全面实现共享，让资源呈现几何倍数增长。以每个联盟商户10家店计算，10个联盟成员，就是100家店、二三百名导购员、几十辆车在同一个城市里同时宣传，会是什么效果？可想而知。原来是“1个老板＋几个骨干”想事情，现在是“10多个聪明的脑袋＋几十个精英”一起谋划，无限种可能性向你敞开。

六是成员变动性较大。当然也有不乐观的一面，特别是协作纠纷问题，这也就导致了大部分现有联盟的成员变动性较大，进进出出是常态。也正因为如此，联盟的实际运营一般需要第三方来组织，从而诞生了以此为商业模式的组织或个人。但瑕不掩瑜，整体面仍然是好的。

合作的广度和深度也在拓展。某些经销商联盟开始打破以促销活动为主的联合形式，彼此的导购员已经实现了相互推介生意，甚至同进同退，比如，一起拿展位、拿店面、建店面，更甚者直接一起炒商业地产。联盟的形式正在从“临时松散”的合作向“组织严密”的联姻转变，以期实现常态化；甚至从“邦联”向“联邦”升级，比如，成立联营公司，彻底实现利益的捆绑，当然还有一种形式，就是联合成立投资公司，商业模式就彻底发生变化了。

当优质品牌与优质品牌结成联盟，实力经销商与实力经销商开始联姻，必将产生全新的游戏玩法和竞争规则。联盟一旦形成气候，其上下议价权必将大幅提升。对下，可以增加对零售商的谈判砝码，甚至自己成为零售巨头；对上，可以增加对品牌厂商的话语权，舍我其谁。甚至面对高不可攀的政府平台，也可以组成商会争取与其对话的机会。携地域以令品牌，携品牌以令地域，从而真正实现了所谓的地域为王，实现了良性的商业生态。品牌、零售商和管理部门都将为此做出相应变化和调整。如果说原来的商帮更多的是基于地域文化的商帮，如晋商、徽商等，将来的商帮将是基于门当户对、性情相投和利益共享的商帮。总有一天，他们会打破地域的限制，寻找更广阔的空间，上演一幕幕新时代商帮传奇。

那么，究竟该如何让联盟的红利落在自己的头上呢？笔者根据经验提供了一些简单实效的路径，供各位经销商朋友参考。

一是盘点联盟。看看哪些联盟做得好，怎么做的，不仅听闻，最好亲自去看。

二是加入联盟。根据自身条件，能加入成熟有号召力的联盟，尽量加入；不能加入的话，就另辟炉灶，建立新的联盟。如果自己有号召力，自己摇旗；如果自己没有，就推动老大哥去做。

三是促成新的联盟，必须明确联盟主题、成员单位与门槛、合作内容与形式，没有一上来就能够白头到老的，不妨怀着试婚的心态先过一段日子。金子，总归要经过一番淘洗。何况这本身就是一次淘金的旅程。

四是需要注意的一些事情。如果你是小经销商，实力不行、资源不够、甚至长得也不怎样，那在联盟中的态度就显得格外重要了，尤其要尊重大哥，不妨先吃点小亏。因为有大哥引荐，你才能进去；有大哥罩着，你才不被踢出局。在此前提下，充分、最大化利用联盟的资源为你所用。

我们知道有些联盟活动采取了砍价会的形式，砍价会在不远的将来注定要过时，但联盟的时代才刚刚开始。在这个顾客被分流、媒体碎片化、各类成本不断攀升的时代里，整合资源、团结一切可以团结的力量、抱团取暖、共同做大利益、共摊成本、共担风险成为必然的竞争路径。如果我们继续沉浸在单打独斗的思维框架内，哪怕再勤奋、再聪明，终有一天，你会发现“猛虎”斗不过“群狼”，“单打”敌不过“群殴”，而当你再找朋友时，有点实力的朋友都和别人去混了。那时候只有一种感慨，即后悔莫及。还好，有些看得过去的品牌商户、实力商户，依然男未婚、女未嫁。你准备好相亲了吗?

# 三十一、不要谈大数据，先搞明白你的小数据

最近，在咨询圈和资本圈，以及一些高大上的企业圈，特别盛行谈大数据，仿佛不谈大数据就没有未来。大企业谈大数据是人家有资源，中型企业谈大数据那也是装得有理，互联网创新企业谈大数据那是基因对路，作为建材家居经销商多待在一个城市里，手里就那么点数据，就不要凑这个热闹了。不妨先仔细地研究分析一下你的小数据。对你而言，大数据是幻影，小数据才是黄金。

以我对建材家居经销商的了解，很多经销商对数据的收集和研究是相当薄弱的。只有极个别的经销商会设置数据分析专员岗位，专门从数据里淘金。听闻过一两个经销商拥有专业的分析方法和信息系统工具。

数据研究主要包括数据收集、数据分析和数据应用三个部分。在实践中，是按照先收集、后分析、再应用的顺序展开的。但对于数据收集分析结构的搭建，是反过来的，先从用途开始，然后倒推分析模型，最后确定数据清单和获取方式。

从经营上来看，数据分析的逻辑本质来自于一个公式，即“利润=销售额-成本”，其他都是源于这一公式的演变。

## （一）先看一笔零售账

首先，必须先清楚地知道你的零售毛利率（工程暂时不涉及），包括整体的也包括单个产品系列的零售毛利率，如表31-1所示。

**表31-1 零售毛利率的计算**

| | 零售价 | 拿货价 | 零售毛利率 |
|---|---|---|---|
| 示例 | 100 | 50 | 50% |

其次，估算人力成本支出占零售毛利率的百分比，如表31-2所示。

**表31-2 人力成本支出占零售毛利率的比例**

| | 安装 | 销售 | 测量 | 设计 | 物流 | 其他 | 合计 |
|---|---|---|---|---|---|---|---|
| 示例 | 3% | 6% | 2% | 1% | 2% | 2% | 16% |

再次，根据预期利润和推广费用控制，计算出房租和装修成本的最高占比情况，如表31-3所示。

表31－3 房租和装修成本的最高占比示例

| | 零售毛利率 | 期望利润率 | 人力成本 | 推广费用 | 房租和装修成本 |
|---|---|---|---|---|---|
| 示例 | 50% | 15% | 16% | 10% | 10% |

最后，我们来计算店面营业额目标应该如何设置（假设零售毛利率为50%，人力成本16%，推广费用10%），如表31－4所示。

表31－4 目标营业额的设置示例

| | 房租和装修成本占比 | 利润率 | 目标营业额 | 备注 |
|---|---|---|---|---|
| 示例1 | 10% | 15% | 10倍房租和装修成本 | 绩优线 |
| 示例2 | 15% | 10% | 6.67倍房租和装修成本 | 一般线 |
| 示例3 | 20% | 5% | 5倍房租和装修成本 | 风险线 |
| 示例4 | 25% | 0 | 4倍房租和装修成本 | 生死线 |

特别说明：

1. 以上测算为模糊计算法，是一种基于房租和装修成本来测算店面营业目标的快捷计算方式。

2. 该算法为基于业务稳定状态下的计算方式，如果在夫妻店阶段，人力成本会降低；如果在市场操作初期，推广成本应放大，利润率应压低。

3. 以上的目标营业额标准，可作为营业常数作为参考。

在此，我们还可以推敲出家装渠道的操作空间，示例如表31－5，供参考。

表31－5 家装渠道的操作空间示例

| | 零售毛利率 | 人员支出 | 房租和装修成本 | 其他推广 | 家装公司 | 设计师个人 | 利润 |
|---|---|---|---|---|---|---|---|
| 示例1 | 50% | 16% | 10% | 10% | 5% | 9% | 0 |
| 示例2 | 50% | 16% | 10% | 5% | 5% | 10% | 4% |
| 示例3 | 50% | 16% | 10% | 5% | 0 | 10% | 9% |

特别说明1：随着营业额的扩大，各项支出的占比会降低，因此实际的利润空间比理论数字大。

特别说明2：家装渠道的操作更适合毛利高的产品、市场容量大的市场或者市场启动的初期。

## （二）再看零售销售数据分析

大部分经销商会集中关注销售额、销售量和折扣率这三个核心指标。为进一步分析销售中的问题点和机会点，我们还应该进一步拓展分析指标，具体见表31－6所示。

**表31－6　数据分析指标**

| 指标 | 计算方法 | 备　注 |
| --- | --- | --- |
| 销售额 | 特指金额 | 注意各渠道和各终端销售占比 |
| 销售量 | 特指顾客数量（可按送货地址计算） | 注意各渠道和各终端销售占比 |
| 特价占比 | 特价销售额÷总销售额 | 注意各渠道和各终端销售占比 |
| 小区渠道销售占比 | 小区销售额÷总销售额 | 既要测算销售额占比，也要测算销量占比 |
| 家装或设计师渠道销售占比 | 家装或设计师销售额÷总销售额 | 既要测算销售额占比，也要测算销量占比 |
| 老顾客因素成交量占比 | （老顾客二次购买销量＋老顾客推荐新顾客的销量）÷总销量 | 可以把这个指标，作为一个特殊的渠道销量占比来看 |
| 顾客接待量 | 总接待量（顾客重复到店只计一次） | 每组顾客只计一次 |
| 自然进店占比 | 自然进店顾客数÷顾客接待量 | 自然进店，即非人为邀约的进店 |
| 邀约进店占比 | 邀约进店顾客数÷顾客接待量 | 邀约进店包括实地拜访邀约和电话邀约 |
| 二次接待率 | 再次进店的人数÷顾客接待量 | 该指标用于衡量顾客黏度，对建材家居行业而言，尤其重要 |

续表

| 指标 | 计算方法 | 备注 |
| --- | --- | --- |
| 登记率 | 登记量 ÷ 总接待量 | 该指标直接决定了我们对顾客跟踪的主动性 |
| 测量率 | 测量数 ÷ 顾客接待量 | 测量率对于定制类产品而言至关重要 |
| 样板参观率 | 参观数 ÷ 顾客接待量 | 测量率对于定制类产品而言至关重要 |
| 样板建设量 | 样板数量 | 对于样板影响成交率明显的品类，该指标应作为一个营业目标来设置 |
| 成交率 | 成交数 ÷ 顾客接待量 | 此处成交率，不扣除所谓的人为判断的非意向顾客数量 |
| 多次接待成交率 | 多次光顾成交数 ÷ 多次光顾顾客数量 | 此时的成交数应去除一次性成交的特殊顾客 |
| 测量成交率 | 成交数 ÷ 测量数 | 测量成交率比成交率更能反映问题，但需要按月度计算，方可有效 |
| 客单值 | 销售额 ÷ 销售量 | 注意除了平均值，还应该关注众数（即具有明显集中趋势点的数值） |
| 老顾客二次购买率 | 二次购买的顾客数量 ÷ 老顾客数量 | 对于家居类产品，尤其是更换周期短的产品而言，至关重要 |
| 老顾客推荐新顾客率 | 老顾客推荐的顾客数量 ÷ 老顾客数量 | 对于建材耐用品而言，这个指标的重要性大于老顾客二次购买率 |
| 分销率 | 分销渠道销售量 ÷ 分销渠道进货量 | 涉及向分销渠道压货的情况下应注意的指标 |
| 销售人效 | 销售额 ÷ 销售人员数量<br>= 销售量 ÷ 销售人员数量 | 还需要注意各渠道和各终端的不同人效<br>非销售人效可根据工作量来计算 |
| 动销比 | 动销品种数 ÷ 门店经营总品种数 | 用以测算各品种的销售情况 |

## （三）电话邀约的数据分析

因为电话邀约比较特殊，需要做专门的统计分析，具体见表 31 – 7 所示。

**表 31 – 7　电话邀约的数据分析**

| 电话邀约指标 | 备　　注 |
|---|---|
| 拨打电话数量 | 总数量，包括空号、错号、拒绝号等 |
| 空号量 | 评估名单质量 |
| 号码错误量 | 评估名单质量 |
| 未接通量 | 另择时间再次拨打 |
| 接通后拒接量 | 根据态度情况，可发送短信 |
| 已购置量 | 根据情况可问询购置的品牌情况 |
| 不装修量 | 有真有假，根据情况可问询装修计划，可发送邀约短信 |
| 意向顾客量 | 咨询品牌、产品、价格或活动的顾客 |
| 承诺来店量 | 约定了具体到店时间的顾客数量 |
| 发送短信数量 | 包括一次性发送短信量，发送频次 |
| 上门测量量 | 定制产品需要统计 |
| 样板参观量 | 样板作用明显品类，需要统计 |
| 成交量 | 侧重于数量，一般电话陌生拜访成交率 1% ~3% 是个合理的量，具体根据名单质量和品牌形象力和活动力度而定 |
| 成交金额 | 侧重于金额 |

## （四）最有价值的，莫过于顾客数据分析

大部分经销商会关心销售数据，但漠视顾客数据。然而，恰恰是顾客数据的分析，蕴藏着巨大的机会。表 31 – 8 为顾客数据分析，供参考。

表31－8　顾客数据分析

| 顾客数据 | 备　注 |
|---|---|
| 销售机会统计 | 可以简单地按照当地当期装修量来计算 |
| 销售机会区域分布 | 将销售机会按照区域和小区来区分，从而发现集中区域 |
| 接待顾客占比 | 当期接待的顾客量÷当期销售机会，用来判断接待占有率 |
| 接待顾客小区分布 | 我们接待的顾客的区域和小区分布，用来看自然覆盖率或评估推广效果 |
| 无覆盖机会小区分布 | 即没有顾客光临的那些机会区域或小区，用来看覆盖力或衡量推广必要性 |
| 成交顾客小区分布 | 一是看我们的顾客覆盖力，二是为以老顾客为中心推广做数据准备 |
| 成交的顾客特征 | 对于成交的顾客，必须仔细研究是在消费力、理念、小区、装修、年龄、职业等方面表现出来的具体特征 |
| 成交的促成因素 | 必须对成交的促成因素进行分析，有利于扬长避短 |
| 未成交的顾客特征 | 来看我们拿不下的顾客是哪些人 |
| 未成交的阻力因素 | 来看我们拿不下的顾客究竟是基于何种原因，从而找到应对策略 |

## （五）出于销售人员诊断的数据分析

很多人都知道需要关注和帮助员工的个人成长，但是这些帮助往往停留在销量不好、专业知识欠缺、沟通能力不足方面，并没有更进一步的诊断和帮扶，而这可以通过数据分析来得以实现。表31－9所示的是销售人员的数据分析，表31－10所示的是非销售人员的数据分析，供参考。

**表 31－9　销售人员的数据分析**

| 数据收集 | 备　　注 |
|---|---|
| 销售额 | 需要区分是客单值高，还是销售量大，是否稳定 |
| 销售量 | 对于新员工销售量比销售额更重要 |
| 特价占比 | 如果特价占比比较高，除了店铺所覆盖的人群特征因素外，需要对该员工进行特别的促销活动的引导培训 |
| 平均客单值 | 更重要的是客单众数，如果过低，需要做专项培训 |
| 顾客接待量 | 要区分自然接待量和邀约接待量 |
| 顾客登记率 | 如果登记率过低，需要专项培训 |
| 顾客跟踪情况 | 需要深度了解该导购的顾客跟踪情况，可以考虑跟踪表单记录法 |
| 测量率 | 定制产品使用率，如果过低，需要做专项培训 |
| 样板参观率 | 样板参观影响力较大时使用。如果过低，需要做专项培训 |
| 成交率 | 如果过低，需要做专项培训 |
| 测量成交率 | 如果过低，往往意味着临门一脚的能力太差，需要做专项培训 |
| 老顾客推荐新顾客率 | 如果过低，说明老顾客的维护不到位，没有充分发动老顾客力量 |
| 员工入职时间 | 以上数据根据新老员工，有不同解读 |
| 员工的从业经验 | 以上数据根据行业经验、销售经验不同，有不同解读 |
| 员工所经过的培训 | 侧重于我们团队对该员工所进行的正式培训 |
| 若是新员工，带新的老员工是谁 | 可向老员工了解相关情况，也可了解新员工对带训老员工的看法 |

**表 31－10　非销售人员诊断的数据分析**

| 数据收集 | 备　　注 |
|---|---|
| 日常工作量 | 主要观察常态情况下，工作量是否饱和，如果闲暇过多，则说明该岗位不宜为专岗，或可增加相关例行相关工作或临时工作 |
| 临时工作量 | 如果在岗位日常工作量饱和的情况下，临时工作量过多，可能导致效率低下，应考虑增加编制或岗位 |
| 工作效率 | 对绝大多数任务的正常工作效率应有个常数的认识，之后才可以做出对比 |
| 工作失误率 | 分初次失误率和反复失误率，一个是经验的问题，一个是态度的问题，两个问题的性质不同 |

续表

| 数据收集 | 备　注 |
|---|---|
| 工作低效或失误导致的相关损失 | 很多员工并没有亏损的意识，应对方法进行仔细的分析并告知其严重性 |
| 员工入职时间 | 以上数据根据新老员工，有不同解读 |
| 员工的从业经验 | 以上数据根据行业经验、销售经验不同，有不同解读 |
| 员工所经过的培训 | 侧重于我们团队对该员工所进行的正式培训 |
| 若是新员工，带新的老员工是谁 | 可向老员工了解相关情况，也可了解新员工对带训老员工的看法 |

以上提及的数据分析只是建材家居经销商公司化运营的基本分析（考虑到聚焦，本文没有展开推广）。经销商或者区域市场操盘手务必牢牢掌握数据分析，才能真正做到“心中有数”而不是“想当然”。

# 三十二、铁血手腕，发展第一批顾客

## （一）第一批样板顾客至关重要

对于产品质量过硬的品牌，开始耕耘新市场时，以最快的速度发展第一批顾客是撬动生意的支点和杠杆。一生二、二生三、三生万物，这就是优秀品牌的营销故事。对于第一批顾客，有缘分当然最好，无缘分创造缘分也要发展。

## （二）怎么发展第一批顾客

首先必须非常清楚，谁是你的顾客，然后不惜一切代价去征服他们。具体方法如下：

1. 充分发挥亲戚朋友的作用，发展他们成为顾客，至少也要成为一名兼职导购。所以当地人做当地生意就更容易一些，因为资源在、人脉在。

2. 以征集样板顾客的名义，给予较大优惠发展顾客。

3. 发展商场领导为顾客，这个顾客非常特殊，做得好，既有公关效果，又有对顾客吹牛的亮点。“你看，连我们商场的老总用的都是我们的产品，老总什么产品没接触过啊、谁的底细不清楚啊。”

4. 发展家装协会领导为顾客，对于快速启动家装渠道的经销商，这个顾客的价值，你懂得。

5. 发展小区 QQ 群主、微信群主，他们是非常特殊的顾客，如果操作得当，让群主帮忙组织一次团购，也未尝不可。

6. 为了快速获取第一批顾客，还应该把对导购人员和业务人员的激励放大、放大、再放大。

## （三）发展第一批顾客的注意事项

1. 不要轻易降价，可以考虑买一送一等优惠形式。

2. 为体现宝贵，样板顾客每小区最多选择 2 名。

3. 成为样板顾客，必须注重程序感，并签订保密协议，这样顾客才觉得宝贵，才会珍惜。

4. 不要因为第一批顾客没赚到啥钱，就降低了服务质量，始终要牢记第一批是为了第二批，所以务必做好服务，形成口碑传播。

5. 花了很大代价建立起来的第一批顾客，必须充分发挥他的口碑和宣传作用，否则谁知道啊。所以务必争取样板顾客做到如下几点：

（1）必须拍照，内容包括产品的效果图、顾客在产品前合影和顾客评价。

（2）将照片做成物料（印刷物料或者电子相册形式），在店内或者业务推广的时候展示给新顾客。

（3）样板顾客必须同意新顾客上门参观样板房，宜在入住前提供钥匙。

（4）在安装现场外围容易被人看得见的地方做广告宣传。

（5）样板顾客在其微信圈、业主群转发相关信息，做口碑传播。

（6）样板顾客在相关的科普讲座或者大型活动时出场分享。

（7）其他可能的宣传形式。

# 三十三、教老顾客推荐新顾客

相信很多经销商已经尝到了老顾客推荐新顾客的甜头。建材家居行业，尤其适合老顾客推荐新顾客这种销售方式。为什么呢？因为金额大、使用时间久、知名的品牌不多、顾客对产品认知普遍偏低，就导致了顾客更相信老顾客的使用体验。对于新小区，作为邻居，互相参考也是常事。集资房、动迁房、安置房，那就更方便了，本来就互相认识，推荐的力量就更大了。即使不是以上原因，新房入住的时候也多半会举行乔迁宴请，俗称温居，亲戚朋友多会捧场，装修、建材和家居话题更是八卦必备，影响力也会得到进一步扩散。对于建材家居行业而言，销量的30%～50%来自于老顾客推荐，10%～20%的老顾客给你推荐过成功的订单，这些都是很正常的。所以，如果你的老顾客推荐率不高，那你就浪费了一条业绩提升的黄金渠道，必须尽快打通。

## （一）老顾客推荐新顾客的前提

首先，产品质量必须过硬。三天两头出问题，骂你还来不及呢，不会给你推荐，推荐也是负推荐。所以产品质量是基础。如果要做长久生意，就必须选择靠谱的厂家。

其次，服务必须到位。大多数情况下，产品质量相差悬殊的并不多，尤其是同等价位的，在交付使用时间都不太长的情况下，更不容易区别。所以，服务就成了感动顾客的制胜法宝。最容易传播的也是谁家的服务水平好。

再次，必须有完善的老顾客数据管理系统。只有数据管理到位，才有条件做好跟踪式服务。服务真正的动人之处，不在售前，而在售后。

## （二）不是所有的老顾客都是我们争取的对象

当然，我们尽量争取所有顾客的满意，并为我们推荐生意。但是，出于我们自身资源和精力的考虑，我们争取老顾客时要区分主次轻重。把老顾客分类，不同类型特征不一样，公关争取的力度也不一样，如表33－1所示。

**表33－1　顾客类型、特征及建议**

| 顾客类型 | 特　征 | 建议 |
|---|---|---|
| 领袖型 | 顾客中的意见领袖，影响力大，推荐力强 | 核心公关对象 |
| 分享型 | 影响力虽不及意见领袖型，但乐于分享购物和使用体验，并不吝啬推荐 | 重要公关对象 |
| 交易型 | 可以推荐，但希望我们能够给他带来额外的好处，如提供回扣、增值服务等 | 公关对象 |
| 偶然型 | 不会刻意去推荐，想起来就推荐，想不起来就算，有人问就说，没人问就算 | 争取对象 |
| 避嫌型 | 怕给亲戚朋友带来麻烦，尽量回避推荐。即使有人问询，也会提醒对方根据自己的情况去做决定 | 放弃对象 |

## （三）只要我们争取，就会有50%的机会

很多导购员，怕给顾客添麻烦，或者对产品的信心不足，怕顾客找

麻烦。首先，让顾客推荐，顾客也就动动嘴，有什么麻烦可言，何况我们还会有所表示，这不是双赢的事嘛！其次，怕顾客找麻烦，你不让他推荐，麻烦就不会来了吗，真有大问题，你不去惹他，他也会找你的。再次，顾客好不容易买了套房子，装修完了，一般情况下总喜欢炫耀一下的，你让顾客推荐，不是正中下怀吗？开口吧，开口请求推荐吧，只要张口，就有 50% 以上的机会给你带来新顾客。

## （四）满意度和口碑传播，来自于多一点惊喜

除了我们主动要求之外，如何让顾客自发地推荐呢？很简单，做的服务工作让他惊喜、让他赞叹。比如，当别人在签单后都不理不问的情况下，你还不离不弃；当别人都是钱只进不出的时候，你还能主动的退还差额；当别人都是敲门安装的时候，你还能主动的送一束鲜花或者一个精美的礼品；当别人春节发送一条通用的短信的时候，你还能上门帮助顾客保洁；当我们做活动的时候，邀约顾客来店免费领取礼品（不仅增值了服务，还活跃了人气）；当除夕初一，大家都在摇红包的时候，我们主动向老顾客发点红包意思一下；当你的服务让对方想不到，对对方带来惊喜的时候，你已经脱颖而出了。放心吧，人心都是肉长的，他会不遗余力地帮你推销的。这是什么？这就是老顾客增值服务计划。

## （五）老顾客推荐新顾客激励要分层次

针对老顾客推荐新顾客，我们应该出台一套激励办法，用以鼓励和奖励他们的付出。因为很多人并不在意你的回扣，而在乎这份感情联系。所以，我们不仅需要金钱和礼品的政策，还应包括组织聚餐、娱乐和旅游等方面的活动。尤其是要把这个政策做成新老顾客都高兴的政策，比如，老顾客推荐了新顾客，新老顾客都可以免费获得两个乳胶

枕，都可以获得床品四件套，都可以获得蔬果榨汁机等。

## （六）帮助顾客实现多维度推荐

很多时候，不是顾客不推荐，而是顾客不知道该怎么推荐。很多情况下，顾客会选择当别人主动问及的时候，才会推荐。如何转变这种情况呢？这就需要我们教给他们一些其他的推荐方法。首先，我们可以鼓励顾客晒单，晒晒产品的安装过程、最终效果展示和我们的服务等。在哪里晒呢？微信、QQ 空间、微博、装修日记、业主论坛等等都可以。其次，转发一下我们的宣传文章，为我们的活动点赞。再次，撰写（或者委托我们撰写）装修日记，在上述的渠道以及朋友圈发表。最后，通过线上业主论坛或线下业主交流会等形式推动实现团购。

## （七）将老荐新工作日常化与指标化

这是我最想强调的一部分。很多经销商团队只是把老顾客推荐新顾客工作停留在政策方面，而没有升级到管理层次。

首先，我们应该把老顾客服务和争取老顾客荐新作为一项日常工作来做，每一名老顾客都要归类处理，领袖型、分享型、随机型顾客都要做定期的跟踪并作记录。

其次，我们要把老顾客推荐新顾客的比例指标化或者每月老荐新的数量指标化，为防止导购作弊，可圈定小区开展。

再次，建立老顾客群尤其是已经推荐过新顾客的老顾客群，做专项维护，使其成为兼职推销员。

最后，对推荐的老顾客，不管是成交的还是没有成交的，要建立持续沟通机制，获得推荐时感谢，跟踪过程中向老顾客汇报情况和征求意见，订单成交后对老顾客表示感谢和奖励，持续跟踪老顾客是否发现新的销售机会。对推荐一次的，导购感谢；推荐两次的，店长致谢；推荐三次的，老板出面做客情。从而形成规矩，让老顾客更乐意推荐我们。

# 三十四、从终端营销走向前终端营销

让我们从三个真实案例说起.

案例 1：H 城市某知名品牌家居经销商向笔者诉苦："我也知道我做的量不大，但就商场的数据来看，在这个城市，别人做的量也没有比我多的。"这话说得太漂亮了，既承认自己的不足，又表现了自己的赫赫功绩。我就问他："那你知道某品牌吗？""知道，他做得比我差远了。在商场，销量还不够我的 1/3 呢！""据我所知，他走的量比你大多了。你在商场做的确实比他多，但他一年做 2、3 次大型场外联盟活动就已经把全年的销售任务完成了。他在商场就是建立信任、玩玩体验的，卖不卖货，根本不在意。你是在拿你的主力部队和敌人的小股力量做正面较量，你是在拿你的全部战利品和别人的零头比大小。"

**启示**：很多人对终端的理解更多地聚焦在门店上，其实，所有能够与消费者实现交流和推销的都应该纳入终端的范畴。我们应该打开视野，有意识地将眼光伸到店外去，看看竞品在哪里卖、消费者在哪里买、哪里适合卖，很多店内的问题在店外，千万别死守着店面，空叹没有客流。

案例 2：S 城市某品牌城市经理告诉笔者："现在的家博会真是没法参加了。700 元一个平方米，动辄上百平，加上搭建、广告、临促，2 天展期，没有 10 万元根本拿不下来。一场做下来，也就三四十万的销售额，基本不赚钱，一不小心就亏了。"笔者这样答复他："这个展销会平台已经从销售终端过渡到推广终端，如果你还把它作为一个销售终端来定位，那就不要做了，很难达到你的期望的。但如果你把它当作推广终端来看待，不亏就是赚，就相当于免费打广告了。该城市家博会的影响力足够、号召力足够，而且它最好的一期在3月份，有很多顾客会到那里逛，但其中一半以上的顾客会等到五一的时候才买的，所以，你可以把它看作是一次围绕五一的推广，还是比较划算的。这样的渠道，对你们这样的品牌而言，不是用来扩大份额的，而是维持份额的，因为你参加了，份额不一定增加，但不参加，你的份额就会被别人拿掉。所以从份额的角度来看，你还是应该继续做的。”

**启示：**必须清晰的定位哪些是你的销售终端，哪些是你的推广终端，从而确定你的合理预期和匹配的手法。这里涉及一个很重要的课题，就是你如何设计终端组合，体验型终端、推广型终端、竞争型终端、一般销售型终端、大型活动销售型终端等等。从奢望招招毙命过渡到组合拳取胜。

案例3：某乳品品牌业内人士爆料，一些刚出生的婴儿，在父母不知情的情况下就可能被护士私下喂了某品牌洋奶粉，婴儿因此适应了该品牌洋奶粉，有的甚至连喂母乳都不适应。等到该婴儿出院了，前述品牌洋奶粉企业的销售人员竟能获知婴儿父母的联系方式，并联系婴儿父母告知其婴儿喝过该品牌奶粉的事实，建议购买该品牌洋奶粉。该人士介绍称，这样的事例并不少见，为了抢“第一口奶”，洋奶粉企业付出了大量的营销费用。仅“入场费”，一家医院可能要好几百万元，以广州某大型医院为例，近期的一次招标中，仅有四家奶粉企业能够进入，最终进入门槛高达300万元/年，此外，还给医院免费提供婴幼儿奶粉。

**启示：**我们有必要引入“前终端拦截”和“前终端营销”的概念。“前终端拦截”就是在终端一般影响范围之外对顾客的拦截式抢夺。护士喂婴儿奶粉是前终端拦截，以店面为落脚的小区推广是前终端拦截，展销会前的蓄客和锁客是前终端拦截，等等。

终端营销与前终端营销的区别主要体现在如下几个方面。

在客流方面，终端营销以所在位置的自然人流为主，以店外广告宣传所影响的人流为辅；前终端营销以店外人流为主。

在成交地方面，终端营销以店面为主；前终端营销不一定是已有店面。

在团队方面，终端营销由于店面销售相对容易，团队战斗力偏弱。前终端营销店外操作难度大，团队战斗力强。

在主动权方面，终端营销受位置因素影响显著，甚至直接决定生死，相对被动。前终端营销主要取决于自身的推广能力，掌握主动权。

随着顾客分流、竞争前置和终端组合的变化，前终端拦截必将成为更有效的实战营销理念和营销手法。把手伸向“第一口奶”，否则我们能吃的可能只是别人的漏网之鱼。

以家居行业为例，这两年以来，家居商场的人流量少得相当可怜，大部分门店在工作日只有一两波人甚至根本没人，周末最多也就十来波人，不仅仅是普通商场，就是红星美凯龙和居然之家这样的大鳄也是如此。对于家居行业知名品牌而言，门店陈列可谓是美轮美奂，导购也是千锤百炼，促销也是一波未平一波又起，但就是没米，你让巧妇如何做无米之炊？终端无米，必须向前端要米。这就是前终端拦截的内在逻辑。

前终端拦截往往和蓄客式营销形影相随，其操作要点可以概括为如下四个关键词，数据、锁客、成交和联合。

精准营销的背后就是数据。听闻过这样一个段子，某尿不湿品牌给刘先生发来育儿的广告信息，刘先生非常纳闷为什么会给他发这些东西，最后不堪其烦，非常生气，就打电话告诉品牌商不要发了，家里没人怀孕。而某品牌却非常坚定地告诉刘先生：“您的女儿确实怀孕了。”刘先生一听，气不打一处来，“胡扯，我女儿才 16 岁，还在上高中呢？怎么可能怀孕。”结果，某品牌却坚持自己的意见：“可是，我们的数据显示您的女儿确实怀孕了啊!”刘先生去问自己的女儿，真相是他的女儿确实怀孕了。如果做前终端拦截，你就必须要做到数据精准，否则你都不知道在哪里“打劫”。

业内人士经常说的一个词是“蓄客”，根据实战的经验，我将其改为“锁客”。因为单纯的蓄客，很难保障到场率，也就很难保证目标，而一旦通过某些技巧实现锁客，那么你就可以对到场率心里有底了。

成交，这里的成交和一般的依赖导购有所不同，它更多的不是一对一销售，而是“一对多”及“一对一”销售，此时这个“一”的主持功底和推销功底就至关重要了。这时候的销售更多的依靠意见领袖和牧群效应，如果在操作手法上不能实现这种转变，效果一定不如人意。

联合，所谓联合，说白了，就是打群架，就是众多伙伴捆绑到一起来竞争的模式。联盟的时代才刚刚拉开序幕，因为在这个顾客被分流、媒体碎片化、各类成本不断攀升的时代，整合资源、团结一切可以团结的力量、抱团取暖、共同做大分享利益、共同分摊成本和风险成为必然的竞争模式。如果我们继续沉浸在单打独斗的思维框架内，终有一天，你会发现“单打”敌不过“群殴”，“猛虎”斗不过“群狼”，而当你再找朋友时，有点实力的朋友都和别人去混了，有点姿色的都嫁给别人了。那时候你可能会有一种感慨，叫作后悔莫及。

三个案例反映了一个道理，寻找并探寻有效的终端，区分并定位不同终端的作用，根据行业发展形势适时从“终端拦截”过渡到“前终端拦截”。

## 三十五、小区战：阵地战、游击战、联合战

做小区可能面临这些困惑，不知道该怎么搞；学别人，怎么学都感

觉不对味；小区进不去，或进场费太贵；见不着顾客，或顾客不待见；做了一段时间，没啥效果，徒增投入，看不到希望；合适的人难招，更难留，带人不易；等等。不过值得庆幸的是，离你近的，离你的对手也近；操作难度大，是你的门槛，也是对手的门槛。

## （一）为什么要做小区

最根本的原因是顾客就在小区里。尤其是新小区，如此顾客集中的地方，用“兵家必争”来形容一点也不为过。

最现实的原因是小区推广确实可行。大部分城市，尤其是三四线城市、中西部城市，小区管理相对松散，进驻小区的难度不大、投入不高，是完全可以大有作为的。有些东部的一二线城市虽然门槛很高，进驻很难，业主不堪其扰，但也绝非铜墙铁壁，仍有机会进去。团结一切可以团结的力量，整合资源，为我所用。

最重要的原因是小区推广确实有效。装修公司、瓷砖、洁具、橱柜、地板、地暖和中央空调等各大品牌，哪一个不做小区？如果没有效果，他们怎么可能一路走来。难道他们傻吗？只能证明一件事，确实尝到了甜头，虽然这个甜头的甜度在降低。如果我们还没有尝到甜头，不是因为小区无效，而是因为自身操作不当。

最被动的原因，你不做，你的竞争对手迟早会做的。

## （二）做小区的目标是什么

在信任普遍缺失的当下，对于使用时间长、消费金额高、注重现场体验的大件建材家居产品，仅凭小区业务员的嘴巴，就想把东西卖出去，简直是不可能的。如果我们做小区的目的是这个，那只能暴露我们的过分贪婪。

在小区不直接做销售，只做宣传吗？又有不甘。如此折腾，仅是让顾客知道我，心有不甘。

我们认为，小区推广的工作目标应该是顾客引流、完成成交前的几乎所有准备。以定制产品为例，具体目标如表 35 –1 所示。

**表 35 –1　定制产品的具体目标**

| | 目　标 | 作　用 |
|---|---|---|
| 1 | 未见面就让顾客知道我 | 这是第一步 |
| 2 | 和顾客接上头 | 这是关键一步 |
| 3 | 告诉对方我们的最大特色（行业地位和产品核心卖点） | 占领心智的一步 |
| 4 | 判断顾客的需求、购买力以及购买紧迫性，掌握一手资料 | 决定是否做出下一步 |
| 5 | 邀请参观样板房 | 这是真正互动的一步 |
| 6 | 征集样板房 | 这是最具有战略意义的一步 |
| 7 | 做测量和方案 | 这是具有转折意义的一步 |
| 8 | 留下顾客联系方式 | 后续工作的必需步骤 |
| 9 | 邀请顾客来店 | 真正突破的一步 |

## （三）做小区需要了解的基本信息

在了解小区操作方法和要领之前，先来聊几句小区的几个基本知识。

不同性质的小区呈现不同的特点，只有掌握小区的特点，才能因地制宜开展销售。不同小区对应的特点如表 35 –2 所示。

**表 35 –2　不同类型小区的特点**

| 类型 | 基本特点 |
|---|---|
| 商品住宅房 | 装修时间长，装修要求差异较大，业主间关系相对封闭 |
| 别墅 | 装修预算较高，多为家装公司设计施工（部分以购买图纸、自行组织施工为主），装修时间较长，追求档次和效果 |

续表

| 类型 | 基本特点 |
| --- | --- |
| 集资房 | 业主间较熟悉，装修时间集中，存在互相攀比的情况。信息容易传播，易树立口碑。多为国有大企业、银行、学校、医院、政府建设的楼盘 |
| 安置房 | 一般来讲，房屋质量较差、位置较偏，一般家庭会分多套，装修率可能不高，装修水平一般不高，也有例外 |
| 保障房 | 消费力低，或者关系户，不敢声张 |
| 经济适用房 | 消费力低，或者关系户，不敢声张 |
| 廉租房 | 租赁房，基本不装修 |
| 酒店式公寓 | 出租或偶尔自主，基本不装修 |
| 投资房 | 出租或择机出售，基本不装修 |

新老小区有不同的特征，部分产品不仅适合新小区推广，还适合老小区推广。具体见表35－3所示。

表35－3　新老小区基本特征

| 分类 | 基本特征 |
| --- | --- |
| 新小区 | 新小区具有购置需求强烈、购置量大、购置时间相对集中的特征，但同时也是众多建材、家居品牌的必争之地。因此也具有“水涨船高费用大、反复打扰民怨高”的特征。<br>整个集中装修期从交房开始约持续1年左右 |
| 老小区 | 以更换为主，需求不强烈，需要开发教育，购置时间不确定，单位时间购置量小，但同时很多建材家居电器品牌对此不重视，因此也就具有“进入成本相对较低、需要市场教育”的特征 |

小区有几个重点区域，这些区域的调研对我们推广形式的确定、推广地点的确定都有非常重要的现实意义。具体见表35－4所示。

表35－4　小区的重点区域

|  | 区　域 |
| --- | --- |
| 1 | 住宅区 |
| 2 | 门卫区 |

续表

| | 区域 |
|---|---|
| 3 | 车库或室外停车区 |
| 4 | 绿化景观区 |
| 5 | 户外休闲活动场地 |
| 6 | 室内休闲活动场所 |
| 7 | 小区生活信息公示及教育宣传区 |
| 8 | 物业、居委办公区 |
| 9 | 配套学校、商户区等 |

我们不是在和小区打交道，而是在和小区里的人打交道。只是有的涉及的深、有的涉及的浅。具体见表 35 – 5 所示。

**表 35 – 5　小区的相关人员**

| | 小区相关人员 |
|---|---|
| 1 | 开发商 |
| 2 | 房产中介 |
| 3 | 业主（已购买的、未购买的，已购买竞品的、已购买我们的）<br>特殊业主（意见领袖，群主或管理员，样板顾客等） |
| 4 | 物业（物业经理、保安等） |
| 5 | 小区广告公司 |
| 6 | 其他推销人员（装修、建材、家居、家电等） |
| 7 | 竞品人员 |
| 8 | 周边商户 |
| 9 | 其他：居委会、水、电、煤、网等 |

小区推广有几种常见的方式，具体见表 35 – 6 所示。

表35－6　小区推广的常见方式

| 类型 | 常见方式 |
| --- | --- |
| 广告 | 投放（门卫亭、道闸、阳伞、道旗、电梯广告、楼牌号广告、其他公益广告）<br>投递（自主投递、第三方投递） |
| 地推 | 摆展（桁架、桌椅、各类宣传材料、人员）<br>扫楼（人员、广告单、礼品、名片等） |
| 活动 | 业主晚会、装修课堂、公益服务等 |
| 网络 | 业主论坛（房产论坛、生活论坛、QQ业主论坛等） |
| 样板顾客 | 样板房征集和宣传、参观等 |
| 社区店 | 临时店、长期店 |
| 其他 | 如社区兼职推广员等 |

以上部分仅为常识信息，具体针对性的信息仍然需要开展小区调研。

## （四）小区调研的方法

小区调研有不同的方法，也有不同的特点，具体见表35－7所示。

表35－7　小区调研的方法和特点

| | 方　法 | 特　点 |
| --- | --- | --- |
| 1 | 通过当地小区广告公司（具体见表35－8的案例） | 免费，快捷，相对准确，需要结合实地调查 |
| 2 | 当地房产装修平台（具体见表35－9的案例） | 免费，快捷，统计口径不一，需做具体区分 |
| 3 | 装修公司业务员 | 相对精准，需要建立资源分享圈 |
| 4 | 其他建材家居业务员 | 信息分散，但准确，需要建立资源分享圈 |
| 5 | 自行调研（具体见表35－10的案例） | 时间长、耗费精力，但作为一线资料，更靠谱 |

表 35－8　某小区广告公司提供的资料

| 楼盘名称 | 区域 | 地址 | 入住日期 | 广告截止日期 | 小区类别 | 装修状况 | 总户数 | 交房数 | 合作形式 | 电梯数量 | 楼盘简介 |
|---|---|---|---|---|---|---|---|---|---|---|---|
| 徐汇××花园 | 徐汇区 | 钦州北路×号 | 2014年2月25日 | 2014年8月24日 | 商品房，拆迁房 | 毛坯 | 1418 | | 《业主装修手册》，电梯广告 | 22部电梯，内、外门贴 | 1418户，毛坯房。其中一栋25层、一栋17层的高层111户是商品房，房型面积为 $123m^2$、$158m^2$、$200m^2$ 的大房型，商品房有6部电梯，2梯2户或3户。目前还未销售，预计2014年3月开始销售，均价应该在50000元/$m^2$ 左右，按照现房销售，其余为35层的高层1307户，均为徐家汇、天平路、交大新村的回迁房，房型面积为40～50㎡的1房（极少），60～$70m^2$ 的2房，80～$100m^2$ 的3房。回迁房有16部电梯，2梯3户 |
| 中环××三期 | 宝山 | 真大路×弄×号 | 2014年2月25日 | 2014年8月24日 | 小高层 | 毛坯 | 296 | 296 | 《业主装修手册》，电梯广告，路灯道旗广告 | 10部电梯，内、外门贴，13个路灯 | 共296户，3栋18层、1栋16层小高层，毛坯房。1房面积76㎡（赠送地下室）11户；2房面积100㎡左右，约占2/3；3房面积130㎡左右，约占1/3。均价32000元/㎡。全部售完 |

续表

| 楼盘名称 | 区域 | 地址 | 入住日期 | 广告截止日期 | 小区类别 | 装修状况 | 总户数 | 交房数 | 合作形式 | 电梯数量 | 楼盘简介 |
|---|---|---|---|---|---|---|---|---|---|---|---|
| ××小镇三期第五批 | 浦东 | 南团公路×号（迎熏路交汇处） | 2014年3月20日 | 2014年9月21日 | 小高层 | 毛坯 | 360 | 360 | 电梯广告，内门贴 | 10部电梯，内、外门贴 | 共360户，毛坯，10部电梯，1梯2户，两面开门，只能上两幅画框、两幅内门贴、两幅外门贴。房型面积为130㎡的3房和160㎡的大房型，均价14000元/㎡。全部售完 |
| ××一期 | 宝山 | 绿龙路×号（靠近蕰川公路） | 2014年4月1日、2014年5月31日精装 | 2014年9月30日、2014年11月30日 | 小高层 | 毛坯、精装修 | 915 | 900 | 电梯广告，大堂广告 | 38部电梯，9个大堂 | 共915户，其中毛坯房560户，精装修房355户。3月底交房560户毛坯房，22部电梯；120户装修房，6部电梯。5月底交房235户装修房，10部电梯。电梯均为2梯2户，2梯3户。房型面积为2房90～$100m^2$，3房110～$120m^2$，顶层均为复式结构，房型面积为$135m^2$～$160m^2$，其余均为2房和3房，各占剩余户数的50%。毛坯均价20000元/$m^2$，装修房均价25000元/㎡。基本售完 |

表 35－9　某房产装修平台提供的相关数据

| 序号 | 楼盘名称 | 收房时间 | 当前收房户数（户） | 楼盘总户数（户） | 装修状况 | 访问人数 | BBS发帖量（帖） | BBS点击量（次） | 搜房卡会员（户） | 所在区域 | 楼盘均价（元/m²） | 楼盘面积（m²） | 装修购买力（万元） |
|---|---|---|---|---|---|---|---|---|---|---|---|---|---|
| 21 | ××韵 | 2013－5－1 | 41 | 300 | 毛坯 | 37267 | 1558 | 55153 | 22 | 临安 | 20000 | 200000 | 328 |
| 22 | ××良著 | 2013－5－1 | 118 | 118 | 毛坯 | 31681 | 9478 | 14910 | 6 | 余杭 | 26000 | 70000 | 1416 |
| 23 | ××金座 | 2013－5－1 | 540 | 1000 | 精装修 | 117832 | 3009 | 31316 | 136 | 滨江 | 28000 | 46179.6 | 6480 |
| 24 | ××雅苑 | 2013－5－1 | 700 | 700 | 毛坯 | 44536 | 1691 | 12232 | 97 | 临安 | 6400 | 100000 | 3500 |
| 25 | ××城 | 2013－5－1 | 620 | 620 | 毛坯，精装修 | 180217 | 6919 | 29046 | 415 | 下沙 | 16000 | 16086 | 4960 |
| 26 | ××钱塘 | 2013－5－1 | 740 | 740 | 毛坯 | 84981 | 11413 | 57919 | 40 | 临安 | 10000 | 220000 | 5920 |
| 27 | ××府 | 2013－5－30 | 1039 | 1039 | 毛坯 | 105352 | 23568 | 13963 | 595 | 下沙 | 11000 | 214662.45 | 8312 |
| 28 | ××名邸 | 2013－5－31 | 392 | 400 | 毛坯 | 47644 | 4302 | 13253 | 29 | 余杭 | 9317 | 69736.5 | 1960 |
| 29 | ××山 | 2013－5－1 | 640 | 1619 | 毛坯，精装修 | 564937 | 35477 | 86636 | 2482 | 下沙 | 16300 | 800000 | 5120 |
| 30 | ××颂 | 2013－5－1 | 258 | 850 | 毛坯 | 304114 | 35476 | 49470 | 676 | 余杭 | 8000 | 100000 | 1290 |
| 31 | ××大厦 | 2013－5－1 | 153 | 650 | 精装修 | 59605 | 3537 | 3878 | 154 | 下城 | 10500 | 88000 | 1224 |

表35-10　实地调研表

<table>
<tr><td colspan="8">小区实地调研表</td></tr>
<tr><td>所属片区</td><td></td><td>小区名称</td><td></td><td colspan="2">具体位置</td><td colspan="2"></td></tr>
<tr><td>交房时间</td><td></td><td>平均房价</td><td>元/㎡</td><td>所属街道</td><td></td><td>所属居委</td><td></td></tr>
<tr><td>小区类型</td><td colspan="7">□单位集资房　□安置房　□酒店式公寓　□商品房<br>□别墅房　□自建房　□廉租房</td></tr>
<tr><td>装修程度</td><td colspan="7">□毛坯房　□精装房</td></tr>
<tr><td rowspan="2">户数</td><td>总户数</td><td>毛坯户数</td><td>精装户数</td><td>售出户数</td><td>在装户数</td><td>入住户数</td><td>老顾客户数</td></tr>
<tr><td></td><td></td><td></td><td></td><td></td><td></td><td></td></tr>
<tr><td>户型及户数</td><td colspan="7"></td></tr>
<tr><td rowspan="5">小区业主特征</td><td>所属单位</td><td colspan="6"></td></tr>
<tr><td>年龄</td><td colspan="6"></td></tr>
<tr><td>职业</td><td colspan="6"></td></tr>
<tr><td>消费力</td><td colspan="6"></td></tr>
<tr><td>其他</td><td colspan="6"></td></tr>
<tr><td rowspan="2">既有广告</td><td colspan="2">品牌名称</td><td colspan="2">广告形式</td><td colspan="3">广告位置</td></tr>
<tr><td colspan="2"></td><td colspan="2"></td><td colspan="3"></td></tr>
<tr><td rowspan="2">广告报价</td><td colspan="2">广告形式</td><td colspan="2">广告位置</td><td>广告报价</td><td colspan="2">广告位所属单位</td></tr>
<tr><td colspan="2"></td><td colspan="2"></td><td></td><td colspan="2"></td></tr>
<tr><td rowspan="2">摆展事宜</td><td colspan="2">是否允许摆展</td><td colspan="2"></td><td>摆展报价</td><td colspan="2"></td></tr>
<tr><td colspan="2">可供摆展的位置</td><td colspan="5"></td></tr>
<tr><td rowspan="2">物业联系</td><td colspan="2">姓名</td><td colspan="2">职位</td><td>固定电话</td><td colspan="2">手机号码</td></tr>
<tr><td colspan="2"></td><td colspan="2"></td><td></td><td colspan="2"></td></tr>
<tr><td>资料收集</td><td colspan="7">□楼书　□户型图　□小区入口照片　□广告位照片　□广告照片　□社区活动照片</td></tr>
<tr><td>调研时间</td><td colspan="2"></td><td>调研人员</td><td colspan="4"></td></tr>
</table>

表 35 – 11　小区实地调研工具一览表

| 名称 | 备　注 |
| --- | --- |
| 地图 | 当地交通地图一张 |
| 名片 | 根据需要出示名片或工作证，须配名片夹 |
| 笔 | 2 支，确保可较长时间书写，圆珠笔最佳 |
| 调研表格 | 根据调研表格提问，并记录 |
| 记录本 | 用于记录较详细的调研信息 |
| 相机 | 出发前务必充满电，备用一块电池最佳 |
| 品牌宣传册 | 根据需要展示 |
| 交通工具 | 自驾车、电动车最佳，电动车记得充满电 |
| 口香糖 | 清新口气，也可作为增加沟通的小道具 |
| 药品 | 防暑防寒药品，创可贴 |
| 香烟 | 男性调研员必备，用于客情沟通 |
| 小礼品 | 纸巾/香皂/洗衣粉等低价值日常生活用品，VIP 卡、抵用券等亦可 |
| 其他 | 根据需要增加 |
| 工具袋/包 | 用于收纳如上物品 |

调研出发前要做好准备工作，具体见表 35 – 12 所示。

表 35 – 12　调研前的准备工作

| | 说　明 |
| --- | --- |
| 了解天气 | 天气对信息调研的影响较大，制作近期调研计划时务必考虑天气因素 |
| 路线合理 | 节省时间，节省成本，并注意交通安全 |
| 提前预约 | 需要与物业负责人见面时，务必提前联系确定时间地点 |
| 请假规范 | 请假人员务必提前一天请假，以免耽误调研进度 |

以广告合作的名义做市场调研，具体走访指南见表 35 – 13 所示。

表35－13　走访指南

| 走访 | 说　　明 |
|---|---|
| 找到门卫 | 说明来意，询问物业经理办公室地址 |
| 找到物业经理 | 以广告投放考察名义，按表访谈，数据务必精确，严禁笼统、造假 |
| 实地观察 | 对于重要小区或楼盘务必逐户观察，确认信息准确无误，并拍照备查 |

调研后期要进行信息处理，具体见表表35－14所示。

表35－14　调研后期的信息处理

| 信息处理 | 说　　明 |
|---|---|
| 信息整理 | 及时录入电脑，对照片等资料按照小区名称命名 |
| 信息核对 | 负责人应对小区调研数据进行真实性核对 |
| 小区分类 | 在所有小区调研完毕后，根据小区潜力，将小区分为A重要小区，B未来重要小区，C一般小区 |
| 绘制小区地图 | 在地图中标出小区名称并用颜色区分老小区和新小区，用颜色标注ABC三类小区 |

根据调研情况，制作小区调研汇总表（见表35－15所示），评估小区的开发价值。

表35－15　小区调研汇总表

| 所属片区 | 小区名称 | 总户数 | 毛坯户数 | 精装户数 | 售出户数 | 入住户数 | 在装修户数 | 主体户型 | 平均单价 | 交房时间 | 业主特征 | 物业公司 | 是否允许广告 | 是否允许摆展 | 进驻的竞品 | 调研人 | 调研时间 | 开发价值 | 推广方式 | 预计投入 | 开发排序 |
|---|---|---|---|---|---|---|---|---|---|---|---|---|---|---|---|---|---|---|---|---|---|
| | | | | | | | | | | | | | | | | | | | | | |
| | | | | | | | | | | | | | | | | | | | | | |
| | | | | | | | | | | | | | | | | | | | | | |

## （五）小区操作模式之：游击战

所谓游击战，就是不恋战，哪里有机会就到哪里去，打一枪换一个地方，它的典型特征是单个小区不做大规模投入，对小区业务人员的单兵作战能力尤其整合资源的能力要求较高。

游击战成功的关键点及其应对如表 35－16 所示。

**表 35－16　游击战成功的关键点及其应对**

| 关键点 | 应对 |
| --- | --- |
| 1. 精准地知道哪个小区有机会 | 1. 自主小区调研<br>2. 其他小区业务员提供<br>3. 导购销售数据分析或老顾客提供 |
| 2. 精准地知道哪个业主在装修 | 1. 物业公司装修备案<br>2. 装修公司人员<br>3. 其他小区业务人员<br>4. 老顾客推荐<br>5. 自主调研（听装修声音、看装修垃圾、看装修人员、看电梯停留、中高空看对面楼是否装修等） |
| 3. 精准地知道哪个业主在现场 | 其他前端或同期的建材家居品类业务员的信息共享<br>备注 1：广结善缘是关键，可大大提升准确性、及时性和工作效率。<br>备注 2：信息分享给我们，也会分享给竞品业务员，所以做好人情重要，勤奋更加重要。<br>备注 3：不能单纯接受信息，也要主动提供信息，否则会渐渐出局。 |

游击队员的主要工作，具体见表 35－17 所示。

**表 35－17　游击队员的主要工作**

| | 主要工作 |
| --- | --- |
| 1 | 调研小区信息 |
| 2 | 建立信息圈子 |

续表

| | 主要工作 |
|---|---|
| 3 | 获取顾客信息 |
| 4 | 和顾客见面 |
| 5 | 告诉顾客我们是干什么的以及特色，并提供资料判断顾客的需求、购买力以及购买紧迫性，掌握一手资料 |
| 6 | 邀请来店 |
| 7 | 邀请参观样板房 |
| 8 | 建立小区样板顾客（应纳入业务人员考核事项） |
| 9 | 做现场测量、做方案 |
| 10 | 顺便做好老顾客服务，建立口碑，争取推荐 |
| 11 | 完成销量指标 |

## （六）小区操作模式之：阵地战

该操作手法是指对价值高的个别小区做较长时间的耕耘和较大规模的投入，以期获得较大产出。典型特征是集中火力、高渗透。一旦操作成功，它所能产生的影响力较大，不仅影响本小区，还会带动周边甚至全城（城市比较小、该小区知名度比较高），这本身就是极佳的广告。而且做透一个小区，还有利于模式的形成和复制，以及增强团队的信心。

操作该手法需要注意几个关键点，见表35－18所示。

**表35－18　阵地战的关键点和应对**

| 关键点 | 应　　对 |
|---|---|
| 选对 | 档次匹配、装修户数有保障，二者不可缺一，距离店面较近更佳尤其要注意区分总户数、交房户数、自住率、装修率四个数据 |
| 做精 | 不贪多，做少，做精；伤其十指，不如短其一指<br>尤其是费用有限、精力不足的经销商在规模大的城市操作 |
| 做透 | 立体战：广告、扫楼、样板、电话等全面轰炸<br>持久战：从交盘到基本装修完毕，全程跟踪 |

该手法的营销技巧有几点，如表 35－19 所示。

**表 35－19　阵地战的营销技巧**

| 技巧 | 说　　明 |
| --- | --- |
| 广告先行造声势 | 1. 广告是买路费，有了广告投入，各项工作更便利；<br>2. 有广告就有了相对主动权，你强业主就弱，你弱业主就强；<br>3. 广告还是一场信心战，有了广告，业务员更有自信；<br>4. 关于广告的建议：稳准狠，入口大牌、区内道旗、电梯广告三点一线投放 |
| 装修一家扫一家 | 1. 业主名单，必须拿到业主名单；<br>2. 装修备案，必须拿到装修备案清单；<br>3. 每日跟进，必须及时更新业主装修进度；<br>4. 见到业主，准确知道业主在场信息，并第一时间到场 |
| 不亏就赚做样板 | 1. 必须在主攻小区内第一时间建立 2－3 家的样板顾客；<br>2. 样板顾客要求为：位置佳、户型好、小区入口、5 层以下、一层最佳、本小区大户型或主流户型，面积越大越好、所需产品档次高越高越好、顾客影响力越大越好 |
| 线上线下齐发声 | 1. 线下：广告、拜访、电话、业主活动、小区团购和其他；<br>2. 线上：以业主论坛为核心平台开展、与群主或意见领袖互动、与老顾客互动、与潜在顾客交流、发动团购和其他<br>备注：线下摆展的性价比越来越低，除非特殊条件，否则可不予考虑；对于线上业主论坛不活跃的城市可不予考虑线上论坛部分 |
| 源源不断老带新 | 1. 做好老顾客维护，有问题第一时间响应，主动拜访做客情；<br>2. 推动老顾客介绍，做好老顾客维护，要求导购和业务员推动老顾客推荐，给予老顾客一定奖励；<br>3. 编制老顾客清单，订单表和安装效果图，业务人员随身必备、上门必讲 |
| 左右逢源好话多 | 1. 与物业经理搞好关系，他几乎有你想要的一切信息；<br>2. 与设计师搞好关系，不苛求推荐，但求闭嘴（不说坏话），高提成不可能，1－2 条烟还是可以的；<br>3. 与装修师傅搞好关系，业主信息和业主在场时间，他很清楚的，一起抽个烟、聊个天吧；<br>4. 与物业保安搞好关系，小区的守门员有时能透露重要信息，一起抽个烟、聊个天吧（小小香烟，用处大）；<br>5. 与物业保洁搞好关系，物业的保洁，她对装修的了解不容小觑，发个低价值的小礼品，拉近下关系 |
| 小区竞标做 PK | 1. 老板挂帅，做项目总监，统一人、财、物的调配；<br>2. 项目经理竞标制，评标核心内容为调研情况、推广策略、执行方案、任务承诺及其依据； |

续表

| 技巧 | 说　明 |
| --- | --- |
| 小区竞标做PK | 3. 项目经理责任制，必须签订总销量承诺和阶段销量承诺军令状，阶段任务二次完不成，可更换项目经理；<br>4. 项目团队PK制，同时做2个小区，分2个团队，彼此进行PK，每日每周每月PK |

要根据目标做预算，由于该操作手法的投入较高，它应该以追求占有率为核心。根据可预期的占有率来倒推营销预算，具体测算方法如表35－20所示．

**表35－20　测算方法**

| 测　算 | 备　注 |
| --- | --- |
| 交房户数×小区目标市场占有率×客单值＝小区营业额 | 小区目标市场占有率与小区消费水平、业主消费理念、竞争激烈程度、自身推广力度和导购相关，可自行设定；通常参考值需考虑30%以上 |
| 小区营业额×推广费率＝推广预算费用 | 小区推广预算费用，需要结合当地市场的品牌知名度以及小区的市场空间，可自行设定；通常参考值需考虑5%以上 |
| （推广预算＋销售预算）/（客单值×毛利率）＝简单保底订单数 | 考虑到店面等其他成本，实际保底订单数＝简单保底订单数×1.5 |

小区阵地战市占率看板管理，如表35－21所示。

**表35－21　小区阵地战市占率看板管理**

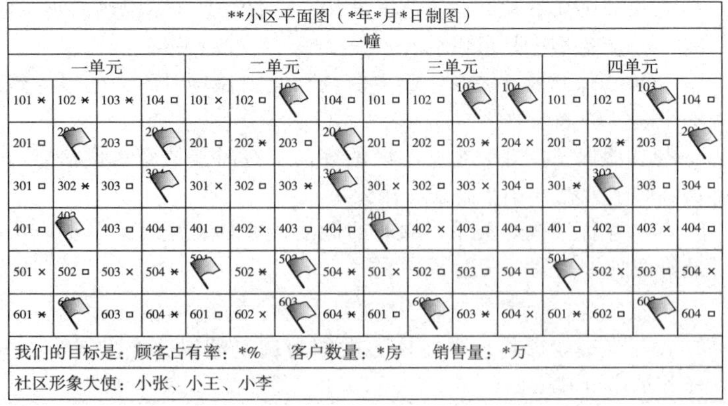

| **小区平面图（*年*月*日制图） | | | | | | | | | | | | | | | |
| --- | --- | --- | --- | --- | --- | --- | --- | --- | --- | --- | --- | --- | --- | --- | --- |
| 一幢 | | | | | | | | | | | | | | | |
| 一单元 | | | | 二单元 | | | | 三单元 | | | | 四单元 | | | |
| 101 * | 102 * | 103 * | 104 □ | 101 × | 102 □ | 10 | 104 □ | 101 □ | 102 □ | 103 | 104 | 101 □ | 102 □ | 103 | 104 □ |
| 201 □ | 20 | 203 □ | 20 | 201 □ | 202 * | 203 □ | 20 | 201 □ | 202 □ | 203 * | 204 × | 201 □ | 202 * | 203 □ | 20 |
| 301 □ | 302 * | 303 □ | 30 | 301 × | 302 □ | 303 * | 30 | 301 × | 302 □ | 303 × | 304 □ | 301 * | 30 | 303 □ | 304 □ |
| 401 □ | 40 | 403 □ | 404 □ | 401 □ | 402 × | 403 □ | 404 □ | 401 | 402 × | 403 □ | 404 □ | 401 □ | 402 □ | 403 × | 404 □ |
| 501 × | 502 □ | 503 × | 504 * | 50 | 502 * | 50 | 504 * | 501 × | 502 □ | 503 □ | 504 □ | 501 | 502 × | 503 □ | 504 × |
| 601 * | 60 | 603 □ | 604 * | 601 □ | 602 × | 603 | 604 * | 601 □ | 60 | 603 * | 604 × | 601 * | 602 □ | 60 | 604 □ |
| 我们的目标是：顾客占有率：*%　客户数量：*房　销售量：*万 | | | | | | | | | | | | | | | |
| 社区形象大使：小张、小王、小李 | | | | | | | | | | | | | | | |

## （七）小区操作模式之：联合战

联合战的原理在于扎堆成市或者成本分摊。与其说是一种战法，不如说是一种整合理念。该手法需要注意事项如表 35－22 所示。

**表 35－22　联合战的注意事项**

| | 备　注 |
|---|---|
| 联合对象必须为前端或同阶段客户 | 只有这样才会集中发力、才会彼此带单 |
| 联合对象必须门当户对或者攀龙附凤 | 品牌档次差不多、行业地位差不多，或者好于自身 |
| 联合对象必须口碑佳 | 提防一粒老鼠屎坏了一锅汤 |

其他内容可参考异业联合相关篇章，在此不赘述。

## （八）三种战法之间的关系

三种战法之间的关系如表 35－23 所示。

**表 35－23　三种战法的关系**

| | 备　注 |
|---|---|
| 阵地战 | 做点（重点培养），即蛙跳模式 |
| 游击战 | 做面（普遍撒网），即散弹模式 |
| 联合战 | 做圈（资源圈子），即活动模式 |

## （九）陌生拜访的难点及应对

陌生拜访有很多难点，具体难点及应对如表 35－24 所示。

表35-24 陌生拜访难点及应对

| 难点 | 应　　对 |
| --- | --- |
| 如何进小区 | 1. 老顾客办卡；<br>2. 物业办卡；<br>3. 假装业主进去；<br>4. 假装送货进去；<br>5. 跟着装修公司进去；<br>6. 跟着商场、第三方、建材品牌等跑小区的人员进去；<br>7. 以广告洽谈名义进去；<br>8. 先做广告，后入场，广告太贵，就以联盟形式做 |
| 业主在家时间不定 | 1. 通过朋友圈，业主在家时，信息及时共享；<br>2. 通过装修队，装修工一般比较清楚业主何时在场，尤其是结算工资时、验收时；<br>3. 通过门卫，门卫虽然不能预测，但却知道业主是否到场；<br>4. 通过职业特征，工薪阶层一般在下班后、周末、假期在家时间比较多 |
| 如何赢得信任 | 1. 不直接销售；<br>2. 广告先行；<br>3. 建立顾客样板；<br>4. 争取老顾客推荐 |
| 电子门禁，进不去 | 1. 正规办卡，通过物业办卡，通过老顾客办卡；<br>2. 换个角色，伪装成为装修公司送材料，但需要准确说出房间号及装修公司名称，或者伪装成房产中介；<br>3. 换个思路，做广告，发短信和打电话，做网络小区论坛推广和QQ业主论坛 |

## （十）摆展的操作说明

1. 目的：品牌宣传、获取名单、甚至直接实现销售；为入户拜访奠定基础。

2. 主体：可分为独立摆展，但最好联合摆展。

3. 区域：宜选择人流量大、视野较为开阔、干净卫生的地段。如小区入口、广场、文体活动场所等。

4. 时间：建材优选交房时间，周末最佳。需要格外关注天气状况，

表 35－25　摆展流程表

<table>
<tr><th colspan="2">提前 1 月</th><th colspan="2">提前半月</th><th colspan="2">提前 1 周</th><th colspan="2">提前 3 天</th><th colspan="2">提前 2 天</th><th colspan="2">活动当天</th><th colspan="2">活动结束</th></tr>
<tr><td rowspan="2">确定是否进驻</td><td rowspan="2">如果进驻，确定心理价格预期</td><td rowspan="2">确定进驻时间和场地</td><td rowspan="2">查阅天气，现场考察</td><td rowspan="4">投放活动广告</td><td rowspan="4">张贴海报、条幅、发送短信、小区论坛发布等</td><td rowspan="4">人员培训</td><td rowspan="4">对人员礼仪、话术等进行培训、演练和考试</td><td rowspan="4">活动前检查</td><td rowspan="4">物料检查、人员到位检查、天气确定</td><td>现场搭建</td><td>与门卫做简短沟通（敬香烟闲聊），可邀请物业经理参观</td><td>总结</td><td>总结结果和过程得失，表彰优秀，所有成员进行自我总结</td></tr>
<tr><td>活动开展</td><td>1. 人员接待、主动招呼<br>2. 发放单页、介绍活动、邀请体验、其他活动内容实施<br>3. 设备管理</td><td>向物业经理致谢</td><td>回顾活动，表达感谢，请他向其他物业经理推荐</td></tr>
<tr><td rowspan="2">与物业谈判沟通</td><td rowspan="2">洽谈进驻形式、费用、时间、地段、电源和水源支持、宣传支持、业主信息</td><td rowspan="2">准备物料</td><td rowspan="2">列出物料清单，开展制作跟踪</td><td>撤展</td><td>根据清单，检查物料、表单和设备</td><td>跟踪</td><td>对意向客户进行跟踪</td></tr>
<tr><td>日总结</td><td>每日召开团体会，及时交流心得</td><td>软文跟进</td><td>对具有代表性的社区活动进行媒体曝光，为防止竞品跟进，可在小区论坛上发布</td></tr>
</table>

阴、雨、风等恶劣天气对小区摆展影响极大，直接决定摆展成败。

5. 一般需要持续2周左右方可见效。

具体摆展流程如表35－25所示，摆展需要的物料如表35－26所示。

**表35－26　摆展物料清单**

| | |
|---|---|
| 样品 | 1. 料头（防止丢失）<br>2. 小区推广专用产品演示道具（带滑轮，方便推动；不宜过大，可装入小面包车即可） |
| 基础道具 | 1. 阳伞、帐篷<br>2. 桌子不得少于3张<br>3. 椅子不得少于6把 |
| 宣传道具 | 1. 气拱门<br>2. 空飘（有条件上）<br>3. 条幅<br>4. 海报<br>5. X展架（防风）<br>6. 展板1－2幅（每幅不得小于2米×3米）<br>7. 活动单页（数量略高于小区户数）<br>8. 宣传册<br>9. 材质、产品物料<br>10. 根据需要准备其他物料 |
| 服务道具 | 1. 卷尺<br>2. 其他 |
| 电子道具 | 1. 电脑<br>2. 音响<br>3. 电子宣传片<br>4. 投影设备（根据需要而定）<br>5. 麦克风 |
| 登记道具 | 1. 笔<br>2. 登记簿或表单 |
| 礼品 | 小礼品 |
| 饮食 | 1. 水<br>2. 冷餐<br>3. 防寒防暑药品、创可贴等 |
| 其他 | 本小区及周边顾客订单表 |

## （十一）科普讲座

1. 目的：通过讲座使顾客树立正确的装修观，并掌握产品选购方法，树立品牌的专业性，实现品牌推广，从而推动销售实现。

2. 技巧：可与装修公司、其他建材品牌或第三方平台等以合作形式开展。

具体科普讲座流程如表 35 – 27 所示，科普讲座需要的物料如表 35 – 28 所示，供参考。

**表 35 – 27　科普讲座流程**

| | |
|---|---|
| 前期准备 | 1. 编制科普课件<br>2. 确定培训人员 |
| 联系合作伙伴 | 1. 协商合作，争取支持<br>2. 确定场地 |
| 科普讲座广告发布 | 1. 提前 5 ~ 7 天<br>2. 以街道办或居委会名义，争取物业配合 |
| 会场布置及物品准备 | 1. 课件提前拷到电脑内（U 盘备份）<br>2. 会场门口的指示标识、横幅、易拉宝<br>3. 签到处指示牌、签到表<br>4. 桌椅<br>5. 饮料糖果<br>6. 抽奖箱及奖品<br>7. 麦克风及投影设备<br>8. 品牌手册、产品手册和活动单页 |
| 接待登记 | 负责签到的人登记顾客姓名和电话 |
| 讲座 | 1. 开场白（主持人、居委会领导讲话）<br>2. 讲座<br>3. 问答<br>4. 有奖回答<br>5. 老顾客现场说法<br>注意：拍照（用于宣传及下一个小区公关） |

续表

| 活动介绍 | 1. 抵用券发放<br>2. 免费试用活动告知<br>注意：条件允许，应组织店面参观与体验活动 |
|---|---|
| 活动结束 | 1. 会场整洁<br>2. 物料回收<br>3. 效果总结 |
| 后续 | 试用效果反馈、试用效果茶话会以及组织团购会 |

**表35－28　科普讲座物料清单**

<table>
<tr><th>类别</th><th>物　品</th><th>用　　途</th><th>数量</th><th>负责人</th></tr>
<tr><td rowspan="8">仪器及配件</td><td>笔记本电脑</td><td>制作幻灯片，录像并储存培训资料等</td><td>1</td><td></td></tr>
<tr><td>投影仪或幻灯机</td><td>专家演讲的必备工具，培训用工具</td><td>1</td><td></td></tr>
<tr><td>数码相机</td><td>会议营销中随时收集顾客资料为更新录像收集素材</td><td>1</td><td></td></tr>
<tr><td>照相机</td><td>用于拍摄消费者精彩镜头，做后备资料</td><td>2</td><td></td></tr>
<tr><td>接线板、多功能插头</td><td>确保所带设备的正常使用</td><td>4</td><td></td></tr>
<tr><td>音乐伴奏带</td><td>会议营销开始、中间、结束使用</td><td>1</td><td></td></tr>
<tr><td>麦克风</td><td>主持、讲解、典型顾客使用</td><td>2－3</td><td></td></tr>
<tr><td>红外线显示笔</td><td>培训用，便于消费者及时看到重点内容</td><td>1</td><td></td></tr>
<tr><td rowspan="4">书面资料</td><td>签到表</td><td>登记消费者</td><td rowspan="3">参照预约消费者数量</td><td rowspan="4"></td></tr>
<tr><td>个人名片</td><td>向意向客户发放</td></tr>
<tr><td>宣传手册</td><td>发放与会者</td></tr>
<tr><td>合同</td><td>签约使用，此处为意向合同</td><td>视情况</td></tr>
<tr><td rowspan="6">标识</td><td>条幅</td><td>挂在会议营销会场四周</td><td>1</td><td></td></tr>
<tr><td>指示牌</td><td>引导消费者进入会场</td><td>视情况</td><td></td></tr>
<tr><td>讲座海报</td><td>向非预约到场人员告知讲座信息</td><td>1</td><td></td></tr>
<tr><td>活动优惠海报</td><td>便于消费者了解该场会议优惠情况</td><td>1</td><td></td></tr>
<tr><td>展板</td><td>品牌形象建立、产品、功效介绍</td><td>1</td><td></td></tr>
<tr><td>绶带</td><td>服务人员佩带</td><td>10</td><td></td></tr>
</table>

续表

| 类别 | 物　品 | 用　途 | 数量 | 负责人 |
|---|---|---|---|---|
| 零碎物品 | 胶带 | \ | 2 | |
| | 图钉 | 可能要用来固定横幅 | 1 | |
| | 圆珠笔、便签 | \ | 各 10 | |
| | 剪子 | \ | 2 | |
| | 计算器 | \ | 1 | |
| | 绳子 | \ | 1 | |
| | 彩带 | 扎礼品 | 1 | |
| | 抽奖券 | \ | 100 | |
| | 红绸布 | 盖在托盘上 | 2 | |
| | 托盘 | 礼仪小姐送礼品用 | 2 | |

## （十二）小区业务员团队的建设

**1. 小区业务员招募人型特征**

（1）具有吃苦耐劳和百折不挠的品质。小区推广的工作时间长，体力消耗大，成交难度大，只有具备上述品质的小区人员才能胜任。建议去学校招一些刚毕业的来自农村的职高、中专生、大专生，这些人刚出校门，急于求得一份工作，另外来自农村的学生特别能吃苦，工作务实，这是小区推广人员必备的特质之一。

（2）一强多新，小区业务团队中必须有一名经验足、资源足的老手。用高薪（不惜 2 倍价钱）聘请人才，花钱买经验，花钱买资源，花钱买时间，后期高薪可转化为高提成。

（3）特殊履历，有物业管理经验的员工，日后与物业公司打交道时，有共同语言，利于与物业公司建立良好的关系。

### 2. 小区团队培训

培训内容见表 35－29，供参考。

表 35－29 小区团队的培训内容

| 序号 | 课程 | 目的 | 周期 |
|---|---|---|---|
| 1 | 公司概况 | 树信心 | 岗前 |
| 2 | 企业文化（狼性文化） | 注灵魂 | 每周 |
| 3 | 公司管理制度 | 讲规矩 | 岗前 |
| 4 | 商务礼仪 | 树形象 | 岗前 |
| 5 | 品牌与产品知识 | 夯基础 | 岗前 |
| 6 | 小区操作流程 | 给套路 | 岗前 |
| 7 | 销售技巧 | 给参考 | 每周 |
| 8 | 实操带训 | 传经验 | 岗前、每月 |

注 1：要把岗前培训、周训和现场培训相结合。

注 2：成功学与销售技巧相结合，小区推广人员上岗前，应该进行系统的培训，考核合格后再上岗。

### 3. 小区团队日常工作管理基本制度

建立小区推广部门的基本制度，主要包括：

（1）《小区推广部岗位职责》

（2）《小区推广操作手册》

（3）《小区推广人员考核激励办法》

（4）《小区推广物料管理办法》

（5）《小区推广样板管理办法》

## （十三）小区销售控制的核心要点

小区销售控制的核心要点如表 35－30 所示。

表 35－30 小区销售控制的核心要点

| | 要 点 |
|---|---|
| 1 | 装修备案天天更新 |
| 2 | 装修进度天天跟进 |
| 3 | 业主交流天天记录 |
| 4 | 样板参观天天报告 |
| 5 | 测量情况天天沟通 |
| 6 | 成败信息天天共享 |
| 7 | 遭遇问题专项辅导 |

每个地方对小区的管理水平是不同的，每个经销商经营的品牌影响力也是参差不齐，每个经销商的实力和团队规模不同，所以，可结合自身的情况对本文的内容进行有选择地消化吸收。

# 三十六、家装渠道操作的核心秘诀

## （一）什么情况下可以考虑家装渠道

不是所有的建材家居类产品和城市类型都适合走家装渠道。什么情况下，可以重点考虑家装渠道呢？

首先，毛利空间可以让你来折腾，这是最根本的，总不能亏本吧。

其次，家装设计师必须对你所经营的产品具有推荐权，这是最基础的，如果他对采购没有决定权或者没有一点影响力，要他做甚！

在满足毛利空间允许和采购发言权这“两个先决条件”的情况下，我们才可以思考这条渠道究竟做还是不做以及怎么做的问题。表 36－1 所示的是操作家装渠道的条件，供参考。

表36－1 操作家装渠道的条件

| | 说　明 |
|---|---|
| 1 | 假如你的毛利允许 |
| 2 | 假如家装渠道对采购具有决策权或者影响力 |
| 3 | 假如你的市场刚刚起步，需要快速拓展客户数量 |
| 4 | 假如以你自身的力量无法做到大范围的市场覆盖 |
| 5 | 假如你没有太多的资金用来投放广告和团队 |
| 6 | 假如你想快速拉大与竞争对手的差距，从而快速攫取领先优势 |
| 结论 | 那么，家装渠道就是你可以重点考虑的操作渠道 |

家装渠道（设计师）拥有的资源如表36－2所示。

表36－2 家装渠道（设计师）拥有的资源

| | 资　源 |
|---|---|
| 1 | 中高端客户基本会通过家装公司（含个人设计室）设计和施工 |
| 2 | 拥有在装修业主的详尽信息，以及装修预算和方案 |
| 3 | 设计师对部分产品（偏建材类）能以其信息精准性和专业力影响订单 |
| 4 | 部分家装公司的部分顾客采取包工包料，设计师可以直接决策 |
| 5 | 与城市里知名度高、销量大、管理规范、口碑佳的家装公司合作，不仅可以快速拓展销量，还可以起到推广宣传、品牌拉升的作用 |
| 6 | 生意好的家装公司在市场推广方面拥有丰富的经验、广告资源和人力资源 |

## （二）家装渠道的有关知识

在此，我们拓展一下对家装渠道的认识。以达到知彼知已、百战百胜的目的。

家装公司的服务方式如表36－3所示。

表 36－3　家装公司的服务方式

| 类型 | 说　明 |
| --- | --- |
| 全包 | 全包一般是指家装主材、辅材和施工，一般不包括家具、家电等项目。主材包括地板、地砖、窗帘、橱柜、石材、台面、五金、锁具、灯具和开关等、辅材常指木方、细木工板、饰面板、胶粘剂、油漆涂料、泥子粉、施工五金（铁钉、螺丝、汽钉、射钉）、水泥砂子、红砖、保温材料和吊顶材料等 |
| 半包 | 半包是指只包辅材和施工，不包主材，地板、地砖、窗帘、锁具、灯具开关等主材都由客户自己提供 |
| 包清工 | 包清工是指不管是主材还是辅材，都由客户自己购买，装修公司或施工队只承包施工项目。一般来说，家装公司采用包清工的形式比较少，除极少数公司或工程施工外，大多数公司都采用半包形式 |
| 家装配套 | 有些家装公司在半包之外，又增设了一些配套服务项目，主要是指对主材、家具、家电、饰品类的配套销售。双方除家装施工合同之外，另外还要签一个配套服务合同。为降低公司风险，家装公司一般都不会将配套合同与施工合同混在一起签订。 |
| 陪采 | 陪采是家装公司推出的一项附加服务，一般为无偿服务。主要是设计师或公司一些对材料较为专业的人士陪同客户去采购主材、家具、家电和窗帘等。由于是无偿性质，公司对材料不负任何责任 |

家装公司的业务操作流程如图 36－1 所示。

图 36－1　家装公司的业务操作流程

目前，家装公司主流的业务开发方式如表 36－4 所示。

表 36－4　家装公司主流的业务开发方式

| 方式 | 说　明 |
| --- | --- |
| 店面 | 位置、面积和数量等 |
| 广告 | 大牌广告、报纸广告、杂志广告、电视广告、广播广告和 DM 单等 |
| 小区 | 线下小区广告、小区地推和样板房建设等 |

续表

| 方式 | 说　　明 |
| --- | --- |
| 网络推广 | 房产装修类网站、网络论坛和小区业主群等 |
| 展会 | 家博会、婚博会、建材展会和房展等 |
| 联盟推广 | 与房产联盟、与建材联盟、与银行联盟等 |
| 电话营销 | 数据名单和电话跟踪 |
| 老顾客口碑 | 顾客再次装修、顾客推荐和装修日记委托等 |
| 其他公关 | 排名评比、软文、论坛、讲座和赛事等 |

目前，家装公司的主要利润来源如表36－5所示。

**表36－5　家装公司的主要利润来源**

| 序号 | 利润来源 |
| --- | --- |
| 1 | 设计费 |
| 2 | 管理费 |
| 3 | 材料差价 |
| 4 | 材料提成 |
| 5 | 空间租金 |
| 6 | 广告销售 |
| 7 | 材料进场费 |
| 8 | 代收款延迟兑现 |
| 9 | 质保金利息 |
| 10 | 隐形利润 |

备注：1. 部分中小家装公司可能不收取设计费和项目管理费，以材料差价和材料提成为主要收入。

2. 部分不规范的中小家装公司的设计师的底薪可能很低甚至没有底薪，公司放任设计师自己寻找材料供应商，以材料提成为收入来源。

为了方便找到合适的人，我们需要了解家装公司的组织结构。各家装公司因其经营规模和经营模式不同，差异较大。图36－2所示的为家装公司相对较全的组织架构，仅供参考。

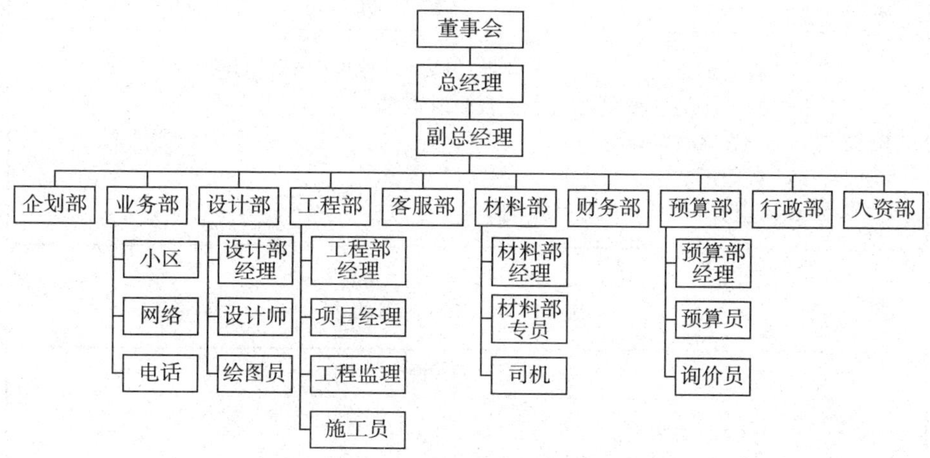


**图 36－2　家装公司的组织架构**

备注：施工工种包括水暖工、电工、瓦工（砌墙、抹灰、粘贴瓷砖等）、木工（吊顶、门窗套、制作柜子、背景、隔断造型等）、油工（木器油、墙面处理、墙面装饰等）、力工（砸墙、开槽、垃圾搬运、材料搬运上楼等）。

设计师以资质和水平可以分为初级、中级和高级三类，如表 36－6 所示，也可以从利益倾向上分为利益倾向型、产品倾向型和二者兼顾型，具体如表 36－7 所示。

**表 36－6　设计师分类**

| 类别 | 说　明 |
|---|---|
| 初级 | 1. 入行不久；<br>2. 大部分时间担任绘图员；<br>3. 对业主的引导力不足，单独成单能力偏弱；<br>4. 不是我们合作和开发的重点，但也不能太过势力，让其“反目” |
| 中级 | 1. 从业 3 年以上；<br>2. 专业知识较扎实和实践经验较丰富；<br>3. 对业主的引导力和掌控力较强；<br>4. 对与材料商的合作内情较为熟悉，一般拥有较固定的材料合作伙伴；<br>5. 是我们需要合作和开发的基础力量 |

续表

| 类别 | 说　　明 |
|---|---|
| 资深 | 1. 通常是总监、首席等大牌设计师，一般属于公司的高层或核心；<br>2. 所承接的项目多为大宅、会所或别墅等；<br>3. 一般会收取设计费；<br>4. 对业主的掌控力强；<br>5. 是我们需要合作和开发的核心。 |

**表36－7　设计师分类**

| 类别 | 说　　明 |
|---|---|
| 利益倾向型 | 1. 看重返点；<br>2. 返点越高，积极性越高；<br>3. 忠诚度低，容易转向高返点品牌 |
| 产品倾向型 | 1. 看重产品的风格款式、材质和工艺等产品本身；<br>2. 看重接待水准、顾客服务能力和水平；<br>3. 个性鲜明，一旦认可产品，忠诚度较高 |
| 二者兼顾型 | 既看重产品本身，也在意返点。大部分设计师都属于二者兼顾型 |

家装渠道的差异化，主要表现为家装渠道在不同城市具有不同的特点，如表36－8所示。

**表36－8　家装渠道的差异化**

| 城市类型 | 特　　点 |
|---|---|
| 省会城市 | 一般拥有较强势的家装公司；带单能力强、返点要求较高；家装公司和设计师皆可考虑 |
| 县级城市 | 家装公司呈现出小、散、乱、弱的局面；带单能力弱；一般以设计师合作为主 |
| 地级城市 | 一般影响力和带单率弱于省会、强于县级城市 |

备注：具体因城市而异。

家装公司的行业发展趋势如表36－9所示。

**表 36－9　家装公司的行业发展趋势**

| 表现 | 说　　明 |
| --- | --- |
| 家装分工细分化 | 针对顾客群体的细分（如专门做别墅的），对于服务内容的细分（如甚至出现了专门做水电的） |
| 家装经营多品牌化 | 较大规模家装公司往往采取多品牌策略，以覆盖高中低不同消费群体 |
| 家装公司卖场化 | 家装公司自建卖场，主动向下游材料商靠拢，提供选购材料、设计和施工在内的一体化家装解决方案 |
| 家装行业集中化 | 知名大型家装公司市场份额越来越大，行业集中度越来越高，竞争门槛逐渐抬升 |
| 家装运作规范化 | 知名大型家装公司的服务水平不断提升，服务规范不断加强 |
| 潜在规则明朗化 | 材料提成的潜规则，越来越被消费者知悉，甚至设计师直接告知 |

## （三）家装渠道成本

从目前来看，建材产品操作家装渠道（设计师）的渠道成本大约在利润的10%～35%，品类越大，成本越高，成本低于10%是基本操作不起来的。那么这个成本究竟是高还是低呢？具体如表36－10所示。

**表 36－10　家装渠道成本对比**

| 类型 | 对比说明 |
| --- | --- |
| 成本考量 | 1. 你的利润空间已经所剩无几，经营风险较大，这个成本就算高；<br>2. 如果除此之外，你还有可以接受的利润空间，这个成本就算低 |
| 推广对比 | 1. 如果你能确保以低于该推广费用的投入，抓到他们的顾客，这个成本就算高；<br>2. 如果其他推广的投入高于该推广，不能抓到该批顾客，这个成本就算低 |
| 后续考量 | 1. 如果家装顾客一次性购买且不推介新顾客，这个成本就算高；<br>2. 如果家装顾客推介新顾客或二次购买，这个成本就算低 |

续表

| 类型 | 对比说明 |
| --- | --- |
| 拓展考量 | 1. 如有更低的其他投入方式可快速扩大影响占领市场，这个成本就算高；<br>2. 如果没有其他更低的方式可以实现此目的，这个成本就算低 |
| 竞争考量 | 1. 如果你不能借此有效打击并领先竞争对手，这个成本就算高；<br>2. 如果你能借此快速拉大竞争优势，形成压制性竞争，这个成本就算低 |

## （四）做好家装渠道的关键点

做好家装渠道的关键点如表 36－11 所示，供参考。

**表 36－11　做好家装渠道的关键点**

| 关键点 | 说　　明 |
| --- | --- |
| 经营理念是核心 | 不是所有钱都该你来赚，分享才能够获取更多，大小、多少、强弱、快慢，算好经营一笔账 |
| 价格体系是保障 | 家装渠道、店面、小区、联盟等不同终端的价格协同体系，正价产品与促销产品、特价产品与形象产品的不同价格政策 |
| 终端店面是基础 | 店面才是根据地，店面高大上才能有利于双方的合作谈判，才能有效地提高渠道的顾客转化 |
| 伙伴选择是前提 | 找到有效的合作伙伴，不要错在起点上 |
| 渠道维护是关键 | 真正成为合作伙伴的首推主推品牌，持续带来单子；让其感到能赚、好推、无忧、有情，这才是王道 |
| 两条腿走最稳妥 | 借力打力也需自力更生，能合也能离，不被绑架才是你最大的筹码；如果你能倒逼反领家装渠道（设计师）最牛气 |

## （五）家装渠道的合作

家装渠道的合作模式按照合作对象的不同而不同，具体如表 36－12 所示。

表 36-12　家装渠道的合作模式

| 合作对象 | 合作方式 | 说　　明 |
|---|---|---|
| 家装公司合作 | 驻场合作 | 特指在家装公司材料展陈空间中开店的合作方式，顾客购物更便利，与设计师的沟通更便利 |
| | 场外合作 | 未在家装公司材料展陈空间中开店 |
| | 活动合作 | 基于家装公司的促销活动合作，比如提供赞助、活动产品、优惠套餐和优惠券等 |
| 设计师个人合作 | 备案合作 | 已经进入合作名单的设计师层面合作 |
| | 未备案合作 | 暂未进入合作名单的设计师层面合作 |

家装渠道合作的产品如表 36-13 所示。

表 36-13　家装渠道合作的产品

| | 说　　明 |
|---|---|
| 原则上 | 所有产品均可作为家装合作产品 |
| 实际处理中 | 1. 设置特渠产品；<br>2. 将部分较高利润的产品作为家装渠道的主推产品 |

合作价格体系设计如表 36-14 所示。

表 36-14　合作价格体系设计

| 价格设计 | 设计说明 |
|---|---|
| 利润预留 | 在设计当地市场的价格体系时，要为家装渠道的操作预留利润空间。尤其是要考虑到三者结合地带的提点设计（家装渠道、店面销售和小区业务推广） |
| 渠道区隔 | 原则上家装渠道价格不得高于一般店面销售价格，维持家装渠道的推荐信心。但在实际处理中，结合定制的特殊性，可采取辅材折扣、买送面积和整体让利的方式，使得一般店面的销售底价可以略低于家装渠道，即家装渠道的底线价格可以略高于一般店面销售底价 |

续表

| 价格设计 | 设计说明 |
| --- | --- |
| 保持整体相对稳定 | 确保价格体系整体稳定，避免出现价格大波动或者突然跳水的情况 |

建立合作返利制度，如表36－15所示，供参考。

**表36－15 合作返利制度**

| 合作返利 | 说明（具体点数仅为示意） |
| --- | --- |
| 统一返点 | 如与家装公司合作，最高给家装公司5%（参考，具体根据品类竞争情况而定）的返点，给设计师10%（参考）的返点；如果直接与设计师合作，可以考虑给设计师10%（参考）的返点 |
| 阶梯返点 | 不同任务量不同返点，可考虑季度返 |
| 年度返点 | 如果家装公司坚持高于5%的返点，可规定其年度任务必须达到某个量，在年度合同结束后，一次性付清余下点数。更多情况下是随行就市 |
| 区别返点 | 区别正特价产品、区别高利润产品和低利润产品，不同情况设置不同的返点数 |

不同家装公司有不同的合作关键词，特点、目的和合作方式都不同，具体见表36－16所示。

**表36－16 不同家装公司的合作关键词**

| 合作对象 | 合作指南 |
| --- | --- |
| 规模家装公司 | 1. 特点：规模大，较规范，份额大，影响大；<br>2. 目的：互利互宜；<br>3. 合作方式：进场合作，共同营销，长期合作，年度奖励 |
| 一般家装公司 | 1. 特点：规模一般，有资质，业务稳定，易乱价；<br>2. 目的：稳定合作；<br>3. 合作方式：低返点＋高宣传，整体价值高于纯返点，定规矩，违规取缔 |

续表

| 合作对象 | 合作指南 |
| --- | --- |
| 设计师个人 | 1. 特点：无正规资质，经营灵活多变；<br>2. 目的：利润合作；<br>3. 合作方式：选择合作，阶梯返利，跟进联谊 |

## （六）家装公司调研

对家装公司的了解，可以从家协、装修、建材家居朋友圈获得，也可以通过实地走访（以业主身份或业务员身份）获得，尤其需要注意从已经合作的建材家居商户中获取。表 36－17 所示的是家装公司调研表，供参考。

**表 36－17　家装公司调研表**

| 项目 | 信息 | 数据来源 |
| --- | --- | --- |
| 公司名称 | | |
| 公司地址 | | |
| 业务重心 | 工程、家居 | |
| 顾客面向 | 别墅、高档、中档、低档 | |
| 当地排名 | | |
| 公司性质 | 公司、合伙、个体、总部、分公司、连锁、加盟 | |
| 年成交顾客数量 | | |
| 年到店顾客数量 | | |
| 全包/半包/包清工占比 | | |
| 当地网点数量及位置 | | |
| 市场覆盖范围 | | |
| 从业人员数量 | 设计师、管理人员、施工队、项目经理、监理等 | |
| 业务主要来源 | 广告、地推、关系、其他 | |

续表

| 项目 | 信息 | 数据来源 |
|---|---|---|
| 主要合作的品牌 | 重点观察建材尤其是中央空调、地暖、瓷砖、地板、木门等 | |
| 竞品进驻情况 | 合作方式、返点、销量、满意与不满意之处 | |
| 合作方式及要求 | 场内、场外、租金、质保、返点、价格、结算、服务 | |
| 组织结构、老板及各部门负责人 | | |
| 联络中间人概况及其电话 | | |
| 其他 | | |

选择合作伙伴的方法，如表36－18所示，供参考。

**表36－18　选择合作伙伴的方法**

| 五个标准筛选对象 | 找到中间人 | 找到关键人 |
|---|---|---|
| 1. 档次是否匹配<br>2. 行业口碑状况<br>3. 顾客规模<br>4. 竞品进驻状况<br>5. 合作成本概况 | 1. 家装公司员工<br>2. 做该家装公司的其他品类经销商或渠道负责人<br>3. 与该家装公司有联系的广告公司人员<br>4. 当地家装协会工作人员<br>5. 与该家装公司有联系的建材商场管理人员<br>6. 与该家装公司有联系的建材第三方平台管理人员<br>7. 与该家装公司有联系的其他人脉关系 | 1. 老板<br>2. 设计部总监<br>3. 工程部总监<br>4. 材料部总监<br>5. 其他影响力人员 |

初次拜访的流程与拜访物料，具体如表36－19所示，供参考。

**表36－19　初次拜访的流程与拜访物料**

| 初次拜访流程 | 拜访物料 |
|---|---|
| 1. 表明身份； | 1. 名片； |

续表

| 初次拜访流程 | 拜访物料 |
|---|---|
| 2. 说明产品定位：档次定位以及消费者定位；<br>3. 推出产品：图文结合，强调核心卖点；<br>4. 举顾客案例：可列举全国或区域知名、代表性案例，可重点强调该家装公司的顾客，注意中高端结合，不要单纯只介绍高端顾客；<br>5. 介绍品牌与市场表现：品牌介绍及其在全国的市场表现、在本区域的现状及发展趋势；<br>6. 邀请到店参观、私下再聚 | 2. 品牌和产品图册；<br>3. 公司荣誉证书；<br>4. 案例图片；<br>5. 小礼品 |

初次拜访的注意事项，具体如表 36－20 所示，供参考。

**表 36－20　初次拜访的注意事项**

| 具体事项 | 注意事项 |
|---|---|
| 约定时间 | 需避开对方生意多时和定期会议时，不宜选择周末、月初和月底拜访，建议为周二、周三 |
| 注意仪表 | 注意着装、仪容仪表和礼仪，给对方留下个好印象 |
| 按时守约 | 坚决避免迟到，尽量提前 5 分钟抵达 |
| 注意场合 | 如业主在场，应该留下资料，拿好家装公司（设计师）名片，稍作停留后礼貌离开，另约时间 |
| 话题准备 | 初次交流内容不宜过多，应先准备好话题，不打无准备之仗 |
| 带好物料 | 由于对方不了解你的产品和品牌，单纯靠嘴巴讲不靠谱，最好带印刷和影音物料，现场讲解，如果有品牌杂志最佳 |
| 最好有礼品 | 礼品注意要档次高、做工精美，最好是品牌定制品 |
| 逢人恭敬 | 哪怕你很傲娇，初次见面务必收敛 |
| 规避禁忌 | 第一次拜访忌主动询问家装公司（设计师）与竞争品牌合作内幕 |
| 笼统报价 | 除非对方合作意向明确或者坚持问询，否则一般只做笼统或者个别款产品的报价，不适合主动详尽报价，此处报价仅为零售价和常规销售折扣 |

续表

| 具体事项 | 注意事项 |
|---|---|
| 找到共同点 | 及时发现所拜访对象的兴趣爱好，可多在这方面与之交流，甚至拜访后做专门的安排和邀约 |
| 索取名片 | 如时机合适，向所拜访对象索取名片 |
| 适时结束 | 根据现场状况，要把握好谈话时间长度 |
| 留下印象 | 强化印象记忆，如带有照片的名片或者其他带有明显品牌标记和个人标记的物品 |
| 埋下伏笔 | 事先想好如何结束谈话，尽量留下话题，主动和对方约下次见面时间，最好邀请到主场（旗舰店或办公室）或者第三方地址（茶馆、咖啡馆等）开展交流 |

在初次拜访后，可以深入沟通话题，具体如表36－21所示。

**表36－21　深入沟通的话题**

| 话题 | 参　考 |
|---|---|
| 关键信息确认 | 您这边的客户一般集中在哪些档次楼盘，年订单量大约有多少，半包和全包的比例大概是多少 |
| 竞品及合作模式 | 您目前合作的同类产品品牌有哪些，是怎么合作的 |
| 合作建议 | 如果有机会合作，您对我们有什么的要求和建议 |
| 条款协商 | 有几个条款我们有些建议，想和您初步交换一下意见 |

协议谈判如表36－22所示，供参考。

**表36－22　协议谈判**

| 项目 | 参　考 |
|---|---|
| 返点 | 明确一定比例做家装，其中给设计师的点数不能少于多少，以保障设计师利益（毕竟还是要通过他们做销售推介）；如果超标，应明确年度业务量，年终结清其余 |
| 结算 | 明确货款必须直接交我们，拒绝代结款（部分强势品牌仍会坚持代结款，如果无法抵抗该风险，可以考虑放弃合作） |

续表

| 项目 | 参考 |
| --- | --- |
| 零售价 | 零售定价权必须由我们掌控，家装公司（设计师）不得随意给消费者折扣，防止打乱我们的价格体系。只有价格线足够坚挺才能保障家装伙伴与业主权益 |

试合作期间的操作要点如表36－23所示，供参考。

表36－23 试合作期间的操作要点

| 操作要点 | 说明 |
| --- | --- |
| 充分重视试合作重要性 | 1. 主动推动第一批顾客成交；<br>2. 及时了解设计师推荐中遇到的问题，快速协助解决 |
| 三个工作必须做 | 1. 向设计师做产品宣讲；<br>2. 邀请设计师到旗舰店参观；<br>3. 组织一场促销活动，推动合作向前发展 |
| 提升协作效率 | 1. 初次合作，店面、渠道、小区、测量、安装、售后等难免协调性欠缺；<br>2. 宜优先考虑渠道利益、照顾渠道顾客服务效率，并作好相关告知和培训 |
| 主动开发顾客 | 1. 必须及时掌握家装公司（设计师）正在、即将、可能进行的项目；<br>2. 对设计师进行公关，尽量争取成单，适当的时候还可以争取高管施压。如果不行，必须弄清真正的阻力因素，制定解决方案 |
| 成交之后 | 对设计师表示感谢，并及时激励，增强合作伙伴信心；同时做好顾客服务，免得给设计师带来麻烦，影响后期合作 |

## （七）渠道运维是关键

渠道运维的问题和目标，如表36－24所示，供参考。

表 36－24　渠道运维的问题和目标

| | 说　明 |
| --- | --- |
| 问题 | 1. 渠道伙伴一般会试销，但往往不能持续深入，尤其是在选择空间多的时候（必争之地，迟早遭遇）；<br>2. 家装公司（设计师）只是业主购买时的影响者，决策权还是在业主手里（包工包料的只是极少数） |
| 目标 | 1. 培养家装公司的忠诚度，成为其首推和主推（工作重点，也是工作难点），强化捆绑，稳定网络；<br>2. 加强内部协作，提高成单率 |

渠道运维的核心策略是三盯，即盯项目、盯设计师以及盯管理高层，具体见表 36－25 所示。

表 36－25　渠道运维的核心策略

| 核心 | 说　明 |
| --- | --- |
| 盯项目 | 通过直接和间接渠道了解家装公司（设计师）正在、即将和可能设计的项目，及时跟进 |
| 盯设计师 | 关注设计师推荐率，尤其重点关注项目多、金额大的设计师 |
| 盯管理高层 | 争取高层支持，通过高层的指标设定、人为指令等施压 |

渠道订单流程，具体见表 36－26 所示，供参考。

表 36－26　渠道订单流程

| 流程 | 说　明 |
| --- | --- |
| 获取信息 | 跟踪家装设计师，获取业主信息 |
| 信息报备 | 信息报备给部门领导（详细信息，包括设计师信息） |
| 顾客跟踪 | 将信息交由店面跟踪（需承担导购员的提成费用，比正常导购提成略低）或自己跟踪业主去店面、自己销售及接待客户 |
| 安排测量（定制产品） | 客户产生意向后，将信息交给测量师 |
| 下单 | 产生订单，填写订单（渠道合作单）并告知设计师合作愉快 |

续表

| 流程 | 说　　明 |
| --- | --- |
| 安装结尾款 | 安装完毕并结清尾款后，将合作费用以现金或者转账的方式给予设计师 |
| 争取再合作 | 无限轮回 |

项目信息的获取，具体见表36－27所示，供参考。

**表36－27　项目信息的获取**

| 信息类型 | 说　　明 |
| --- | --- |
| 顾客基本信息 | 姓名、联系方式和地址 |
| 顾客装修投入 | 服务方式（全包、半包等）、装修费用、前端与同期品类品牌 |
| 装修进度 | 装修计划与当下装修阶段 |
| 同类产品订单情况 | 是否有同类产品 |
| 业主到场时间 | 方便跟进 |

未报备合作客户订单的业绩归属，具体见表36－28所示，供参考。

**表36－28　业绩归属**

| 不同情况 | 业绩 | 返点或提成 |
| --- | --- | --- |
| 店面接待客户并已交付定金，后续家装合作客户介入促成最终成交 | 业绩划归店面零售业务 | 门店人员享受提成，家装渠道适当补贴（初期渠道试销，可执行返点方案） |
| 店面接待客户但未交付定金，后续家装合作客户介入促成最终成交 | 业绩划归家装渠道业务 | 执行家装渠道返点方案，门店人员享受协销补贴（微量） |

备注：对于未合作的家装设计师未报备，上门索取返点的情况，原则上不予支付返点，最多给予象征性的“意思意思”。

渠道运维的主要手段，具体见表36－29所示，供参考。

表 36－29　渠道运维的主要手段

| 类型 | 说　　明 |
| --- | --- |
| 物质手段 | 1. 及时返利；<br>2. 纠缠不清时，可适当照顾渠道利益；<br>3. 礼品；<br>4. VIP 积分卡 |
| 工作支持 | 1. 对于家装公司各类推广促销工作，有选择的进行参与配合；<br>2. 对于设计师的成长、荣誉等给予力所能及的支持；<br>3. 组织或赞助设计师圈子、沙龙等的活动 |
| 情感投资 | 1. 定期与不定期的走访与电话问候；<br>2. 吃吃饭、喝喝茶、看看球、聊聊天等娱乐活动，交心，而非应酬；<br>3. 力所能及的生活问题协助解决 |
| 信心建设 | 1. 协助完成订单；<br>2. 大型品牌活动给邀约；<br>3. 邀约工厂参观 |

渠道运维的八种机制，具体见表 36－30 所示，供参考。

表 36－30　渠道运维的机制

| 序号 | 机制 | 说明 |
| --- | --- | --- |
| 1 | 分类管理 | A 类，骨干伙伴（重心－精耕），自身业务量大，推介业务量也大；<br>B 类，潜力伙伴（问题－待激活），自身业务量大，推荐业务量少；<br>C 类，优质伙伴（维持－帮助），自身业务量一般，业务推荐量尚可；<br>D 类，自然伙伴（任其自然），自身业务量少，业务推荐量少 |
| 2 | 日常拜访 | 1. 制度<br>建立专区专人制度；<br>每月或每季度例行走访。<br>2. 工作内容<br>收集项目信息并跟踪直至成交；<br>向家装渠道介绍促销活动等信息，邀请参加；<br>收集所属区域内家装公司或优秀设计师的信息； |

续表

| 序号 | 机制 | 说明 |
| --- | --- | --- |
| 2 | 日常拜访 | 听取家装渠道的合理化建议，改进自身的售前、售中和售后服务 |
| 3 | 多维度沟通 | 1. 电话沟通<br>重点设计师每周至少电话一次；<br>每次实地走访前，电话预约。<br>2. 短信沟通<br>生活提醒性短信；<br>节日祝福短信。<br>3. 实地拜访<br>例行拜访；<br>专项拜访。<br>4. 活动邀约<br>品牌活动邀约；<br>娱乐休闲活动邀约；<br>专业沙龙邀约等。<br>5. QQ<br>在 QQ 上把所有设计师设立一个单独的类别；<br>上网的时候可以与他们多聊聊天；<br>多踩踩空间。<br>6. 微信<br>微信问候聊天；<br>关注点赞、评语；<br>段子等分享与转发；<br>自身品牌活动、新品晒图 |
| 4 | 新品推荐 | 1. 制度<br>使其快速了解新品，提高新品成功率，在对手抄袭之前赢得市场先机。<br>2. 工作内容<br>上门介绍，一有新产品，应立即上门派送新产品资料并对新产品进行介绍。<br>推介会，通过茶话会、沙龙等形式，进行新品推介 |
| 5 | 物料配送 | 1. 制度<br>根据不同档次和成单量采取不同执行差异化配送，以避免造成浪费，节省成本。 |

续表

| 序号 | 机制 | 说明 |
| --- | --- | --- |
| 5 | 物料配送 | 2. 工作内容<br>重点客户，豪华配置；<br>优质客户，高等配置；<br>一般设计师个人，标配或低等配置 |
| 6 | 礼品派发 | 1. 制度<br>根据贡献程度派发公关礼品。<br>2. 工作内容<br>日常礼品，日常必需耐用品（鼠标垫、笔筒等），务必印有品牌标志；<br>合作单位庆典活动，赠送礼篮；<br>合作单位和个人获奖，赠送礼篮 |
| 7 | 俱乐部积分 | 1. 成立设计师俱乐部；<br>2. 向成员发放会员卡；<br>3. 限制会员卡派发的标准，保证会员卡的价值；<br>4. 对于设计师采用积分制（可考虑100元销售额计1分）；<br>5. 积分可享受不同的季度或年度返利（兑现后清零） |
| 8 | 老板负责 | 1. 制度<br>老板必须对重点家装公司和设计师做定期与不定期拜访。<br>2. 工作内容<br>表达重视；<br>加深情感；<br>诊断重要家装伙伴业绩下降原因，并沟通对策；<br>重要信息沟通；<br>征询建议 |

关于家装渠道相关费用的管理，具体见表36－31所示，供参考。

**表36－31 渠道费用管理指南**

| | | |
| --- | --- | --- |
| 1 | 返点支付 | 1. 原则，按时，及时；<br>2. 流程，经办人—会计审核—直接上级主管审核—总经理复核 |
| 2 | 费用支出 | 1. 业务招待费，单次支出和月度总支出必须明确规定限额，高出多少额度后必须经过指定人员审批（根据额度不同，可以是主管，也可以是总经理），未经同意，不予报销。且招待费用的 |

续表

| | | |
|---|---|---|
| 2 | 费用支出 | 报销，需有票据和宴请照片。<br>2. 广告费，对于家装公司要求以活动赞助等名义的礼品和广告支持，按照突出效果和注重节俭的原则处理，对于家装公司可能主张的广告摊销要格外谨慎。<br>3. 开票，对于渠道伙伴需要开具发票的情况，应在报价预算中留出余量，并在谈判时和协议上予以明确 |
| 3 | 成本控制 | 1. 总成本控制，如以上个月销售额度的一定点数作为总的渠道公关维护成本。<br>2. 分成本控制，如礼品可实行定量供应和有账可查，宴请活动费用按照标准，先通报后执行。<br>3. 风险成本控制，集体旅游等高风险项目可委托第三方执行转嫁风险，财务账簿及返点账簿等严格保密。<br>4. 财务管理，对于中小经销商而言，宜执行一支笔的财务管控办法，哪怕一分钱也由老板确认后执行，具体采购可由老板负责 |

关注合作伙伴的变化，具体如表36－32所示，供参考。

**表36－32 家装渠道异动变化跟踪**

| | |
|---|---|
| 1 | 及时更新家装档案资料 |
| 2 | 高度关注业绩变化 |
| 3 | 高度关注人事（尤其是相关负责人）的变动 |
| 4 | 高度关注财务情况（如果是家装公司代结算） |
| 5 | 其他可能影响合作和销售的变化因素 |

## （八）家装渠道部的职责

家装渠道部的职责说明，具体如表36－33所示，供参考。

**表36－33 家装渠道部的职责说明**

| | |
|---|---|
| 1 | 整体上对家装渠道的业绩负责 |

续表

| | |
|---|---|
| 2 | 负责家装渠道合作伙伴的调研、开发与维护 |
| 3 | 获取家装渠道合作伙伴的项目信息，并跟进介入 |
| 4 | 对销售数据进行及时收集、整理和分析 |
| 5 | 制定家装渠道合理的促销方案 |
| 6 | 对竞争品牌操作手段及政策及时进行了解 |
| 7 | 负责将产品资料和合作政策进行更新，并即时通知渠道伙伴 |
| 8 | 对家装公司材料员、设计师和监理等人员做好产品推介及培训 |
| 9 | 及时发现在家装渠道销售中存在的问题，并提出处理方案 |
| 10 | 制定与家装渠道的联合推广展示方案 |
| 11 | 组织餐饮、娱乐和体育等联谊活动 |
| 12 | 参加家装公司的吹风会、培训会和材料商会议等 |

家装渠道工作目标与方法，具体如表36－34所示，供参考。

**表36－34　家装渠道工作目标与方法**

| 序号 | 项目 | 说明 |
|---|---|---|
| 1 | 确定工作目标 | 1. 开发渠道合作伙伴；<br>2. 拿项目信息，做跟踪，成交 |
| 2 | 确定工作方法 | 1. 开发阶段，陌生拜访，中间人介绍等；<br>2. 运维阶段，区别对待，实地拜访，活动邀约，礼品派送，巧借高层施压等；<br>3. 执行效果总结提升 |
| 3 | 效果总结 | 1. 奖惩兑现；<br>2. 工作改善 |
| 4 | 六张表管控 | 1. 目标完成进度表；<br>2. 拜访记录表；<br>3. 顾客信息备案表；<br>4. 顾客备案跟进记录表；<br>5. 工作日志；<br>6. 周与月述职报告 |

家装业务员的红线及处理，具体如表36－35所示，供参考。

表36－35 家装业务员的红线及处理

| 序号 | 主要问题 | 说明 |
| --- | --- | --- |
| 1 | 向外飞单 | 1. 表现，向目标顾客推介竞品品牌；<br>2. 处理，立即开除，并扣除当月所有薪资奖金，并向其下家用人单位寄送评价函；<br>3. 应对，激励机制合理，红线制度建设 |
| 2 | 内外窜通 | 1. 表现，与设计师合伙骗取返利；<br>2. 处理，立即开除，并扣除当月所有薪资奖金；<br>3. 应对，返利项目必须为家装公司合同项目或设计师操盘项目 |
| 3 | 内部窜通 | 1. 表现，家装业务员与小区推广员窜通，小区推广员与门店导购员窜通，合伙骗取提点；<br>2. 处理，立即开除，并扣除当月所有薪资奖金，并向其下家用人单位寄送评价函；<br>3. 应对，以谁先备案详细顾客信息为准，且家装渠道和小区渠道的业务员的提成此消彼长，且必须提供比门店更详尽的顾客信息 |

# 三十七、联盟战

一提到联盟，很多经销商都会认为是砍价会或者相关的团购活动。其实，这是极大的误区，联盟战的本质是打群架，是资源共享、互惠互利，远远不止一起做个砍价会这么简单。

联盟按照品类跨度来看，包括三种，具体如表37－1所示。

表37－1 联盟类型

| 分类 | 说　明 |
| --- | --- |
| 跨行联盟 | 此处特指与建材家居行业之外的从业者进行的联合 |

续表

| 分类 | 说　　明 |
|---|---|
| 异业联盟 | 此处特指建材家居行业之间不同品类从业者的联盟 |
| 同业联盟 | 此处特指同品类品牌之间的联盟 |

备注：字面上的异业同盟应该就是跨行联盟，但考虑到实践因素，异业联盟特指建材家居行业内的联盟。故本文采取后者的定义。

按照合作层面上来分，主要包括四种，具体如表37－2所示。

**表37－2　联盟分类**

| 分类 | 说　　明 |
|---|---|
| 老板圈子 | 老板和老板之间的互动联合 |
| 品牌联盟 | 全国性或地方性的品牌与品牌之间的合作关系 |
| 业务员联盟 | 当地业务员与业务员之间的互动关系 |
| 导购员联盟 | 当地导购员与导购员之间的互动关系 |

由于老板圈子已有专门文章做过论述，故不展开。本文侧重说明业务员联盟和品牌联盟。

优秀的业务员必须有个圈，这个圈可以发挥很大作用，具体如表37－3所示。

**表37－3　业务员圈子的作用**

| | |
|---|---|
| 1 | 通过业务员之间的分享，获取小区楼盘信息，快速完成市场调研 |
| 2 | 通过业务员之间的分享，及时获取业主信息以及业主在场信息，大幅提升效率 |
| 3 | 通过业务员的联合作战，实现快速成长，减少独自作战的压力 |
| 4 | 业务员应该建立前端及同期建材家居品类业务员间的交流分享圈 |

业务员圈子拓展的办法及说明，具体如表37－4所示，供参考。

表 37－4　业务员圈子拓展的方法

| 方　法 | 说　　明 |
| --- | --- |
| 招募有相关资源的业务员 | 一般做得比较优秀的业务员和老业务员都有自己的圈子 |
| 经销商搭台、业务员唱戏 | 先由经销商从老板层面建立关系，然后推动业务员之间互动 |
| 经销商下任务、业务员执行 | 经销商制定圈子开发清单，业务员按清单找人建立互动 |
| 朋友介绍朋友 | 有业务员介绍业务员，或者直接进入业务员相关的群组 |

业务员圈子需要进行日常维护，具体如表 37－5 所示。

表 37－5　业务员圈子的日常维护

| 关键词 | 维护方法 |
| --- | --- |
| 信息分享 | 商业机会的及时分享，这是合作的基石；分享的信息主要包括小区信息、装修信息和在场信息 |
| 客情基金 | 经销商提供一定的客情基金，制定一定的报销标准，由业务员来备案操作，依据一定的报销凭据（如照片和收据）进行事后报销 |
| 小恩小惠 | 对方的小忙帮着点，如其亲戚朋友选购产品给予特殊优惠；组织吃饭、K 歌和球赛等娱乐活动 |
| ABC 分类 | 圈子人数过多时，可分为重点和一般的，分类后做不同频次和力度的维护 |
| 沟通平台 | 建立相关的微信群组和 QQ 群组，进行交流，对其他业务员进行及时的互动，如点赞、评论等 |

特别注意，要防止业务员圈子出现问题，具体如表 37－6 所示。

表 37－6　业务员圈子存在的问题及处理方法

| 问题 | 表现 | 方法 |
| --- | --- | --- |
| 资源流失 | 业务员圈子资源不能仅局限于业 | 建立名单制，及时上交，经销商或者 |

续表

| 问题 | 表现 | 方法 |
|---|---|---|
| 资源流失 | 务员个人，必须及时转化为经销商资源，防止因为人员问题而突然中断 | 经销商安排专人进行统一保管。经销商择机出面与其他业务员通过见面、喝茶、K 歌和球赛等方式建立联系和感情 |
| 攀比心态 | 由于彼此交流放开，彼此的底薪、提成、奖金、补贴等都会比较透明，容易形成攀比心态，如处理不当，容易导致人员流失 | 在薪资福利设计时必须考虑到市场因素，不能过低，最好能够高出 10% 以上，让优秀业务员的薪资不低于其他优秀业务员的水平 |

联盟活动指南，具体如表 37－7 所示。

**表 37－7　联盟活动指南**

| 序号 | 操作层面 | 操作要点说明 |
|---|---|---|
| 1 | 联盟的选择 | 1. 看人气，类型；<br>2. 看品牌档次；<br>3. 看活动策划内容；<br>4. 看现场导购谈单过程；<br>5. 看商家订单情况；<br>6. 看活动组织框架及流程 |
| 2 | 联盟的谈判 | 1. 自我强调<br>品牌地位；<br>店面情况；<br>产品特色；<br>销量排名；<br>推广投入；<br>团队状况。<br>2. 了解对方<br>谈运营操作流程；<br>谈推广，蓄客；<br>谈活动频次和档期；<br>谈合作要求；<br>谈费用投入；<br>谈“理念”和“感情” |

续表

| 序号 | 操作层面 | 操作要点说明 |
| --- | --- | --- |
| 3 | 初次活动 | 1. 注意事项<br>多付出，少计较，少争论；<br>跟着“老手”做；<br>看销量，更看人量；<br>拉近联盟成员关系；<br>锻炼队伍，储备经验；<br>树立品牌和个人形象。<br>2. 努力做到<br>让联盟看到我们的配合程度；<br>让联盟看到我们的投入（人财精力）；<br>让联盟看到我们品牌的影响力 |
| 4 | 初次活动后的调整 | 1. 总结促销方案得失；<br>2. 总结前期推广得失；<br>3. 总结现场布置得失；<br>4. 总结现场抓单得失；<br>5. 总结团队内部协作得失；<br>6. 总结联盟协作得失 |
| 5 | 成熟后系统梳理 | 1. 定活动宣传基调；<br>2. 定活动品牌形象；<br>3. 定活动流程与规范；<br>4. 定活动组织与编制；<br>5. 定人员分工与协作；<br>6. 定奖惩机制 |
| 6 | 选择对接人 | 1. 对接人直接决定着与联盟及成员单位的沟通，至关重要；<br>2. 需要懂得业务；<br>3. 需要懂门店；<br>4. 善于沟通和汇报；<br>5. 能够彰显团队实力 |
| 7 | 纠纷解决 | 1. 方案纠纷，秉承公平原则，“大哥”最终敲板；<br>2. 活动资源纠纷，用实力讲话原则，第三方辅助协调。 |

判断参与联盟活动成败的指标，具体如表 37－7 所示。

表 37－7　联盟活动成败的指标

| 指标类型 | 说　明 |
| --- | --- |
| 根本指标 | 参与联盟的投入产出比；<br>不做活动的投入产出比 |
| 重要指标 | 带单情况，带单率一般应大于 30%，50% ~60% 属于正常状况 |
| 特殊指标 | 进入市场的初期，以打造品牌影响力为核心目的的情况下，该两个指标不适应，其应以“行业知名度”和“顾客数量积累”为核心考察指标 |

联盟活动成功的关键因素，具体如表 37－8 所示。

表 37－8　联盟活动成功的关键因素

| | 要素 | 说明 |
| --- | --- | --- |
| 整个联盟活动成功要素 | 品牌的号召力 | 联盟成员品牌的知名度和美誉度 |
| | 活动的吸引力 | 整体活动的内容设置与氛围营造 |
| | 蓄水的时间和管控 | 时间一般为 1 个月左右，不低于 3 周；管控，对蓄客的要求具体到每天 |
| | 活动的时间和地点 | 时间要综合考虑自然节日活动节点、竞品联盟活动节点，以及顾客时间；地点为当地标杆性场所，有档次，知名，好找，好停车 |
| | 现场的氛围 | 促销氛围和热销氛围的营造 |
| 联盟活动中“单品牌”成功关键 | 促销方案设置 | 自身促销方案，让对方快速下定金，争取下全款 |
| | 前期品牌、产品、活动宣传 | 必须让顾客充分了解品牌和产品的价值；必须把顾客邀约到店面详细介绍，形成产品认知和价格认知 |
| | 展位的位置 | 一般会根据品牌的影响力或者蓄客的贡献来定 |
| | 本展位的现场氛围 | 各个品牌宣讲次序很重要，一般取决于品牌影响力和促销。展位内的生动化，核心在于强调品牌地位和优惠力度 |
| | 品牌宣讲的时间 | 力度、蓄客贡献或者抽签 |
| | 导购快速成单能力 | 快速成单主要介绍活动力度和紧迫性，但成功的关键在于前期品牌和产品宣传是否到位 |

联盟活动的两个发展趋势，具体如表 37－9 所示。

**表 37－9 联盟活动的发展趋势**

| 趋势 | 表现、影响和应对 |
| --- | --- |
| 多品牌联盟 | 1. 表现，一个联盟同一品类多个品牌，常见的有 2 个品牌，甚至还有 3 个品牌，有时该联盟会伪装成多个联盟，实质为一个组织方统一协调；<br>2. 影响，联盟外品牌有被边缘化的危险；<br>3. 应对，尽量争取进入联盟 |
| 商场内品牌联盟 | 1. 表现，部分特大城市为了降低联盟成本，将联盟活动落地在建材卖场内，联盟成员都为商场内商户，多为临时联盟，卖场一般较为支持；<br>2. 影响，在短时间内，整个商场基本都为该联盟服务；<br>3. 应对，优质商场务必进驻，有联盟信息，务必抢先获知，抢先进入 |

如果自己牵头建立联盟，需要满足表 37－10 的要求。

**表 37－10 牵头建立联盟的要求**

| | |
| --- | --- |
| 1 | 在当地具有影响力和号召力 |
| 2 | 推动当地具有号召力的品牌发起 |
| 3 | 自身善于公关，且组织能力较强 |
| 4 | 自身愿意前期付出更多努力 |

自建联盟流程及方法，具体如表 37－11 所示。

**表 37－11 自建联盟流程及方法**

| 序号 | 流程 | 要点说明 |
| --- | --- | --- |
| 1 | 联盟定位 | 1. 清晰地知道自己的行业地位；<br>2. 清晰地知道自己的品牌档次；<br>3. 清晰地知道合作伙伴的品牌档次；<br>4. 清晰地知道双方的客户群体；<br>5. 清晰地知道自己与合作伙伴的资源； |

续表

| 序号 | 流程 | 要点说明 |
| --- | --- | --- |
| 2 | 制定联盟章程 | 1. 总则：联盟性质；联盟宗旨；联盟业务等；<br>2. 组织机构和职责，联盟发起单位，联盟执行单位，联盟组织架构，联盟工作职责等；<br>3. 加盟条件，价值观一致，愿意为联盟的健康发展做出贡献等；<br>4. 成员权利；<br>5. 联盟成员的加入、变更、退出和除名；<br>6. 联盟收费标准，遵循“AA”制原则 |
| 3 | 招募联盟商 | 1. 以老板自身圈子着手；<br>2. 选择档次匹配、影响力大、销售业绩佳的品牌；<br>3. 要以自同道合者为主 |
| 4 | 选择第三方 | 1. 具备一定影响力及运作能力；<br>2. 与联盟基调要匹配；<br>3. 如果自身组织能力较强，也可由联盟自行组织，但一般会先有第三方组织，然后自行组织 |
| 5 | 制定活动方案 | 1. 尽量做到公平；<br>2. 大会活动的礼品及优惠政策由所有商家一起承担；<br>3. 大会活动整体的优惠政策尽量相同（如现金抵用卷的金额、各商家推出一款特价产品等）；<br>4. 注意该方案还要包括活动现场方案和后期客户跟踪方案 |

联盟的具体形式注定千变万化，一种形式效果衰退后，必然有另一种形式将在某个特殊时刻崛起，中间会有些迷茫、困惑和纠结，但从长远和整体上来看，联盟的理念将更加地深入人心，联盟的价值也将越来越得到提升。你约了吗?

# 三十八、网络冲浪

在上海，有这样一位卖建材的女孩，原来是做壁纸的，后来做过衣柜、橱柜等，最后自己单干。专门做线上业主论坛和线下小区样板房，线上为主，线下为辅。有些品牌直接将该渠道的推广委托给她，她打一枪换一个地方，投入不大，收益却非常的可观。

在杭州，有这样一个橱柜品牌，行业知名度很低，就一家店，还不在商场，而是在东方家私这个老商场旁边的一个小区里（还不是沿街店铺的那种）。不看不知道，一看吓一跳，生意出奇的好，我去看的那天，店里简直挤爆了。它是怎么获得客户的呢？管理人员分享，就是靠两把刷子，一是电话营销，二是网络推广（尤其是装修论坛和业主论坛推广），他们的电话营销也是结合网络推广开展的，而不是完全意义上的电话陌拜。

可见，在网络盛行的城市（特别是大城市），网络冲浪已经是重要的推广渠道。有条件，就专职操作；没条件，人员兼职也要做。下面我们就以 QQ 业主论坛的操作为例做简要介绍。

## （一）注册三类 QQ 号，打组合拳

1. 三类 QQ 号分别为私人交流号、广告小号和商户官方号（用以彰显专业权威），前两者一般需要注册 2 个以上，官方号只需注册 1 个。

2. 为了防止密码遗忘，最好采用统一的密码。

3. 尽量采用级别高的 QQ 号。

## （二）私人交流号的运用

1. 角色定位，以业主的身份出现和发言。

2. 账号信息，个人信息填写应尽量完整，最好开通空间，填写的城市也要与所负责的城市相符。年龄最好填写在25～35岁之间。名字要有亲和力（比如说四条眉毛、小李飞刀等），容易记住，方便以后在群里和邻居交流。

3. 入群方法，以业主角色进入（之前需要熟悉该小区的信息、楼号、房间号等情况，最好到实地调研），或者和群主或管理人员沟通开启大门，或者请求小区内的老顾客拉进去。

4. 在和业主互动的时候，注意区分如下情况。

未交房的业主，这类业主比较关注房子工程进展以及验房知识。马甲号可以先留意话题，然后时不时穿插说话，如发布些小区最新照片，讲些怎样避免在装修中受骗上当等引人注目的帖子。

刚收房的业主多关心如何选择装修公司、怎样装修、装修流程、户型设计等。这时候可以根据自己产品在装修过程中的阶段，适时地提及选择标准之类的材料了。同时提及其他建材以及自己熟悉的装饰公司。

装修期的业主，这类业主通常会结合他们家的情况提一些装修方面的疑问。如果和自身相关的，应多号相互配合，最好邀请老顾客出来也说说话。

## （三）广告号的运用

1. 角色定位，为广告而生，因广告而死。

2. 发送广告的时间为小区团购前2～3日。

3. 广告形式为邮件或窗口推送，在窗口推送时，应在小窗模式下推送。

4. 注意不要发送到竞品小号那里。

5. 注意不要发送广告频次太高、太快。一个群最好指定一人发送，免得交叉重复，引起投诉。

## （四）官方号的运用

1. 角色定位，代表商户官方发言，又称大号。

2. 账号信息，网名应该是品牌名+品类，个性签名里加上联系方式，离线自动回复应增加联系人和联系电话，空间应多上传一些产品测评、新闻资讯、产品分析、促销活动、店面照片、热销场面、服务情景和工厂资料等。

3. 入群方法，邀请群主或管理员加入，或者老顾客邀请拉入。

4. 注意不要频繁发布广告，以接受顾客咨询为主。务必先和群里的管理人员和活跃分子处好关系。当群成员比较熟的情况下，才可以大力推广我们的促销活动。

## （五）和业主聊天的方式

方式主要包括马甲跟业主单聊、官号与业主的单聊、与群主单聊、与活跃网友单聊。聊天的内容要根据交房前、交房后装修前、装修中的进度来选择不同的内容。聊天的核心技巧主要有四个，一是不要卖，帮别人买；二是自己的多号之间相互配合；三是邀请老顾客参与；四做好服务。

## （六）网友群的建立和维护

通过单个业主论坛的操作之后，就要把所有的意向顾客拉到自己的地盘上了，即建立自己的网友群。我的地盘，我做主，只有在这里我们才真正拥有主导权，因为群主是我们，管理员还是我们。

首先，表示欢迎。所有明线上的工作人员都要表示出热烈欢迎的姿态，让对方感受到我们真诚的服务和对他的重视。

其次，对入群的网友做下甄别。看下是否有竞争对手的人混进来。甚至在网友里面自己设置小密探，伪装成其他网友，看下是否收到捣乱的信息。注意，无论在业主群还是在我们自己的网友群里都不要和对手发生正面冲突。否则群主会更加反感。

再次，要求统一修改群名片。统一为“小区+昵称”。

然后，对新入群的网友进行“洗脑”。详细地讲解我们的品牌、产品、服务和活动等，并提倡大家自由发言，多多交流。

最后，发起团购活动。可耐心地向已经参加过团购活动的顾客征询改善建议，不能出现一次比一次便宜的情况，这就需要设计价格体系了。

简单回顾一下，网络业主论坛操作的四部曲分别为进入业主群、业主群内交流、拉进网友群在自己的地盘上交流、组织活动实现销售转变。具体操作起来技术性较强，且内容比较隐晦，在此就不再做进一步展开。

## 三十九、微信推广，玩出来

不谈微信，仿佛有点不识时务了。在本章中，我们就微微的谈一下。微信在内部沟通上的价值毋庸多言。本文主要讨论对外价值及其如何实现。从整体来看，建材家居行业尤其是建材行业，无论是厂家还是经销商对微信的认识经历了三个阶段，如表39-1所示。

表 39 - 1　对微信的认识

| | |
|---|---|
| 第一阶段 | 无比心动和美妙。只要听说有个微信培训课，花上两三万也要听一听，一点都不心疼 |
| 第二阶段 | 无比失落和纠结。整来整去，基本属于自嗨，连信心都开始瓦解了 |
| 第三阶段 | 有的基本放弃了，有的心态平和了，有的当作玩一把投资低、无风险的游戏了。反而这一“玩”的心态，让部分人找到了玩微信的心法 |

从品类表现上来看，家居行业做得好的比较多一些，因为它的需求人群更广、更换周期更短。建材行业中定制产品做得比较好一些，因为它与顾客的互动要更多一些。接下来，我们较系统地来看一下建材家居的微信营销。

## （一）微信的本质

先看本质。从个人用户的视角来看，微信本质上是一个相对封闭的社交媒介和信息窗口。它既是一个人际交流软件，也是一个“个人新闻发布会”，还是一个与移动互联网信息和服务对接的接口和平台（包括所有的个人账号、订阅号、公众号、游戏、购物和会员管理等）。说它是相对封闭的，有五个方面的原因，如表 39 - 2 所示。

表 39 - 2　微信相对封闭的原因

| | |
|---|---|
| 1 | 它的交流可以是个人对个人的私下交流，也可以是群组内的交流，但都局限在一个圈圈内 |
| 2 | 它的“个人新闻发布会”对朋友圈是敞开的，对其他人是屏蔽的 |
| 3 | 它对所关注的账号是敞开的，对其他的是封闭的，而且微信官方对信息的介入频次有严格限制，较好地保存了作为社交媒介的核心属性和相对纯洁性 |
| 4 | 它在相对封闭的同时，也通过附近的人、摇一摇、扫一扫、漂流瓶等功能，为其打开了一个通往意外世界的窗口，彰显出一定的开放性 |
| 5 | 它的开放性，还体现在你所能想到的所有的服务都可以在微信端进行植入。理论上完全可以实现，实际上也在向这个方向快速挺进 |

对这个本质的认识非常重要，因为它直接决定了我们怎么利用这一特征来设计传播内容和传播路径。当然这一本质会随着微信开发者的再定义而发生改变。

## （二）微信对建材家居经销商的价值

我们可以从新老顾客两个方面来做分解。

**1. 新顾客方面**

一般情况下，准顾客在一个店内逗留的时间都很短，尤其是第一次来店，能交流15分钟以上已经是非常不错的了。准顾客一旦离店，我们与其的沟通就变得困难起来，虽然可以通过电话，但是电话越来越不讨人喜欢，而且沟通时长更短、内容更加贫乏。虽然可以通过网络推广来影响它的网络查询，但是网络推广的费用比较高，且网络是无边界的，是个彻头彻尾的敞开式信息渠道，很容易被其他品牌带走，甚至作为品牌名称的关键词说不定都被别人买走了，而且网络上难免夹杂着一些不良信息。作为微信此时就可以发挥它的特色了，具体如表39－3所示。

**表39－3　微信发挥的作用**

| | |
|---|---|
| 1 | 可以与顾客保持较长时间的联系 |
| 2 | 与一般网络推广相比，它的渠道相对封闭（相当于在顾客的地盘上建立了一小块自己的革命根据地） |
| 3 | 与店内导购以语言为主、实物演示为辅、受个人能力限制明显的特点相比，它的内容展现形式（图、文、视频、音频、游戏、抽奖、有奖问答、在线咨询和预约等）可与之形成更好的补充，如果导购员遗忘掉重要卖点，还可以在这里得到补救 |
| 4 | 在交流上，可以让信息接受者更加任性，相对电话营销，更加容易被接受 |
| 5 | 还可以实现微信端下单，全款或定金均可 |

**2. 老顾客方面**

微信在老顾客方面的价值，主要体现在售后服务、再次销售和口碑传播方面。如表 39－4 所示。

**表 39－4　微信在老顾客方面的价值**

| | | |
|---|---|---|
| 1 | 售后服务 | 复杂点的，可借助微信上的会员管理功能来分类管理；<br>简单点，可以在微信端接受顾客售后申请，征集售后服务改善建议 |
| 2 | 再次销售 | 在顾客对首次购物满意，以及我们在售后仍与顾客保持了较好黏度的情况下，一旦顾客再次有需求，会优先选择我们，甚至连店面都不来了，在微信上一沟通就直接下单了 |
| 3 | 口碑传播 | 如果说对于大部分建材家居而言，短时间内再次购买的比率非常小，那么口碑传播的作用就是最显著的了。通过微信端的晒单、好评、转发分享、推介就是我们最期望的。有些顾客会非常自觉地帮你说好话，有些则需要你的提醒，甚至在你的帮助下才能实现。只要做到产品过硬、服务到位和方法得当，口碑传播不是梦 |

## （三）微信营销操作的 KPI

做一件事情，找不到评估的 KPI，这件事情多半是无效的。具体 KPI 如表 39－5 所示，供参考。

**表 39－5　微信营销 KPI**

| | 项目 | KPI |
|---|---|---|
| 1 | 账号 | 关注量（粉丝数）、有效粉丝数、活跃粉丝数、骨灰级粉丝数、准顾客数量、老顾客数量 |
| 2 | 信息 | 阅读量、阅读深度、停留时长、点赞量、评论量、转发量、综合展现量、粉丝自主内容创意生产量 |
| 3 | 微店 | 流量、访客数、停留时间、产品查看深度、收藏量、放入购物车量、成交量、连带销售量 |

续表

| | 项目 | KPI |
|---|---|---|
| 4 | 微商 | 分销商数量、分销商销量、分销产品链接转发量，其他和微店同 |
| 5 | 新顾客 | 加关注量、交互量、退出量 |
| 6 | 老顾客 | 晒单量、好评量、链接推荐分享量 |

## （四）微信营销的常见玩法

微信营销的常见玩法如表39－6所示。

**表39－6　微信营销的常见玩法**

| | 玩法 | 说　明 |
|---|---|---|
| 1 | 私人账号 | 主要是销售人员与准顾客或顾客之间的交流与互动，双向的、定制的，可以是个人账号，也可以是个人群组 |
| 2 | 公众账号 | 主要通过订阅号或公众号向粉丝进行推送信息 |
| 3 | 微店 | 主要是通过在微商城开店的方式，一是宣传，二是方便下单 |
| 4 | 微商 | 这里我们所要强调的是以利润分成的人传模式 |
| 5 | 附近的人 | 利用位置定位的展现与粉丝挖掘，头像、名称、标签、空间很重要 |
| 6 | 漂流瓶 | 需要对人群进行精准筛选和投放时间点进行测算 |
| 7 | 摇一摇 | 需要对人群进行精准筛选和投放时间点进行测算，可以摇人、摇活动、摇优惠等 |
| 8 | 扫一扫 | 关键是呈现吸引人们扫的价值以及提供扫的便利性 |
| 9 | 红包 | 不在与钱的多少，在于乐子本身 |
| 10 | 游戏 | 小游戏、小测试；需要对人群进行精准筛选 |
| 11 | 秀图晒单 | 上图签到、顾客家效果呈现、功能演绎、体验评价等 |
| 12 | 众筹 | 一般用于新产品发布，更多的是推广作用 |
| 13 | 团购 | 达到指定人数后，按照团购价执行 |
| 14 | 砍价 | 利用群体力量，参与砍的人越多价格越优惠，集促销、推广于一体 |

续表

| | 玩法 | 说　明 |
|---|---|---|
| 15 | 活动报名 | 各类活动的邀约与登记 |
| 16 | 奖品 | 可以是满足条件发特定奖品，也可以是抽奖的形式 |

## （五）微信营销成功的关键点

微信营销成功的关键点如表 39－7 所示。

**表 39－7　微信营销成功的关键点**

| | 关键点 | 要点说明 | 示　意 |
|---|---|---|---|
| 1 | 内容为王，娱乐精神 | 1. 对于社交媒体而言，内容是王道，好的东西，自己会长腿，不要低估网友对好内容的辨别力以及传播力；<br>2. 国人已经很辛苦了，切忌呆板端着，不妨欢乐一下；<br>3. 适当炒作 | 1. 热点；<br>2. 关注点；<br>3. 新奇特的人、事情或观点；<br>4. 让人认同、受启发的观点；<br>5. 图片很重要；<br>6. 视频要注意大小时长及流量提醒 |
| 2 | 传播路径设计与跟踪 | 1. 你的朋友圈是基础，你的朋友圈的朋友圈是关键；<br>2. 各种账号的组合应用（私人账号、订阅号、公众号，私人的、经销商的、品牌官方的、专业媒介的、其他） | 1. 全体员工；<br>2. 骨灰粉丝；<br>3. 老顾客；<br>4. 微信达人；<br>5. 其他渠道传播 |
| 3 | 组织管理要到位 | 1. 组织保障，专职、兼职、自组织；<br>2. 要求明确（软要求、指标要求）；<br>3. 方法指导；<br>4. 奖罚分明 | 晒单需要调动的人：<br>1. 老顾客；<br>2. 导购员；<br>3. 测量师；<br>4. 设计师；<br>5. 安装工；<br>6. 推广人员 |

由于微信的变化较快，很多功能会不断升级，各类玩法也会不断推陈出新，如果我们要决意做微信营销，首先，一定要对外界热点和新奇

特的人与事保持高度的好奇心，不断培养自己的网感，让自己越活越年轻。其次，一定要沉得住气、坚持下去，因为它不是个立竿见影的活儿，做得久了，你才会找到感觉，才会找到方法，才会看到你所期望的成果。一时兴起的，注定做不好。

# 四十、公司化运营的路径

## （一）何为公司化

公司化运营是区别于夫妻店管理模式和公司管理模式之间的一种运营诉求。与夫妻店管理模式相比，它的协作性、规范性和稳定性更强；与公司运营相比，有两处不同，一是表现在资质上，公司是公司性质，公司化可能仍然是个体户，二是在财务和人力资源等敏感领域的规范程度不同。

## （二）不要过分迷信公司化

现在很多人给经销商做公司化运营，都直奔公司运营去了，结果根本不能落地，甚至做着做着，老板自己都坚持不下去，直接还原了原来的运营模式。这样的结果，除了老板意志力的问题外，公司化运营的方案本身也是一块硬伤。所以，我们一直坚持经销商“适度公司化”和“逐步公司化”，不同阶段做不同阶段的事。

市面上，为了推销公司化运营，都会把公司化运营的好处放大，而将其所带来的不利缩小，这是不客观的。虽然公司化运营整体上利大于弊，但与夫妻粗放式管理相比而言，在公司化运营的初期它极有可能会出现某些效率下降、效果降低和成本增加的问题，这就是转型的阵痛，如果没有这个阵痛的心理准备，还是不要做公司化运营的好。但这个阵痛过后，就是更高级别的成长了，犹如蚕蛹化蝶。

## （三）公司化运营程度的左右因素

### 1. 业务规模与发展速度

一般情况下业务规模越大，公司化运营程度就越高，因为要控制风险。发展速度越快，公司化运营迭代升级的速度也就越快，因为运营是为发展服务的。

### 2. 团队规模与成员素质

团队规模越大，对公司化运营程度的要求就越高，因为团队越大协作难度越大。公司化运营的本质是倾向于流程和制度管人，所以，一般情况下，成员素质越高，对人性化的要求就越高，成员素质越低，对规范化的指导和要求就要越细，而且展现形式要越简单越好，务必直接明了、生动形象。

### 3. 业务错误的潜在风险

如果某项业务因错误导致的风险越大，那么该项业务的流程和规范就应该越细。比如，外部财务人员的财务处理，就是要最先实现精细化和规范化运作的领域。

### 4. 特别注意

基于市场的规模来看，单品牌操作的经销商的公司化运营终点是不同的，因为业务规模和团队规模是有封顶的。所以，不是所有的经销商都有必要走到公司化运营的高级阶段。

## （四）公司化运营的内涵

### 1. 组织建设

组织建设包括如何设计整个组织架构、如何设置岗位职责和如何确定人员编制。具体说明如表 40－1 所示。

**表 40－1　组织建设的内容和说明**

| 组织建设 | 说　　明 |
|---|---|
| 组织架构 | 业务模式决定组织模式，财务板块和人事板块最好由经销商直接控制 |
| 岗位职责 | 不能简单地按照公司的岗位说明书制作，最好增加日例行工作、周例行工作和月例行工作，这样更加明确，为防止扯皮，务必在岗位职责的最后一条增加“上级安排的其他事项” |
| 岗位权限 | 岗位权限，不能简单地从岗位的角度出发，还应因人而异 |
| 人员编制 | 总编制 = 营业额或期望营业额 × 人力成本所占比例 ÷ 当地行业平均工资，优先向业务板块倾斜，其他可兼职 |

不同阶段的组织成长历程不同，整体上要经历这样的轨迹，从自己干到请人干；从什么都干到干的越来越少；从非核心职能外包到自营；从抓全部工作到抓核心工作；从创始团队到职业团队；从人力成本低到人力成本高。如表 40－2 所示，供参考。

**表 40－2　不同阶段的组织成长历程**

| 阶段 | 驱　　动 | |
|---|---|---|
| 1 | 除了安装，全部干 | 阶段一<br>业务驱动 |
| 2 | 外聘导购员 | |
| 3 | 外聘业务员 | |
| 4 | 专有安装仓库物流团队 | |
| 5 | 外聘测量师 | 阶段二<br>服务驱动 |
| 6 | 外聘设计师 | |
| 7 | 专职人事行政 | 阶段三<br>组织驱动 |
| 8 | 专职财务 | |
| 9 | 专职订单员 | |
| 10 | 外聘职业经理人 | |

### 2. 运营流程与规范

运营流程与规范就是梳理并明确各种工作的具体流程、细节要求和禁忌，根据需要设计相关表单和工具。如表 40－3 所示。

**表 40－3　运营流程与规范的说明**

| 项目 | 说　明 |
| --- | --- |
| 运营流程 | 傻瓜式，图形化，最好有视频，不用太在意拍摄的精良程度，流程清楚最重要 |
| 运营规范 | 对大部分工作事项，只需要强调最核心的几条规范即可，太多也没人看，记不住。但对于财务部门例外 |
| 运营表单 | 从最核心的几张表单，逐步拓展到十几张表单，最后拓展到其他应有表单，不要一步到位，一是浪费，二是影响效率 |

公司化运营流程与规范的三分法，具体如表 40－4 所示。

**表 40－4　公司化运营流程与规范的三分法**

| 【基础篇】 | 【中级篇】 | 【高级篇】 |
| --- | --- | --- |
| 经销商都做了基本工作，但科学性欠佳，该篇致力于使其规范化 | 有些内容，有些经销商没做，有些经销商在做但效果千差万别，该篇首先致力于教他们如何做、如何有效地做，然后才是规范 | 该部分是团队型经销商最为困苦的部分，该篇致力于为其提供如何选人、训练人、留住人的高效管理之道、法、术 |
| 1. 上下班管理；<br>2. 店面管理；<br>3. 进销存管理；<br>4. 财务管理；<br>5. 售后管理； | 6. 销售管理；<br>7. 导购规范；<br>8. 家装渠道开发与维护；<br>9. 异业联盟开发与维护；<br>10. 推广管理；<br>11. 促销管理； | 12. 组织建设；<br>13. 人员招聘；<br>14. 人员培训；<br>15. 考核激励；<br>16. 会议管理 |

表 40－5 为团购流程指南的事例，供参考。

表 40－5 团购流程指南

| 实操流程 | 团购促销方案制定 | 集客方案与集客实施 | 摆场氛围营造 | 活动宣讲与导购 | 总结与跟进 |
|---|---|---|---|---|---|
| 关键点说明 | 1. 不同的活动目的适宜采取不同的手段；<br>2. 促销主题如何拟定；<br>3. 如何设置促销利益 | 1. 平时未成交顾客登记；<br>2. 精准名单收集（小区、异业联盟、广告发放）；<br>3. 三次高效邀约（电话、邀请函、短信） | 1. 宣传物料；<br>2. 冷餐；<br>3. 音响；<br>4. 价格牌 | 1. 总部官方文件、稿件；<br>2. 主持人的情绪；<br>音乐；<br>3. 反复且紧迫感的播音；<br>4. 成交顾客的播报 | 1. 怎么做总结；<br>2. 未成交如何跟进 |
| 实操工具 | 《促销方案制作模板》<br>《促销方案检测表》<br>《团购进度表与分工》 | 《集客登记表》 | 《摆场物料清单及检查表》 | 《现场操作流程表》<br>《宣讲标准稿》<br>《音乐目录》<br>《应急问题处理参照表》 | 《活动总结表》<br>《未成交顾客跟踪表》 |
| 图演 | 各流程及关键点的实景图（图片或视频），略 | | | | |

**3. 机制建设**

机制建设是激活组织和运营的灵魂所在，很多公司化运营都忽视了这一点，从而将工作变得很零散、僵化、缺乏生命力。这里的机制包括决策机制、竞争机制、分配机制、成长机制、人才机制和管控机制，具体说明如表 40－6 所示。

表 40－6 机制建设的内容和说明

| 内容 | 说　明 |
|---|---|
| 决策机制 | 是独断，还是中层参与，还是基层代表参加，根据不同的事项来定 |
| 竞争机制 | 凡事可以 PK 的，全部 PK；既做个人 PK，也做小组 PK；公平公正、奖罚分明 |
| 分配机制 | 固定薪酬、提成或计件工作、奖金、分红，根据不同岗位、不同贡献和忠诚度来定 |
| 成长机制 | 包括如何做人员培训、人员提拔（提名还是公开竞聘），成长空间机制如何设置 |

续表

| 内容 | 说　　明 |
| --- | --- |
| 人才机制 | 如何吸引人才、留住人才。 |
| 管控机制 | 如何让人员可控、事情可控、财务可控、信息可控。 |

公司化的课题比较大，本文只是对核心的部分点到为止，非核心的部分已在其他篇章中予以论述，读者可参阅。

# 四十一、几张重要的管理表格

如果严格按照公司管理的要求，公司要用到的表格少则上百个，多则上千个。如果经销商这么操作，肯定疯了。千头万绪时，一定要做抓手。具体到表单上，我们务必要抓住核心的那几张表。本文特列出六张重要表单，供经销商朋友参考。

## （一）日报表

日报表，如表 41 –1 所示。

**表 41 –1　日报表**

<table>
<tr><th colspan="6">日报表</th></tr>
<tr><td>汇报日期</td><td></td><td>汇报人</td><td colspan="3"></td></tr>
<tr><td colspan="2">今日工作实录</td><td>问题</td><td>建议</td><td>纵向沟通</td><td>横向沟通</td></tr>
<tr><td rowspan="4">今日总结</td><td>1</td><td></td><td></td><td></td><td></td></tr>
<tr><td>2</td><td></td><td></td><td></td><td></td></tr>
<tr><td>3</td><td></td><td></td><td></td><td></td></tr>
<tr><td>4</td><td></td><td></td><td></td><td></td></tr>
</table>

续表

| 日报表 | | | | | |
|---|---|---|---|---|---|
| 明日计划工作描述 | | 预期结果 | 准备工作 | 纵向沟通 | 横向沟通 |
| 明日计划 | 1 | | | | |
| | 2 | | | | |

备注：

1. 该表可以让管理者大体知道员工在做什么。

2. 该表可以让员工有种紧迫感，推动他们没事的时候找事做，否则报表不好看，没法交代。

3. 最重要的是该表可以将每名员工的工作状态和条理性给梳理出来，从而提升员工做事效率。比如，有的员工做事情埋着头做，不和上下级或同事沟通，该表特别增加了这两项，推动他们做事沟通起来。有的员工只做流水账，从来没有问题和建议，这就说明他缺乏思考。人如果做计划，预期结果不明，那这事就基本不靠谱了。或者有了计划，没有做准备，那效率就可想而知了。所以该表堪称高效管理和执行的第一报表。

4. 该表可以转化为周报表、月报表，具体如表 41－2 所示。

**表 41－2　周/月报表**

| 周/月报表 | | | | | |
|---|---|---|---|---|---|
| 汇报日期 | | 汇报人 | | | |
| 今日工作实录 | | 问题 | 建议 | 是否按时完成 | 完成质量 |
| 本周总结 | 1 | | | | |
| | 2 | | | | |
| | 3 | | | | |
| | 4 | | | | |
| 明日计划工作描述 | | 预期结果 | 准备工作 | 完成时间 | 所需协助 |
| 下周计划 | 1 | | | | |
| | 2 | | | | |

## （二）销售进度与 PK 表

销售进度与 PK 表，如表 41－3 所示。

**表 41－3　销售进度与 PK 表**

| 销售进度与 PK 表 | | | | | | | | | | | | | |
|---|---|---|---|---|---|---|---|---|---|---|---|---|---|
| | 目标任务 | 1 | 2 | 3 | 4 | 5 | … | 28 | 29 | 30 | 31 | 累计完成 | 完成率 |
| 小组1 | 顾客接待 | | | | | | | | | | | | |
| | 上门测量 | | | | | | | | | | | | |
| | 销量 | | | | | | | | | | | | |
| | 销售额 | | | | | | | | | | | | |
| 小组2 | 顾客接待 | | | | | | | | | | | | |
| | 上门测量 | | | | | | | | | | | | |
| | 销量 | | | | | | | | | | | | |
| | 销售额 | | | | | | | | | | | | |
| 小组3 | 顾客接待 | | | | | | | | | | | | |
| | 上门测量 | | | | | | | | | | | | |
| | 销量 | | | | | | | | | | | | |
| | 销售额 | | | | | | | | | | | | |
| PK 结果 | | | | | | | | | | | | | |

备注：

1. 这张表既是进度表，也是 PK 看板表。

2. 该表不仅只关注销售额和销售量这些终极指标，也关注了接待量和测量量等过程指标，具体可根据自己的业务开展模式设置自己的过程指标。

## （三）顾客跟踪表

顾客跟踪表，如表 41 －4 所示

**表 41 －4　顾客跟踪表**

<table>
<tr><td colspan="11">顾客信息及沟通记录表</td></tr>
<tr><td>顾客姓名</td><td colspan="2">顾客电话</td><td>小区名称</td><td>房间号</td><td>户型</td><td colspan="2">面积</td><td colspan="2">产品需求</td><td>意向系列</td></tr>
<tr><td></td><td colspan="2"></td><td></td><td></td><td></td><td colspan="2"></td><td colspan="2"></td><td></td></tr>
<tr><td>装修进度</td><td>装修风格</td><td>装修单位</td><td colspan="8">已装修材料品牌</td></tr>
<tr><td></td><td></td><td></td><td colspan="8"></td></tr>
<tr><td>沟通时间</td><td>沟通地点</td><td>沟通方式</td><td colspan="4">沟通记录</td><td colspan="2">下一步工作计划</td><td colspan="2">店长评语</td></tr>
<tr><td></td><td></td><td></td><td colspan="4"></td><td colspan="2"></td><td colspan="2"></td></tr>
<tr><td></td><td></td><td></td><td colspan="4"></td><td colspan="2"></td><td colspan="2"></td></tr>
<tr><td></td><td></td><td></td><td colspan="4"></td><td colspan="2"></td><td colspan="2"></td></tr>
</table>

备注：

1. 根据产品所处的装修阶段，请自行调整表格内容。

2. 该表格的信息一般无法一次填全，需要在多次沟通中确认。

3. 店长根据该表单可以了解导购的销售状态和跟进状态，适时做出针对性指导。

4. 针对特殊顾客，尤其是单量大金额高的，可以考虑组成公关小组进行集体研讨对策。

## (四)店面形象督导表

6S 终端维护管理检查表，如表 41 –5 所示。

**表 41 –5　6S 终端维护管理检查表**

| 检查日期：　　　　检查人： | | | |
|---|---|---|---|
| 整理、整顿、清扫、清洁 | | | |
| **观察点** | **1. 外围环境清洁** | 是/否 | 意见 |
| 细项 | 外部灯饰、灯箱或指示牌有积垢 | | |
| | 停车场、客户通道、绿化景观、人行道或垃圾箱是不清洁的 | | |
| | 垃圾房、外部垃圾箱及其区域有异味或有积垢 | | |
| | 建筑物外部有积垢 | | |
| | 外部门窗有积垢 | | |
| **观察点** | **2. 陈列区及服务区清洁且舒适** | 是/否 | 意见 |
| 细项 | 服务、陈列区的墙面、地面、地毯、下水道或踢脚板有积垢 | | |
| | 服务、陈列区的天花板、通风口或风扇有积垢 | | |
| | 装饰物、窗帘、百叶窗和桌布有积垢 | | |
| | 陈列产品积垢 | | |
| | 饰品积垢 | | |
| | 灯具积垢 | | |
| **观察点** | **3. 洗手间清洁且相关物品存放整齐** | 是/否 | 意见 |
| 细项 | 洗手间墙面、门、地面、踢脚板、柜子或下水道有积垢 | | |
| | 洗手间天花板、通风口、照明设备或风扇有积灰 | | |
| | 洗手间上下水管、设备不清洁或有污渍 | | |
| | 擦手纸、烘手机、卫生纸或洗手液没有供应 | | |
| | 洗手间装饰物品积垢 | | |

续表

| 检查日期： 检查人： | | | |
|---|---|---|---|
| **观察点** | **4. 服务台清洁且相关物品存放整齐** | 是/否 | 意见 |
| 细项 | 服务台没有工作外物品 | | |
| | 文件分类并整齐叠放 | | |
| | 电脑摆放整齐且没有积垢 | | |
| | 打印机摆放整齐且没有积垢 | | |
| | 备用表单定位有专人管理并存放 | | |
| | 有专人负责收银并符合财务安全 | | |
| **整理、整顿、清扫、清洁** | | | |
| **观察点** | **5. 维护良好** | 是/否 | 意见 |
| 细项 | 外部环境或绿化景观需要维护或进行维修 | | |
| | 外部垃圾箱功能不良好，没有盖或需要更换 | | |
| | 人行道或停车场需要维修 | | |
| | 大型垃圾桶或垃圾房/区域维护不良好或需要重新油漆 | | |
| | 外部灯箱或指示牌是破损、褪色或不亮的 | | |
| | 屋顶，建筑物，附属建筑物需要重新油漆或维修 | | |
| | 屋顶有渗漏至建筑物内部或入口厅堂 | | |
| | 招牌需要维修或招牌灯不亮 | | |
| | 外部门窗或框架有破损 | | |
| | 服务区或陈列区的墙面、地面、下水道或地毯功能不正常或需要维护 | | |
| | 服务区或陈列区的天花板、照明设备、通风口或风扇维护不良好或需要维修 | | |
| | 洗手间需要维修或重新油漆 | | |
| | 洗手间的马桶、便池或洗手台运作不正常，需要维修 | | |
| | 专卖店内存在安全危害因素 | | |

续表

| 检查日期： | 检查人： | | |
|---|---|---|---|
| **观察点** | **6. 企划物品陈列正确且维护良好** | 是/否 | 意见 |
| 细项 | 促销用品未被正确张贴，有损毁或手写；过时的企划物品未被撤走 | | |
| | 菜单箱或 DM 是过期的，需要维修或有手写痕迹 | | |
| | 张贴物有脱落或损坏 | | |
| | 没有正确张贴或使用标准电话用语或产品促销的相关资料 | | |
| **安全** | | | |
| **观察点** | **7. 消防安全** | 是/否 | 意见 |
| 细项 | 消防指示牌 | | |
| | 消防指示牌 | | |
| | 消防工具 | | |
| | 员工消防工具使用 | | |
| | 消防疏散图 | | |
| | 消防通道 | | |
| **观察点** | **8. 人员安全** | 是/否 | 意见 |
| 细项 | 安全意识宣导 | | |
| | 安全维护知识 | | |
| | 设施安全维护 | | |
| **观察点** | **9. 财产安全** | 是/否 | 意见 |
| 细项 | 开店、关店安全 | | |
| | 财务制度 | | |
| | 收银制度 | | |
| | 货物盘点 | | |

续表

| 检查日期： 检查人： | | | |
|---|---|---|---|
| 素养 | | | |
| **观察点** | **10. 工具准备与制度建立** | 是/否 | 意见 |
| 细项 | 是否制定整理制度 | | |
| | 是否制定各区域整顿要求 | | |
| | 清洁工具（抹布、水桶、扫把、簸箕、拖把）是否定位并提供 | | |
| | 是否建立工具的更换和使用规范 | | |
| | 是否建立清洁制度和流程 | | |
| | 人员是否分工，并明确工作内容 | | |
| | 是否建立6S相关的激励政策 | | |
| | 是否建立6S相关的监督政策 | | |
| **观察点** | **11. 制度宣导与培训** | 是/否 | 意见 |
| 细项 | 门店有没有宣导6S制度和制定的流程 | | |
| | 门店在晨会上对于6S的执行是否有要求和强调 | | |
| | 门店在总结会上对于6S的执行是否有总结（认同和批评） | | |
| | 门店有没有执行员工训练计划 | | |
| | 6S的培训效果是否有评估 | | |
| **观察点** | **12. 制度执行** | 是/否 | 意见 |
| 细项 | 员工能否判别自己区域要与不要的物品 | | |
| | 员工是否能正确整顿包干区域 | | |
| | 员工能否正确使用工具 | | |
| | 员工是否清楚清洁要求和清洁频率 | | |
| **观察点** | **13. 检查与督导** | 是/否 | 意见 |
| 细项 | 员工的工作职责是否清晰 | | |
| | 员工的工作流程是否清晰 | | |
| | 相关负责人是否进行巡检 | | |
| | 相关负责人有没有辅导员工的行为 | | |
| | 监督与惩罚制度是否实施 | | |

## （五）固定资产统计表

固定资产统计表，如表41－6所示。

**表41－6　固定资产统计表**

| 固定资产管理表 | | | | | | | | | | | | | | | | |
|---|---|---|---|---|---|---|---|---|---|---|---|---|---|---|---|---|
| 序号 | 资产编号 | 资产名称 | 资产单位 | 资产数量 | 规格型号 | 采购价格 | 采购时间 | 质保期 | 采购地址 | 供应商 | 供应商联系电话 | 采购人 | 采购人联系电话 | 存放地点 | 使用人 | 盘点情况 |
| 1 | | | | | | | | | | | | | | | | |
| 2 | | | | | | | | | | | | | | | | |
| 3 | | | | | | | | | | | | | | | | |
| 4 | | | | | | | | | | | | | | | | |
| 5 | | | | | | | | | | | | | | | | |
| 6 | | | | | | | | | | | | | | | | |
| 7 | | | | | | | | | | | | | | | | |
| 8 | | | | | | | | | | | | | | | | |
| 9 | | | | | | | | | | | | | | | | |
| 10 | | | | | | | | | | | | | | | | |
| 11 | | | | | | | | | | | | | | | | |
| 12 | | | | | | | | | | | | | | | | |
| 13 | | | | | | | | | | | | | | | | |
| 14 | | | | | | | | | | | | | | | | |
| 15 | | | | | | | | | | | | | | | | |
| 16 | | | | | | | | | | | | | | | | |
| 17 | | | | | | | | | | | | | | | | |
| 18 | | | | | | | | | | | | | | | | |

备注：盘点情况为“记录最近的盘点日期、盘点人、盘点问题”。

## （六）促销管控表

促销管控表，如表 41－7 所示。

**表 41－7　促销管控表**

<table>
<tr><th colspan="9">促销活动落地执行方案</th></tr>
<tr><td colspan="2">销售额目标</td><td colspan="7"></td></tr>
<tr><td colspan="2">销量目标</td><td colspan="7"></td></tr>
<tr><td colspan="2">登记目标</td><td colspan="7"></td></tr>
<tr><td colspan="2">测量目标</td><td colspan="7"></td></tr>
<tr><td colspan="2">样板参观目标</td><td colspan="7"></td></tr>
<tr><td colspan="2">售卡目标</td><td colspan="7"></td></tr>
<tr><td colspan="2">活动方案</td><td>工作要求</td><td>准备工作</td><td>准备时间</td><td>完成时间</td><td>负责人</td><td>监督人</td><td>奖惩办法</td></tr>
<tr><td>产品</td><td>主推产品及备货</td><td></td><td></td><td></td><td></td><td></td><td></td><td></td></tr>
<tr><td rowspan="2">物料</td><td>厂家物料及用途</td><td></td><td rowspan="2"></td><td rowspan="2"></td><td rowspan="2"></td><td rowspan="2"></td><td rowspan="2"></td><td rowspan="2"></td></tr>
<tr><td>自主物料清单及用途</td><td></td></tr>
<tr><td rowspan="4">促销出样</td><td>促销品出样位置</td><td></td><td rowspan="4"></td><td rowspan="4"></td><td rowspan="4"></td><td rowspan="4"></td><td rowspan="4"></td><td rowspan="4"></td></tr>
<tr><td>促销品陈列</td><td></td></tr>
<tr><td>饰品陈列</td><td></td></tr>
<tr><td>价签</td><td></td></tr>
<tr><td rowspan="3">临促招募</td><td>人数</td><td></td><td rowspan="3"></td><td rowspan="3"></td><td rowspan="3"></td><td rowspan="3"></td><td rowspan="3"></td><td rowspan="3"></td></tr>
<tr><td>来源</td><td></td></tr>
<tr><td>薪资</td><td></td></tr>
</table>

续表

| | | | | | | | | |
|---|---|---|---|---|---|---|---|---|
| 人员培训 | 培训人数 | | | | | | | |
| | 培训内容 | | | | | | | |
| | 培训方式 | | | | | | | |
| 店面氛围 | 卖场 | | | | | | | |
| | 店门 | | | | | | | |
| | 橱窗 | | | | | | | |
| | 店内 | | | | | | | |
| 广告投放 | 媒体广告 | | | | | | | |
| | DM 单 | | | | | | | |
| | 短信 | | | | | | | |
| | 其他 | | | | | | | |
| 小区推广 | 是否做小区推广 | | | | | | | |
| | 小区名称 | | | | | | | |
| | 推广方式 | | | | | | | |
| 顾客 | 邀约对象 | | | | | | | |
| | 邀约方式 | | | | | | | |
| 人员 | 激励对象及激励方式 | | | | | | | |
| 活动 | 宣贯对象 | | | | | | | |
| | 宣贯内容 | | | | | | | |
| | 宣贯方式 | | | | | | | |
| | 宣贯地点 | | | | | | | |
| 其他 | | | | | | | | |

备注：具体可根据促销方案对该表格进行补充和删减。

# 四十二、电影里的营销与管理智慧

营销无处不在，营销就是讲故事。最典型的莫过于电影的讲故事。这是我多年前写的对电影《美国黑帮》的感悟。营销、管理所有的理念和手法，都在其中了，具体内容如下。

土匪的逻辑是商业的，商业的逻辑是土匪的。一是因为它们都与金钱相关，二是因为它们都与男人相关。当男人征服男人的时候，战争开始了。

## （一）对于真正的商人而言，任何片子都是商战片

据科学家发现，即使是猿类也对供求关系有着极其敏锐的感知。这意味着什么？这意味着我们在成为人类之前便已经是商人了。既然都是商人，便有境界之分。对有些人来说，生意仅仅是一种谋生手段；而对另外一些人来说，生意成了他们固有的生活方式和天然的阅读视角。李嘉诚能从童话故事里悟出商业的玄机，广告策划人在笑完《卖拐》之后竟然参透了忽悠的智慧。那么，他们观看《美国黑帮》会觉得它是一部惊心动魄的警匪片，还是一部经典的商战片呢？

## （二）黑帮老大也有感恩节

影片是这样开场的，弗兰克——黑帮老大踱豪的司机（丹泽尔·华盛顿饰演）悠然地点燃一支雪茄，然后，将打火机扔到了满脸是血、泼满汽油的人身上，在其痛苦倒地后，接着恶狠狠地连补了三枪。黑帮老大踱豪在火堆前表现出了一个老大应有的沉稳与冷酷。镜头一转，黑

帮老大正在给穷苦的大众分发食物，于是，凶神恶煞的老大转瞬间变成了乐善好施、代表大众的人。

在商场上，对手大都想置你于死地，不是吗？哪怕他们暂时还没有这个攻击能力，哪怕它要与你一同做大整个蛋糕，但他们始终期待这场好戏。捆绑、殴打、火烧、枪击，这符合他们的游戏规则，就像我们发动一轮又一轮进攻性或防御性的大型促销一样。

至于黑帮老大分发食物，则属于典型的而且是相当精彩的公关活动。为何公关？说到底就是为了维护、开拓和发展自己周边的生产关系，为自己的发展建立良好的成长环境。在这层意义上，企业家没有理由不是环保主义者。企业家可以在电视台打广告，但跛豪不能在任何一家报纸上声明自己是哈莱姆地区的黑帮老大。他只有公关，而且他非常清楚地知道他要公关的对象是哈莱姆的穷人；他非常清楚地知道他们需要的是可以充饥的食物；他非常清楚地知道他需要在什么时候什么地点开展活动；他清楚地知道他不需要媒体的参与以及舞台、海报、易拉宝，甚至红地毯与礼仪小姐，他只需要一辆拉着食物的货车并由他亲自抛掷；他更清楚地知道他为此付出的代价极小，收获却颇丰，不但可以获得当地人的支持，甚至还可能会在法庭上派上用场（我有哈莱姆区的支持，我关照它，它也会关照我）。当然，他公关的对象还有他的天敌——警察，感恩节这样的日子，当然不可以错过，但只能够走暗线，而不能拿到台面上来，只公关不活动。如此完美的公关活动，比起那些不知为何公关、创意极佳却无法执行的公关活动，不知要好上多少倍！

## （三）分清敌我之后，就去遛狗吧

当旧格局不能适应新形势发展的时候，旧格局的主导者注定要离场，于是跛豪死了，留下一句“你想弯弓，却找不到靶子”的感慨。旧的格局已经破碎，新的格局还未建立，谁会在重新洗牌之际成为新的老大？作为跛豪的司机及得力助手的“我”是否有机会呢？几经观察，发现确实已经没有几个人把我当根葱了，既然如此，那我还是逗狗去吧。

机会，老大死了，每个人都在各自为战，没有哪一个占据绝对优势，一片混乱，谁都可能成为下一个老大。

威胁，以前走在街上，没人来烦我，那是因为跛豪在那儿镇着。现在，我一方面面临着毒品断货的危险，另一方面遭遇着地头蛇的不断敲诈。

优势，在跛豪葬礼的宴会上，有一个人支持我，但充其量只是精神上的鼓励和道义上的支持。我唯一的优势或许就是给跛豪做了 15 年零 8 个月的司机，得到了他的真传，学会了他的冷静和敏锐。

劣势，几乎全部都是劣势。

我坚信，每个人在这世界里都有自己的定位。非此即彼，要么你是个人物，要么你什么都不是。无论危险有多大，这是我翻牌的机会，既然这次机会让我撞上了，我就不能等待第二次机会。把每一根稻草都当成最后一根稻草，虽然傻子也有年轻的时候，但这是“傻根”都明白的道理。

## （四）是鸡蛋，就笑着面对石头

看清形势后，还来不及找到出路，年轻的地头蛇强纳森，外号探戈，便来找茬了。

——你没有看到罐子吗，弗兰克？我想你视而不见地走过去了。交钱罐子，弗兰克，你觉得我该怎么做？在上面写个标示吗？弗兰克，116 街不再是跛豪的了，现在他在哈莱姆没有不动产了。现在我是地主，地租是 20%。别再卖毒品了，弗兰克，找一个体面的工作。要我帮你找一个吗？弗兰克？那不是你想要的吗？过来替我工作。你可以替我开车，帮我开门。“是，先生”，“不敢，先生”，“马上去办，先生”，“如你所愿，强纳森主人”！

——20%，我的利润只有20%，探戈，如果我交给你，我剩什么？没了。20%足够让我跟我所有的兄弟失业。有更合理的解决事情的方法，探戈。就算跛豪也没有拿20%地租。

——跛豪已经死了！

听了这句话，你是否想和他对抗？他钱多，人多，枪多，根本无法对抗。继续讲价？他明显是在逼我出局，根本没有谈判的余地。出局了，这里的热闹就再也不属于我了，只要我不离开赌桌，我就还有希望，就像中国一个叫马云说的那样“只要我不放弃，就不能说我失败，最大的失败就是放弃”。这些分析在我的左脑里仅仅花了1.03秒钟的时间。于是我决定保持微笑（这种微笑只有在我面对妈妈和胜利时才会出现），从口袋里掏出兄弟们冒着生命危险赚到的钱，一张放在杯底，用来买单，一张放在桌子上，同时非常礼貌地对这位爷说“我的伙计，20%”。“医生，我们走！”我唤上我的手下，仿佛什么都没发生似地离开了酒吧。但我知道，强纳森一定在怀着一种吃惊的失望，而我的狗也在门口恭候我多时了。

## （五）像福尔摩斯一样寻找机会

我一直寻找困境中的出路，任何人，哪怕是死人，他在任何地方说过的任何话，只要进入我的耳朵，都会被我自觉地筛分为有用信息和无用信息。我就像福尔摩斯一样，在不可能处寻找可能。或许我比福尔摩斯还福尔摩斯，因为我不仅是被雇佣者，还是雇佣者和被害者。

既然我既不准备抢路人也不准备抢银行，还要大把大把地赚钱，那就只有卖东西了。隔行如隔山，除了对毒品了解之外，好像也没有别的太好的项目。那我就要对我的产品进行一下调研。

当地市场，主体市场被警察控制，警察抓我们的人，拿我们的货，然后以销毁的名义取出，再卖给我们。渠道安全，但供应量不稳定。

产品特点，缺点是警察卖的这些东西质量越来越美了，优点是他们开价不错。

调查方法，毒品加工基地第一负责人“红辣椒”；经业内得知，市场控制人的经营理念是“浓度能测出来就行了，少一点，再少一点”；专业检测，加工之前的产品平均浓度仅为 30% ~45%。

结论，谁能找到优质货源，谁能开拓出新的运输渠道，谁就会赢得市场，谁就会在新的格局中脱颖而出，占据领导者地位。

优质货源在哪里？有时候我们真应该仔细倾听一下消费者的心声。瘾君子克劳德到越南一趟，就让他如此感慨“内特在曼谷，我想他不想回来了” “我本不想说的，但是越南那边的货，可是非常的纯净”……看到了吧，出路就在消费者的抱怨里。

新的运输渠道在哪里？所有的信息都是为有心人准备的。这时我听到了一则广播，全文如下，越南的毒品问题，目前已不仅限于大麻，据估算，驻越美军中约有 1/3 的官兵，正在吸食鸦片及海洛因。官方称他们已经缴获了大量的大麻、海洛因和迷幻药，所有人及车辆在经过海关时都必须要经过严格的检查……在许多地方，比如说曼谷和西贡以及两国的其他休闲场所，大兵们都能买到毒品。官员们指出，价格低廉、纯度高的海洛因在西贡河远东地区随处可得。一场吸毒瘟疫正在美军中蔓延。

从这则广播里，你听出了什么？

得到新信息是质优，还价廉；信息背后的信息，为什么管理最严的军队，竟然有 1/3 的官兵在吸食鸦片，意味着军队管理混乱了，一定有机可乘。车辆检查，飞机呢？活人检查，那死人呢？渠道出来了，借用军用飞机运送美军尸体的棺材运输毒品。这一绝妙的创意，即使与世界上任何一个伟大的策划大师的杰作相比也不会逊色。

进货量少，越南的厂商根本看不上；量大了，那就要拿出全部身家。投入如此之大，风险如此之高，让谁去，我也不放心啊，必须亲自跑一趟。我发现我越来越像个商人，而不是毒枭了。

## （六）这个不用你操心

越过毒蛇、老虎、政府军和丛林，来到了毒品货源地。开展了一场简短但相当精彩的商业谈判，这可是客场，对方随时可以拿了我的全部家当，顺便要了我的命。

我把钱堆在对方老大的面前，然后以一个老大应有的冷静沉稳，眼睛不眨一下地盯着对方，沉默不语。对方老大打开我的护照，沉默片刻，放下护照，谈判开始。

——你怎样把货运进美国？

——这个不用你操心。

——你在美国替谁工作？

——这个也不用你操心。

——你到底是谁？

——弗兰克·卢卡斯，我的护照上写得很清楚。

——我想问，你代表谁？

——我！

——你以为，没人罩着你，把100公斤海洛因带回美国，会没人阻挠？

——YES！

——假设这次交易以后，你没有被马塞帮的买家和他们在美国的人干掉，然后呢？

——然后会有更多的交易，我保证。如果你放心，我就不用自己跑到这来了。

——当然不用。

然后，友好握手，彼此一笑。

这就是谈判。没有一句废话，每一句话都是抛向对方心窝子的炸弹，让对方产生我想让他联想到的联想。我在来泰国的飞机上，便已猜测出来对方的所有问题，并在昨天晚上最终确定了应对话术。比如，在回答对方“你怎么把货运进美国”的问题时，先前我有四个答案，一是“商业机密，恕不奉告”，二是“我自有办法”，三是“不管你的事”，四是“你知道得越少，越安全”，反复斟酌，都给 pass 掉了，足足用了两个半钟头才挤出了自己较满意的一句“这个不用你操心”，它既避免暴露机密，也可以给对方一个下马威，彰显自信和实力，还仿佛让对方更省心了似的。昨晚关灯前，我还在回答“你到底是谁”的问题上，在“弗兰克·卢卡斯”的后面追补了一句“我的护照上写的很清楚”，因为我觉得如果以连续的四个短句回答对方的四个长句，就显得自己有点儿过分了，会引起对方心理上的反感。有了这些修改，我昨晚睡得很香。

今天，在来这里的竹筏上，别人都以为我在看风景，其实我在无声地背台词。因为我的信念是，在谈判桌上，没有随机应变，只有有备而战，那些看上去没有准备的天才往往准备了一辈子。

当然，我的策划不仅如此，在运输环节上，我还好好地策划了我的兄弟内特一把。内特告诉我“五万就能搞定飞行员，还有在另一头的兄弟”。我告诉他“给他们十万”！他还在坚持，仿佛是在为我省钱似的“五万就能搞定”。我感到了事情可能不妙的一面，严肃而掷地有声的告诉他“给他们十万，全部给他们”！与多出的五万相比，我的全部身家当然更重要，同时我也知道，即使兄弟不私扣这批货，也极有可能自以为是地把我多给飞行员的五万中饱私囊，我以亡命之徒的语气温和地告诉了对方事情的严重后果，“这是我的全部身家。如果这批毒品因任何问题没运到，内特，你知道，我很忙，我不想参加任何人的葬礼。”

在我的经历中，如果还有一个人的谈判能力比我强，我会说是里奇警官，就是那个最终把我送进牢房的家伙。当我问及“你能承诺我什么”时，里奇的回答是：“我可以保证，只要你隐瞒一个名字，你就再也不会从监狱里出来了；只要你隐瞒一块钱，一个海外户头，你就再也不会从监狱里出来了；这就是我能保证的。”这就是一开始认为“人类最大的恐惧并不是来自死亡，而是在公共场合演讲”的里奇，这就是“不想这样下去，我要战胜自己”的里奇。而与他的那次对决，我没有草稿，于是我一败涂地。

## （七）蓝色魔幻就像百事可乐，是个品牌

我并没有将曼谷运来的毒品简单加工后起名为“1 号、5 号”或者“棕色糖、白龙珠”什么的往外卖。我给它起了个浪漫的名字“BLUEMAGIC”（蓝色魔幻）。它不但诗意，还确有出处。据说检测毒品纯度的时候，越蓝表明纯度越高，质量越好；魔幻，则直接表明毒品的迷幻作用，极乐感更强。蓝色魔幻，一个足以让瘾君子们兴奋无比的名字，我想单纯这个名字，就可以火上一阵子。在给蓝色魔幻设计了标准字体之后，我还给它设计了一个蓝色小袋包装，如果能够加个广告的话，我想是“蓝袋的、魔幻的”。由于我掌握了货源优势，也就掌握了成本优势，我决定以“一半价格卖两倍好的东西“的定价策略大面积冲击市场，彻底击碎主要竞争对手的软肋。

终于上市了，通过我在一线的调研，那是相当的火，没过多久就把我送到了新格局领导者的地位。后来，我发现一个分销商尼基竟然把我的蓝色魔幻稀释到2% ~3%后再出售，面对品牌诞生以来最大的危机，我决定找到这个贪婪的家伙认真地谈一次。

——你瞧，品牌，品牌是有意义的，明白吗？蓝色魔幻是个品牌，就像百事可乐是个品牌一样。我站在这品牌背后保证它的质量。他们知道这个品牌，尽管他们不知道我，就像不知道通用磨坊的老总一样。我要说的是，你把我的毒品混稀了。你还管它叫蓝色魔幻，那就是商标侵权，明白我说什么吗？

——我买了什么，那就是我的。

——那样的话我必须坚持要你改名。

——我无所谓，弗兰克，我可以管它叫红色魔幻，尽管叫起来没那么好听。

——我他妈不管你叫它什么，你可以放个脖套上去，管他叫蓝色狗屎。你懂不懂，我不管你叫它什么，不要让我再抓到你。

后来，这个“品牌盲”真的改名为“红色魔幻”了，不过销量却一落千丈。以至于不再稀释的“红色魔幻”也迟迟不见起色。后来终于向我索要蓝色魔幻的使用权来了。对不起，那就要按我的规矩玩牌了，他知道一旦违规了，我就会断了他的货。

## （八）永远不要忘了自己从哪里来

我一直坚信，做生意最重要的是诚实、正直和勤奋，还有永远不要忘了我们从哪里来。如果我与后来抓我进牢房的里奇有所区别的话，那就是，我更注重家庭。我成功后第一件事，就是给我一直生活在贫民窟的妈妈和亲戚在纽约买了个白宫般的别墅，并让工匠精心重现了我 5 岁时妈妈最喜爱的家具和饰品（5 岁后我就出来闯荡了）。我只谈过一次恋爱，她成了我的妻子，即使在她犯了重大错误时，我也没有对她大发雷霆。这一点我和后来抓我坐牢的里奇警官不同，我钦佩他是个正直的人，他能够将没有登记的上百万美金（70 年代的啊）上交并紧紧抓着我这个全美最大的毒枭不放，但他的家庭生活却是糟糕的。他竟然在和妻子离婚的法庭上，挑衅他的女律师：“楼上有个休息室。”

## （九）他们以为我忘了，但我一定会拿回来

这句话，我曾经说过两次，一次是在跛豪葬礼的宴会上，是对支持我的老朋友说的。一次是面对在逼迫我交纳 20% 地租的强尼森说的。你没有听到，因为我只对我说的。后来，我与他再次遭遇，我决定拿回属于我的东西。

——我的钱呢？红辣椒把货给你了。你应该把钱给我，我要分一杯羹，百分之二十。

——你他妈的想干什么，弗兰克？恩？

我掏出枪，枪口指着地头蛇的头，微笑着。

——得了吧，难道你要在大街上，这么多人面前杀了我？

砰！枪响了。干脆利落，我当然知道所有人惊呆了，但是我的表演还在继续，因为有更多的观众在突然的高潮之后盯着我。

——我只要你20%的利润，多了不拿。

我将他多余的钱放了回去。不管你信不信，这枪声，就在我当年把20%的地租给他放在桌子上的时候就听到了。俗话说：人在江湖飘，哪有不挨刀，一刀两刀三四刀，看你到底能挨多少刀。简言之，出来混总归是要还。

## （十）烧掉女人给你的裘皮大衣

枪打出头鸟，我一向处事低调，谁知唯一的一次张扬，就断送了我的毒枭生涯。那是穿着妻子买的5万美元的裘皮大衣坐在第二排座位上观看阿里拳击赛，阿里赢了，我却输了。重放一下我当年把年轻的混混们拉到镜子面前进行教育的精彩镜头吧：

——你那是什么？你那个，就是你穿的那个！

——这是套非常、非常、非常好的套装。

——这是小丑的套装，是道具服，上面写着“逮捕我吧”。你懂吗？这太显眼了，你太张扬了，看着我，我跟你说，一个屋子里最吵的人，肯定是最弱的那个人。

当然，我的过错不仅仅在于看了一场拳击赛。总结起来我的过错还有如下几点：

在市场方面，对市场走势的敏感度大大降低。创业阶段，我对一个小人物的一句不起眼的话，一个广播里的不起眼新闻都能够保持高度的敏感性，而在后来，虽然电视里面不断地播放越战就要结束的重大专题，我竟然没有丝毫的觉察并以此推断出自己的制胜之本（供货渠道）时刻面临随时断裂的危险，更没有做出任何的防范，探讨其他的出路，只是在最后一班军机起飞之前，急匆匆地将订单空前地扩大到2000千克。

在管理方面，只注重大棒，忘了萝卜。在成功之前，我对合作伙伴是恩威并重，如当我发现贝劳德两兄弟津津乐道内特留在了曼谷不会回来时的羡慕与兴奋时，我感到了团队的危机，主动邀请兄弟到自己的毒品加工厂，由工厂负责人红辣椒亲自免费给他们注射吗啡。当我决定把所有积蓄拿来，去曼谷寻找货源的时候，我仍然不会忘记留一打钱给我的兄弟，并对他说“兄弟，买件新衣服”。但是成功后，我开始只用右手，用右手举枪毙敌于街头，用右手将犯了错误的兄弟的头塞到三角钢琴里猛砸或冲着车玻璃猛撞。高举右手去威胁，却忘了伸出左手去温暖，我成了管理上的独臂人。以至于我的表弟因我的淫威被里奇警官迫降了，成了我身边最危险的内奸。

还记得我的最大的分销商对我所说的话吗？他说：“成功会带来敌人，弗兰克，很多敌人，成功向你开了枪，你要怎么办？杀了成功？你要不成功吗？”这头号的敌人，不是别人，就是膨胀起来的自己。很多企业家都会犯这样的过错，在企业起步时都知道膨胀是可怕的，但真正做起来后，就开始不自觉地犯那些曾经连自己都觉得很傻的过错。别人的枪可以躲，自己向自己开枪，如何躲？

# 附 1：营销价值链模型

以顾客为焦点
以竞争为参考
核心能力
内部协作网络
外部协作网络
价值探索
顾客需求
竞争满足
发现需求的能力
需要怎样的组织和流程
需要怎样的外部资源
价值创造
价值载体
竞争满足方式
实现该价值及其载体的能力
需要怎样的组织和流程
外部资源的合作模式与管理
价值沟通
如何与顾客沟通
竞品价值沟通
与顾客沟通的核心能力
需要怎样的组织和流程
外部资源的合作模式与管理
顾客获取
如何获取顾客
竞品顾客获取
获取顾客的核心能力
需要怎样的组织和流程
外部资源的合作模式与管理
价值交付
如何交付价值
竞品价值交付
价值交付的核心能力
需要怎样的组织和流程
外部资源的合作模式与管理
管理顾客
如何管理顾客
竞品顾客管理
顾客维护与开发的能力
需要怎样的组织和流程
外部资源的合作模式与管理

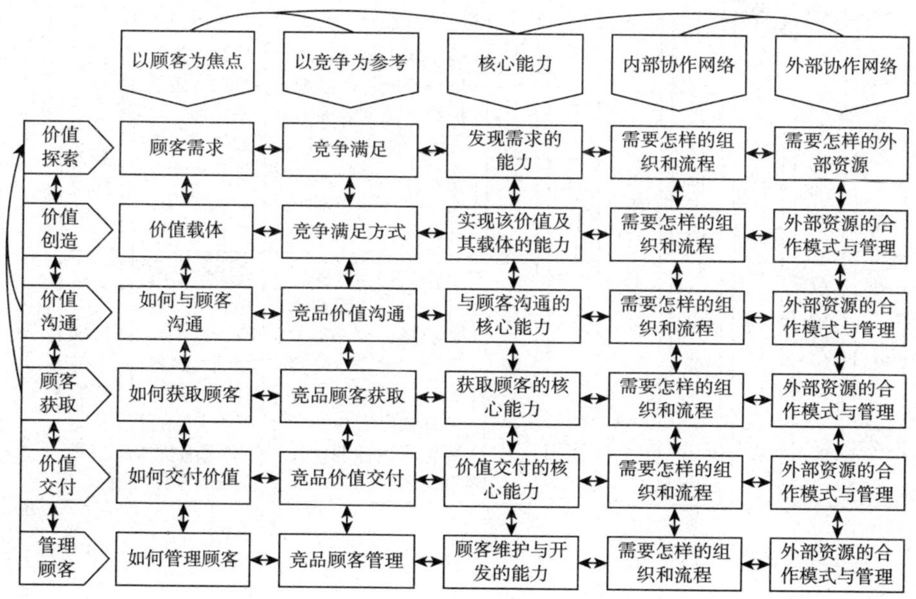

# 附 2：终端抢逼围模型

<table>
<tr><td rowspan="2">我在哪</td><td rowspan="2">我的营业范围是</td><td rowspan="2">营业范围内顾客在哪，购物特点怎样</td><td rowspan="2">营业范围内对手有哪些</td><td rowspan="2">主要对手是谁</td><td rowspan="2">最直接对手是谁</td><td>对手有哪些资源</td><td>对手是怎样抢顾客的（销售渠道；店址；环境；产品和价格；陈列；促销；导购；服务；推广；联盟），哪些方面比较强，哪些方面比较薄弱</td><td>对手组织结构与人员数量和分工是怎样的，是如何吸引店长和导购、如何留用店长和导购的</td><td>对手反应模式是怎样的</td><td rowspan="2">势力范围扩大，客户资源再开发</td></tr>
<tr><td>我有哪些资源</td><td>我应该如何抢顾客（我要进入哪些销售渠道，哪些地方我可以攻击，哪些地方需要规避，哪些地方需要学习，哪些地方需要创新和跳脱）</td><td>我应该如何建立组织结构、建立合理的编制和分工，吸引优秀店长和导购、留住优秀店长和导购</td><td>我应该确定怎样的反应模式</td></tr>
</table>

# 附 3：提升进店率方法参考

| 提升进店率 114 招 | | | | | | | | | | | |
|---|---|---|---|---|---|---|---|---|---|---|---|
| 提升知名度方法 | | 提升美誉度方法 | | 突破位置制约 | | 提升活动吸引力 | | 提升店门口氛围 | | 提前拦截 | |
| 1 | 门头 | 1 | 店内服务 | 1 | 导视系统 | 1 | 8 元抢购 | 1 | 门头包装 | 1 | 定金抵用 |
| 2 | 车体广告 | 2 | 售后快速响应 | 2 | 车接车送 | 2 | 劲爆价 | 2 | 活动广播 | 2 | 小区广告 |
| 3 | 站台广告 | 3 | 售后惊喜计划 | 3 | 车费报销 | 3 | 折扣 | 3 | 音乐氛围 | 3 | 小区摆展 |
| 4 | 路牌广告 | 4 | 顾客俱乐部 | 4 | 人员接待 | 4 | 买赠 | 4 | 舞台搭建 | 4 | 小区扫楼 |
| 5 | 小区广告 | 5 | 顾客联谊会 | 5 | 免费电话 | 5 | 抽奖 | 5 | 歌舞表演 | 5 | 小区讲座 |
| 6 | 小区公益广告 | 6 | 顾客友谊赛 | 6 | 活动吸引力 | 6 | 团购 | 6 | 锣鼓表演 | 6 | 业主论坛推广 |
| 7 | 小区指示牌 | 7 | 顾客沙龙 | 7 | 抵用券 | 7 | 总裁签售 | 7 | 拱门 | 7 | 购买业主名单 |
| 8 | 楼体广告 | 8 | 义卖 | 8 | 做大门头 | 8 | 明星签售 | 8 | 空飘 | 8 | 手机广告 |
| 9 | 电视台标广告 | 9 | 惊喜计划 | 9 | 重新选址 | 9 | 竞拍 | 9 | 竖幅 | 9 | 电话邀约 |
| 10 | 电视字幕广告 | 10 | 公益活动 | | | 10 | 价格竞猜 | 10 | 沿街彩旗 | 10 | 电子抵用券 |
| 11 | 报纸及夹报广告 | 11 | 网络测评 | | | 11 | 内部价 | 11 | 花篮 | 11 | DM 单 |
| 12 | 区域网络搜索 | 12 | 网络口碑 | | | 12 | 抵用券 | 12 | 活动展板 | 12 | 邀请函 |

续表

| 13 | 区域网络问答 | | | | | 13 | 来店有礼 | 13 | 红地毯 | 13 | 会员卡 |
|---|---|---|---|---|---|---|---|---|---|---|---|
| 14 | 业主论坛 | | | | | 14 | 闭店销售 | 14 | 奖品礼品堆头 | 14 | 门口拦截 |
| 15 | 微博推广 | | | | | 15 | 夜场 | 15 | 现场游戏 | 15 | 卖场拦截 |
| 16 | 邮件群发 | | | | | 16 | 店内寻宝 | 16 | 人员招呼 | 16 | 竞争对手附近拦截 |
| 17 | 事件营销 | | | | | 17 | 游戏 | 17 | 组织排队 | 17 | 来客必经之路拦截 |
| 18 | 服务车辆 | | | | | 18 | 登记抽奖 | | | 18 | 建材联盟 |
| 19 | 人员制服 | | | | | 19 | 免费饮食 | | | 19 | 家电联盟 |
| 20 | 安装提示牌 | | | | | 20 | 抽奖免单 | | | 20 | 房企合作 |
| 21 | 单元楼垫 | | | | | | | | | 21 | 房产经纪合作 |
| 22 | 征集活动 | | | | | | | | | 22 | 售楼处拦截 |
| 23 | 扑克标志牌 | | | | | | | | | 23 | 交房晚会赞助 |
| 24 | 标志雨伞 | | | | | | | | | 24 | 交房晚会抵用券发放 |
| 25 | 标志帽子 | | | | | | | | | 25 | 交房晚会节目表演 |
| 26 | 标志气球 | | | | | | | | | 26 | 交房晚会产品试验 |
| 27 | 团体冠名 | | | | | | | | | 27 | 结婚登记处广告 |
| 28 | 赛事冠名 | | | | | | | | | 28 | 团购机构合作 |

# 附 4：提升成交率方法参考

| 提升成交率 62 招 | | | | | | | | | | | |
|---|---|---|---|---|---|---|---|---|---|---|---|
| 品牌满足 | | 产品满足 | | 价格满足 | | 服务满足 | | 犹豫消除 | | 未成交跟踪 | |
| 1 | 卖场美化 | 1 | 产品组合 | 1 | 竞品价格搜集 | 1 | 清洁 | 1 | 限时优惠 | 1 | 电话登记 |
| 2 | 人员着装 | 2 | 产品陈列 | 2 | 定价技巧 | 2 | 音乐 | 2 | 递减优惠 | 2 | 电话跟踪 |
| 3 | 人员礼仪 | 3 | 情景间 | 3 | 标价牌制作技巧 | 3 | 味道 | 3 | 抢购氛围 | 3 | 邀约来店 |
| 4 | 办公用品 | 4 | 实景照片集锦 | 4 | 价格谈判技巧 | 4 | 温度 | 4 | 价格承诺 | 4 | 团购 |
| 5 | 经销授权证书 | 5 | 产品测评资料 | 5 | 赠品体系 | 5 | 休息区 | 5 | 购物榜样 | | |
| 6 | 品牌墙 | 6 | 标准输出 | 6 | 价格承诺 | 6 | 服务表情 | 6 | 敢于催单 | | |
| 7 | 品牌手册 | 7 | 按需专业推荐 | 7 | 付款方式 | 7 | 服务心态 | 7 | 尝试填单 | | |
| 8 | 品牌视频资料 | 8 | 产品讲解 | 8 | 预付款制度 | 8 | 称呼 | 8 | 博取同情 | | |
| 9 | 品牌荣誉证书 | 9 | 产品演示 | 9 | 抵用 | 9 | 赞美 | | | | |
| 10 | 品牌荣誉奖杯 | 10 | 大屏幕数字演示 | 10 | 内部价 | 10 | 互动 | | | | |
| 11 | 品牌照片集锦 | 11 | 邀请互动 | 11 | 会员卡 | 11 | 请求帮助 | | | | |
| 12 | 品牌口碑集锦 | 12 | 竞品对比 | | | 12 | 店内服务项目 | | | | |
| 13 | 品牌网站展示 | 13 | 网络产品展示 | | | 13 | 售后服务项目 | | | | |
| 14 | 代表性工程案例 | | | | | | | | | | |

# 附 5：提升客单值方法参考

| 提升客单值 18 招 | | | |
|---|---|---|---|
| 销售单价 | | 销售面积 | |
| 1 | 产品组合 | 1 | 产品组合 |
| 2 | 产品标价 | 2 | 非出样产品展示 |
| 3 | 价格底线设定 | 3 | 多应用情景展示 |
| 4 | 价格谈判 | 4 | 应用实景图 |
| 5 | 销售激励机制 | 5 | 消费者证言 |
| 6 | 客户消费能力判断 | 6 | 销售让利政策 |
| 7 | 客户说服 | 7 | 销售说辞 |
| 8 | 差异化利益设置 | 8 | 设计师合作 |
| 9 | 设计师合作 | 9 | 推荐新顾客 |

# 附6：某市场操盘计划一览表

| 某市场工作计划一览表 | | | | | |
|---|---|---|---|---|---|
| 一．基建组（总负责：） | | | | | |
| | 事项 | 属性 | 成果 | 完成时间 | 责任人 |
| 1 | 确定组织架构、编制、岗位说明书 | 项目 | 《组织框架与岗位说明书》 | | |
| 2 | 确定薪资及福利制度 | 项目 | 《薪资福利制度》 | | |
| 3 | 确定绩效考核办法 | 项目 | 《绩效考核办法》 | | |
| 4 | 确定员工招聘办法 | 项目 | 《招聘管理办法》 | | |
| 5 | 入职、离职制度 | 项目 | 《入职离职管理办法》 | | |
| 6 | 确定员工培训方案 | 项目 | 《入职培训与日常培训方案》 | | |
| 7 | 确定师徒制度执行规范 | 项目 | 《师徒制管理办法》 | | |
| 8 | 升迁、降职、辞退制度 | 项目 | 《职业发展管理规范》 | | |
| 9 | 假期制度 | 项目 | 《假期与请假管理规范》 | | |
| 10 | 团队建设指导办法 | 项目 | 《团队建设指导办法》 | | |
| 11 | 确定团队活动基金及基金使用办法 | 项目 | 《团队建设基金管理办法》 | | |
| 12 | 确定会议制度 | 项目 | 《会议管理制度》 | | |
| 13 | 确定工作分工与报告制度 | 项目 | 《工作分工指导与工作报告制度》 | | |
| | | | | | |

续表

| 某市场工作计划一览表 | | | | | |
|---|---|---|---|---|---|
| 二．销售组（总负责：） | | | | | |
| | 事项 | 属性 | 成果 | 完成时间 | 责任人 |
| 1 | 产品策略制定 | 项目/日常 | 《产品策略指导书》 | | |
| 2 | 价格策略 | 项目/日常 | 《定价、售价指导方案》 | | |
| 3 | 制定销售计划 | 项目/日常 | 《春节前销售计划》 | | |
| 4 | 销售政策 | 项目/日常 | 《销售政策》 | | |
| 5 | 销售数据管理 | 项目/日常 | 《销售数据记录、调阅、品相分析管理办法》《既有销售数据分析报告》 | | |
| 6 | 店面销售培训 | 项目/日常 | 销售培训实施，满意度达80%以上 | | |
| 7 | 准顾客收集及培训 | 项目/日常 | 制定并完成收集目标；培训，满意度达80%以上 | | |
| 8 | 呆滞品处理指导办法 | 项目 | 《呆滞品处理指导办法》 | | |
| 三．市场组（总负责：） | | | | | |
| | 事项 | 属性 | 成果 | 完成时间 | 责任人 |
| 1 | 【广告篇】广告规划 | 项目/日常 | 《广告投放整体指导规划》 | | |
| | 【广告篇】广告资源寻找与确定 | 项目/日常 | 需要指标 | | |
| | 【广告篇】广告制作 | 项目/日常 | 及时投放 | | |
| | 【广告篇】广告维护 | 项目/日常 | 《广告维护制度》 | | |
| | 【广告篇】广告效果评估 | 项目/日常 | 《广告效果评估办法》 | | |

续表

| 某市场工作计划一览表 | | | | | |
|---|---|---|---|---|---|
| 2 | 【竞争调研篇】竞争卖场调研 | 项目/日常 | 《竞争卖场调研报告》 | | |
| | 【竞争调研篇】竞争品牌调研 | 项目/日常 | 《竞争品牌调研报告》 | | |
| 3 | 小区调研 | 项目/日常 | 《小区调研报告》 | | |
| 4 | 异业合作 | 项目/日常 | 《异业调研报告》《异业合作方案》《异业合作名单》 | | |
| 5 | 促销规划 | 项目 | 《常规促销指导方案》 | | |
| 6 | 【活动策划篇】公益 | 项目/日常 | 每季度组织完成1项公益活动，春节前完成2次公益活动 | | |
| | 【活动策划篇】促销 | 日常 | 活动方案 | | |
| | 【活动策划篇】联合推广 | 日常 | 活动方案 | | |
| | 【活动策划篇】团队建设 | 日常 | 节前组织一次较大型团队活动 | | |
| 7 | 【卖场包装篇】店外包装 | 项目 | 具体工作待明确 | | |
| | 【卖场包装篇】店内包装 | 项目 | 具体工作待明确 | | |
| 8 | 助销物料打造 | 项目/日常 | 成交顾客名册、安装实景图册、卖点对比物料设计 | | |
| 9 | 礼品与赠品选购指导方案 | 项目 | 《礼品与赠品选择指导方针与采购办法》 | | |
| | | | | | |
| **四．售后组（总负责：）** | | | | | |
| | 事项 | 属性 | 成果 | 完成时间 | 责任人 |
| 1 | 售后问题梳理 | 项目/日常 | 《现阶段售后问题报告》 | | |
| 2 | 售后问题研讨会 | 项目/日常 | 《售后问题解决指导思路》 | | |

续表

| 某市场工作计划一览表 | | | | | |
|---|---|---|---|---|---|
| 3 | 售后数据管理 | 项目/日常 | 《投诉处理记录制度》 | | |
| 4 | 售后服务礼仪培训 | 项目 | 《技能提升方案与培训实施》 | | |
| 5 | 安装技能与效率提升培训 | 项目/日常 | 《技能提升方案与培训实施》 | | |
| 6 | 维修技能与效率提升培训 | 项目/日常 | 《技能提升方案与培训实施》 | | |
| 7 | 回访培训 | 项目 | 《技能提升方案与培训实施》 | | |
| 8 | 客户投诉处理培训 | 项目/日常 | 《技能提升方案与培训实施》 | | |
| 9 | 售后增值服务方案 | 项目 | 《售后增值服务方案》 | | |
| 10 | 成交顾客调研方案 | 项目 | 《成交顾客调研方案》 | | |
| 11 | 售后客户开发方案 | 项目 | 《售后客户开发方案》 | | |
| | | | | | |
| 五. 后勤组（总负责:） | | | | | |
| | 事项 | 属性 | 成果 | 完成时间 | 责任人 |
| 1 | 导购制服到位 | 项目 | 制服统一 | | |
| 2 | 【卖场维护】安保 | 项目/日常 | 维护规范与培训 | | |
| | 【卖场维护】保洁 | 项目/日常 | 维护规范与培训 | | |
| | 【卖场维护】灯光 | 项目/日常 | 维护规范与培训 | | |
| | 【卖场维护】音乐 | 项目/日常 | 维护规范与培训 | | |
| | 【卖场维护】饰品陈列 | 项目/日常 | 维护规范与培训 | | |

续表

| 某市场工作计划一览表 | | | | | |
|---|---|---|---|---|---|
| 2 | 【卖场维护】物料陈列 | 项目/日常 | 维护规范与培训 | | |
| | 【卖场维护】样品体验 | 项目/日常 | 维护规范与培训 | | |
| | 【卖场维护】前台管理 | 项目/日常 | 维护规范与培训 | | |
| 3 | 【商务】问题梳理 | 项目 | 《现阶段商务问题报告》 | | |
| | 【商务】问题研讨 | 项目 | 《问题解决指导思路》 | | |
| | 【商务】兑货培训 | 项目 | 《兑货质量提高方案与培训》 | | |
| | 【商务】规范化对接培训 | 项目 | 商务工作规范制定与培训 | | |
| 4 | 【仓库】问题梳理 | 项目/日常 | 《现阶段仓库问题报告》 | | |
| | 【仓库】问题研讨 | | 《问题解决指导思路》 | | |
| | 【仓库】入库、出库、存放、盘点、安全管理、应急处理培训 | 项目 | 规范培训 | | |
| 5 | 【财务】预算制度 | 项目 | 自营店预算管理制度 | | |
| | 【财务】费用审批权限及流程 | 项目 | 自营店预算管理制度 | | |
| | 【财务】现金管理 | 项目 | 现金管理制度 | | |
| | 【财务】会计凭证管理 | 项目 | 会计凭证管理制度 | | |

# 1120 本土管理实践与创新论坛

这是由100多位本土管理专家联合创立的企业管理实践学术交流组织，旨在孵化本土管理思想、促进企业管理实践、加强专家间交流与协作。

论坛每年集中力量办好两件大事：第一，**“出一本书”**，汇聚一年的思考和实践，把最原创、最前沿、最实战的内容集结成册，贡献读者；第二，**“办一次会”**，每年11月20日本土管理专家们汇聚一堂，碰撞思想、研讨案例、交流切磋、回馈社会。

**论坛理事名单**（以年龄为序，以示传承之意）

**常务理事：**

彭志雄　曾　伟　施　炜　杨　涛　张学军　郭　晓
程绍珊　胡八一　王祥伍　李志华　陈立云　杨永华

**理　　事：**

卢根鑫　曾令同　宋杼宸　张国祥　刘承元　曹子祥　宋新宇　吴越舟
吴　坚　戴欣明　刘春雄　刘祖轲　段继东　何　慕　秦国伟　贺兵一
张小虎　郭　剑　余晓雷　黄中强　朱玉童　沈　坤　阎立忠　张　进
丁兴良　朱仁健　薛宝峰　史贤龙　卢　强　史幼波　叶敦明　王明胤
陈　明　岑立聪　方　刚　张东利　郭富才　叶　宁　何　屹　沈　奎
王　超　马宝琳　谭长春　夏惊鸣　张　博　李洪道　胡浪球　孙　波
唐江华　刘红明　杨鸿贵　伯建新　高可为　李　蓓　孔祥云　贾同领
罗宏文　史立臣　李政权　余　盛　陈小龙　尚　锋　邢　雷　余伟辉
李小勇　全怀周　沈　拓　徐伟泽　崔自三　王玉荣　蒋　军　侯军伟
黄润霖　金国华　吴　之　葛新红　周　剑　崔海鹏　柏　龑　唐道明
朱志明　曲宗恺　杜　忠　远　鸣　范月明　刘文新　赵晓萌　张　伟
熊亚柱　孙彩军　刘　雷　王庆云　俞士耀　丁　昀　黄　磊　罗晓慧
伏泓霖　梁小平　鄢圣安

# 推荐作者得新书!

# 博瑞森征稿启事

**亲爱的读者朋友:**

感谢您选择了博瑞森图书!希望您手中的这本书能给您带来实实在在的帮助!

博瑞森一直致力于发掘好作者、好内容,希望能把您最需要的思想、方法,一字一句地交到您手中,成为专业知识与管理实践的纽带和桥梁。

但是我们也知道,有很多深入企业一线、经验丰富、乐于分享的优秀专家,或者往来奔波没时间,或者缺少专业的写作指导和便捷的出版途径,只能茫然以待……

还有很多在竞争大潮中坚守的企业,有着异常宝贵的实践经验和独特的闪光点,但缺少专业的记录和整理者,无法让企业的经验和故事被更多的人了解、学习、参考……

**这些都太遗憾了!**

博瑞森非常希望能将这些埋藏的"宝藏"发掘出来,贡献给广大读者,让更多的人得到帮助。

所以,我们真心地邀请您,我们的老读者,帮助我们一起搜寻:

**推荐作者。**

可以是您自己或您的朋友,只要对本土管理有实践、有思考;可以是您通过网络、杂志、书籍或其他途径了解的某位专家,不管名气大小,只要他的思想和方法曾让您深受启发。

**推荐企业。**

可以是您自己所在的企业,或者是您熟悉的某家企业,其创业过程、运营经历、产品研发、机制创新,等等。不论企业大小,只要乐于分享、有值得借鉴书写之处。

**总之,好内容就是一切!**

博瑞森绝非"自费出书",出版项目费用完全由我们承担。您推荐的作者或企业案例一经采用,我们会立刻向您赠送书币100元,可直接换取任何博瑞森图书的纸质版或电子版。

感谢您对本土管理的支持!感谢您对博瑞森图书的帮助!

推荐邮箱:bookgood@126.com　　　推荐手机:13611149991

欢迎登录"博瑞森管理图书网"了解我们!

**博瑞森图书**

## 互联网＋

| | 书名．作者 | 内容/特色 | 读者价值 |
|---|---|---|---|
| 互联网＋ | **移动互联新玩法：未来商业的格局和趋势**<br>史贤龙　著 | 传统商业、电商、移动互联，三个世界并存，这种新格局的玩法一定要懂 | 看清热点的本质，把握行业先机，一本书搞定移动互联网 |
| | **创造增量市场：传统企业互联网转型之道**<br>刘红明　著 | 传统企业需要用互联网思维去创造增量，而不是用电子商务去转移传统业务的存量 | 教你怎么在"互联网＋"的海洋中创造实实在在的增量 |
| | **画出公司的互联网进化路线图：用互联网思维重塑产品、客户和价值**<br>李　蓓　著 | 18个问题帮助企业一步步梳理出互联网转型思路 | 思路清晰、案例丰富，非常有启发性 |
| | **7个转变，让公司3年胜出**<br>李　蓓　著 | 消费者主权时代，企业该怎么办 | 这就是互联网思维，老板有能这样想，肯定倒不了 |
| | **重生战略：移动互联网和大数据时代的转型法则**<br>沈　拓　著 | 在移动互联网和大数据时代，传统企业转型如同生命体打算与再造，称之为"重生战略" | 帮助企业认清移动互联网环境下的变化和应对之道 |
| | **跳出同质思维，从跟随到领先**<br>郭　剑　著 | 66个精彩案例剖析，帮助老板突破行业长期思维惯性 | 做企业竟然有这么多玩法，开眼界 |
| | **今后这样做品牌：移动互联时代的品牌营销策略**<br>蒋　军　著 | 与移动互联紧密结合，告诉你老方法还能不能用，新方法怎么用 | 今后这样做品牌就对了 |
| | **互联网＋"变"与"不变"：本土管理实践与创新论坛集萃．2016**<br>本土管理实践与创新论坛　著 | 本土管理领域正在产生自己独特的理论和模式，尤其在移动互联时代，有很多新课题需要本土专家们一起研究 | 帮助读者拓宽眼界、突破思维 |
| | **微商生意经：揭秘33个微商鲜为人知的赚钱秘诀**<br>伏泓霖　罗晓慧　著 | 本书为33个真实案例，分享案例主人公在做微商过程中的经验教训 | 案例真实，有借鉴意义 |

## 行业类：零售、白酒、食品/快消品、农业、医药、建材家居等

| | 书名．作者 | 内容/特色 | 读者价值 |
|---|---|---|---|
| 零售·超市·餐饮·服装·汽车 | **1. 总部有多强大，门店就能走多远**<br>**2. 超市卖场定价策略与品类管理**<br>**3. 连锁零售企业招聘与培训破解之道**<br>**4. 中国首家未来超市：解密安徽乐城**<br>**5. 三四线城市超市如何快速成长：解密甘雨亭**<br>IBMG 国际商业管理集团　著 | 国内外标杆企业的经验＋本土实践量化数据＋操作步骤、方法 | 通俗易懂，行业经验丰富，宝贵的行业量化数据，关键思路和步骤 |
| | **涨价也能卖到翻**<br>村松达夫　【日】 | 提升客单价的15种实用、有效的方法 | 日本企业在这方面非常值得学习和借鉴 |
| | **零售：把客流变成购买力**<br>丁　昀　著 | 如何通过不断升级产品和体验式服务来经营客流 | 如何进行体验营销，国外的好经营，这方面有启发 |
| | **餐饮企业经营策略第一书**<br>吴　坚　著 | 分别从产品、顾客、市场、盈利模式等几个方面，对现阶段餐饮企业的发展提出策略和思路 | 第一本专业的、高端的餐饮企业经营指导书 |
| | **赚不赚钱靠店长：从懂管理到会经营**<br>孙彩军　著 | 通过生动的案例来进行剖析，注重门店管理细节方面的能力提升 | 帮助终端门店店长在管理门店的过程中实现经营思路的拓展与突破 |
| | **汽车配件这样卖：汽车后市场销售秘诀100条**<br>俞士耀　著 | 汽配销售业务员必读，手把手教授最实用的方法，轻松得来好业绩 | 快速上岗，专业实效，业绩无忧 |

续表

| | | | |
|---|---|---|---|
| 白酒 | **变局下的白酒企业重构**<br>杨永华　著 | 帮助白酒企业从产业视角看清趋势，找准位置，实现弯道超车的书 | 行业内企业要减少 90%，自己在什么位置，怎么做，都清楚了 |
| | **1. 白酒营销的第一本书**<br>**2. 白酒经销商的第一本书**<br>唐江华　著 | 华泽集团湖南开口笑公司品牌部长，擅长酒类新品推广、新市场拓展 | 扎根一线，实战 |
| | **区域型白酒企业营销必胜法则**<br>朱志明　著 | 为区域型白酒企业提供 35 条必胜法则，在竞争中赢销的葵花宝典 | 丰富的一线经验和深厚积累，实操实用 |
| | **10 步成功运作白酒区域市场**<br>朱志明　著 | 白酒区域操盘者必备，掌握区域市场运作的战略、战术、兵法 | 在区域市场的攻伐防守中运筹帷幄，立于不败之地 |
| | **酒业转型大时代：微酒精选 2014－2015**<br>微酒　主编 | 本书分为五个部分：当年大事件、那些酒业营销工具、微酒独立策划、业内大调查和十大经典案例 | 了解行业新动态、新观点，学习营销方法 |
| 快消品·食品 | **乳业营销第一书**<br>侯军伟　著 | 对区域乳品企业生存发展关键性问题的梳理 | 唯一的区域乳业营销书，区域乳品企业一定要看 |
| | **食用油营销第一书**<br>余　盛　著 | 10 多年油脂企业工作经验，从行业到具体实操 | 食用油行业第一书，当之无愧 |
| | **中国茶叶营销第一书**<br>柏　龑　著 | 如何跳出茶行业“大文化小产业”的困境，作者给出了自己的观察和思考 | 不是传统做茶的思路，而是现在商业做茶的思路 |
| | **调味品营销第一书**<br>陈小龙　著 | 国内唯一一本调味品营销的书 | 唯一的调味品营销的书，调味品的从业者一定要看 |
| | **快消品营销人的第一本书：从入门到精通**<br>刘　雷　伯建新　著 | 快消行业必读书，从入门到专业 | 深入细致，易学易懂 |
| | **变局下的快消品营销实战策略**<br>杨永华　著 | 通胀了，成本增加，如何从被动应战变成主动的“系统战” | 作者对快消品行业非常熟悉、非常实战 |
| | **快消品经销商如何快速做大**<br>杨永华　著 | 本书完全从实战的角度，评述现象，解析误区，揭示原理，传授方法 | 为转型期的经销商提供了解决思路，指出了发展方向 |
| | **一位销售经理的工作心得**<br>蒋　军　著 | 一线营销管理人员想提升业绩却无从下手时，可以看看这本书 | 一线的真实感悟 |
| | **快消品营销：一位销售经理的工作心得 2**<br>蒋　军　著 | 快消品、食品饮料营销的经验之谈，重点图书 | 来源与实战的精华总结 |
| | **快消品营销与渠道管理**<br>谭长春　著 | 将快消品标杆企业渠道管理的经验和方法分享出来 | 可口可乐、华润的一些具体的渠道管理经验，实战 |
| | **成为优秀的快消品区域经理**<br>伯建新　著 | 37 个“怎么办”分析区域经理的工作关键点 | 可以作为区域经理的‘速成催化器’ |
| | **销售轨迹：一位快消品营销总监的拼搏之路**<br>秦国伟　著 | 本书讲述了一个普通销售员打拼成为跨国企业营销总监的真实奋斗历程 | 激励人心，给广大销售员以力量和鼓舞 |
| | **快消老手都在这样做：区域经理操盘锦囊**<br>方刚　著 | 非常接地气，全是多年沉淀下来的干货，丰富的一线经验和实操方法不可多得 | 在市场摸爬滚打的“老油条”，那些独家绝招妙招一般你问都是问不来的 |
| 农业 | **农资营销实战全指导**<br>张　博　著 | 农资如何向“深度营销”转型，从理论到实践进行系统剖析，经验资深 | 朴实、使用！不可多得的农资营销实战指导 |
| | **农产品营销第一书**<br>胡浪球　著 | 从农业企业战略到市场开拓、营销、品牌、模式等 | 来源于实践中的思考，有启发 |
| | **变局下的农牧企业发展 9 大策略**<br>彭志雄　著 | 食品安全、纵向延伸、横向联合、品牌建设…… | 唯一的农牧企业经营实操的书，农牧企业一定要看 |

续表

| | | | |
|---|---|---|---|
| 医药 | **新医改下医药营销与团队管理**<br>史立臣　著 | 探讨新医改对医药行业的系列影响和医药团队管理 | 帮助理清思路,有一个框架 |
| | **医药营销与处方药学术推广**<br>马宝琳　著 | 如何用医学策划把"平民产品"变成"明星产品" | 有真货、讲真话的作者,堪称处方药营销的经典! |
| | **新医改了,药店就要这样开**<br>尚　锋　著 | 药店经营、管理、营销全攻略 | 有很强的实战性和可操作性 |
| | **电商来了,实体药店如何突围**<br>尚　锋　著 | 电商崛起,药店该如何突围?本书从促销、会员服务、专业性、客单价等多重角度给出了指导方向 | 实战攻略,拿来就能用 |
| | **在中国,医药营销这样做:时代方略精选文集**<br>段继东　主编 | 专注于医药营销咨询15年,将医药营销方法的精华文章合编,深入全面 | 可谓医药营销领域的顶尖著作,医药界读者的必读书 |
| | **OTC医药代表药店开发与维护**<br>鄢圣安　著 | 要做到一名专业的医药代表,需要做什么、准备什么、知识储备、操作技巧等 | 医药代表药店拜访的指导手册,手把手教你快速上手 |
| | **引爆药店成交率1:店员导购实战**<br>范月明　著 | 一本书解决药店导购所有难题 | 情景化、真实化、实战化 |
| | **引爆药店成交率2:经营落地实战**<br>范月明　著 | 最接地气的经营方法全指导 | 揭示了药店经营的几类关键问题 |
| | **医药企业转型升级战略**<br>史立臣　著 | 药企转型升级有5大途径,并给出落地步骤及风险控制方法 | 实操性强,有作者个人经验总结及分析 |
| 建材家居 | **建材家居营销实务**<br>程绍珊　杨鸿贵　主编 | 价值营销运用到建材家居,每一步都让客户增值 | 有自己的系统、实战 |
| | **建材家居门店销量提升**<br>贾同领　著 | 店面选址、广告投放、推广助销、空间布局、生动展示、店面运营等 | 门店销量提升是一个系统工程,非常系统、实战 |
| | **10步成为最棒的建材家居门店店长**<br>徐伟泽　著 | 实际方法易学易用,让员工能够迅速成长,成为独当一面的好店长 | 只要坚持这样干,一定能成为好店长 |
| | **手把手帮建材家居导购业绩倍增:成为顶尖的门店店员**<br>熊亚柱　著 | 生动的表现形式,让普通人也能成为优秀的导购员,让门店业绩长红 | 读着有趣,用着简单,一本在手、业绩无忧 |
| | **建材家居经销商实战42章经**<br>王庆云　著 | 告诉经销商:老板怎么当、团队怎么带、生意怎么做 | 忠言逆耳,看着不舒服就对了,实战总结,用一招半式就值了 |
| 工业品 | **解决方案营销实战案例**<br>刘祖轲　著 | 用10个真案例讲明白什么是工业品的解决方案式营销,实战、实用 | 有干货、真正操作过的才能写得出来 |
| | **变局下的工业品企业7大机遇**<br>叶敦明　著 | 产业链条的整合机会、盈利模式的复制机会、营销红利的机会、工业服务商转型机会…… | 工业品企业还可以这样做,思维大突破 |
| | **工业品市场部实战全指导**<br>杜　忠　著 | 工业品市场部经理工作内容全指导 | 系统、全面、有理论、有方法,帮助工业品市场部经理更快提升专业能力 |
| | **工业品营销管理实务**<br>李洪道　著 | 中国特色工业品营销体系的全面深化、工业品营销管理体系优化升级 | 工具更实战,案例更鲜活,内容更深化 |
| | **工业品企业如何做品牌**<br>张东利　著 | 为工业品企业提供最全面的品牌建设思路 | 有策略、有方法、有思路、有工具 |
| | **丁兴良讲工业4.0**<br>丁兴良　著 | 没有枯燥的理论和说教,用朴实直白的语言告诉你工业4.0的全貌 | 工业4.0是什么?本书告诉你答案 |
| | **大客户营销,好策略带动强执行**<br>叶敦明　著 | 从业务开发、发起攻势、关系培育、职业成长四个方面,详述了大客户营销的精髓 | 满满的全是干货 |
| | **营销取胜靠订单:订单驱动下的工业品营销实践**<br>唐道明　著 | 其实,所有的企业都在围绕着两个字在开展全部的经营和管理工作,那就是"订单" | 开发订单、满足订单、扩大订单。本书全是实操方法,字字珠玑、句句干货,教你获得营销的胜利 |

续表

| | | | |
|---|---|---|---|
| 金融 | **交易心理分析**<br>(美)马克·道格拉斯 著<br>刘真如 译 | 作者一语道破赢家的思考方式,并提供了具体的训练方法 | 不愧是投资心理的第一书,绝对经典 |
| | **精品银行管理之道**<br>崔海鹏 何 屹 主编 | 中小银行转型的实战经验总结 | 中小银行的教材很多,实战类的书很少,可以看看 |
| | **支付战争**<br>Eric M. Jackson 著<br>徐 彬 王 晓 译 | PayPal创业期营销官,亲身讲述PayPal从诞生到壮大到成功出售的整个历史 | 激烈、有趣的内幕商战故事!了解美国支付市场的风云巨变 |
| 房地产 | **产业园区/产业地产规划、招商、运营实战**<br>阎立忠 著 | 目前中国第一本系统解读产业园区和产业地产建设运营的实战宝典 | 从认知、策划、招商到运营全面了解地产策划 |
| | **人文商业地产策划**<br>戴欣明 著 | 城市与商业地产战略定位的关键是不可复制性,要发现独一无二的"味道" | 突破千城一面的策划困局 |

## 经营类:企业如何赚钱,如何抓机会,如何突破,如何"开源"

| | 书名.作者 | 内容/特色 | 读者价值 |
|---|---|---|---|
| 抓方向 | **让经营回归简单.升级版**<br>宋新宇 著 | 化繁为简抓住经营本质:战略、客户、产品、员工、成长 | 经典,做企业就这几个关键点! |
| | **企业由小到大要过哪些坎**<br>卢 强 著 | 老板手里的一张"企业成长路线图" | 现在我在哪儿,未来还要走哪些路,都清楚了 |
| | **企业二次创业成功路线图**<br>夏惊鸣 著 | 企业曾经抓住机会成功了,但下一步该怎么办? | 企业怎样获得第二次成功,心里有个大框架了 |
| | **老板经理人双赢之道**<br>陈 明 著 | 经理人怎养选平台、怎么开局,老板怎样选/育/用/留 | 老板生闷气,经理人牢骚大,这次知道该怎么办了 |
| | **简单思考:AMT咨询创始人自述**<br>孔祥云 著 | 著名咨询公司(AMT)的CEO创业历程中点点滴滴的经验与思考 | 每一位咨询人,每一位创业者和管理经营者,都值得一读 |
| | **企业文化的逻辑**<br>王祥伍 黄健江 著 | 为什么企业绩效如此不同,解开绩效背后的文化密码 | 少有的深刻,有品质,读起来很流畅 |
| | **使命驱动企业成长**<br>高可为 著 | 钱能让一个人今天努力,使命能让一群人长期努力 | 对于想做事业的人,'使命'是绕不过去的 |
| 思维突破 | **移动互联新玩法:未来商业的格局和趋势**<br>史贤龙 著 | 传统商业、电商、移动互联,三个世界并存,这种新格局的玩法一定要懂 | 看清热点的本质,把握行业先机,一本书搞定移动互联网 |
| | **画出公司的互联网进化路线图:用互联网思维重塑产品、客户和价值**<br>李 蓓 著 | 18个问题帮助企业一步步梳理出互联网转型思路 | 思路清晰、案例丰富,非常有启发性 |
| | **重生战略:移动互联网和大数据时代的转型法则**<br>沈 拓 著 | 在移动互联网和大数据时代,传统企业转型如同生命体打算与再造,称之为"重生战略" | 帮助企业认清移动互联网环境下的变化和应对之道 |
| | **创造增量市场:传统企业互联网转型之道**<br>刘红明 著 | 传统企业需要用互联网思维去创造增量,而不是用电子商务去转移传统业务的存量 | 教你怎么在"互联网+"的海洋中创造实实在在的增量 |
| | **7个转变,让公司3年胜出**<br>李 蓓 著 | 消费者主权时代,企业该怎么办 | 这就是互联网思维,老板有能这样想,肯定倒不了 |
| | **跳出同质思维,从跟随到领先**<br>郭 剑 著 | 66个精彩案例剖析,帮助老板突破行业长期思维惯性 | 做企业竟然有这么多玩法,开眼界 |
| | **麻烦就是需求 难题就是商机**<br>卢根鑫 著 | 如何借助客户的眼睛发现商机 | 什么是真商机,怎么判断、怎么抓,有借鉴 |
| | **2015本土管理实践与创新论坛思想荟萃** | 加速本土管理思想的孕育诞生,促进本土管理创新成果更好地服务企业、贡献社会 | 各个作者本年度最新思想,帮助读者拓宽眼界、突破思维 |

续表

<table>
<tr><th colspan="4">管理类:效率如何提升,如何实现经营目标,如何“节流”</th></tr>
<tr><th></th><th>书名.作者</th><th>内容/特色</th><th>读者价值</th></tr>
<tr><td rowspan="5">通用管理</td><td>1. 让管理回归简单.升级版<br>2. 让经营回归简单.升级版<br>3. 让用人回归简单<br>宋新宇 著</td><td>宋博士的“简单”三部曲,影响20万读者,非常经典</td><td>被读者热情地称作“中小企业的管理圣经”</td></tr>
<tr><td>边干边学做老板<br>黄中强 著</td><td>创业20多年的老板,有经验、能写、又愿意分享,这样的书很少</td><td>处处共鸣,帮助中小企业老板少走弯路</td></tr>
<tr><td>阿米巴经营的中国模式<br>李志华 著</td><td>让员工从“要我干”到“我要干”,价值量化出来</td><td>阿米巴在企业如何落地,明白思路了</td></tr>
<tr><td>阿米巴中国落地实践三部曲之科学划分阿米巴<br>胡八一 著</td><td>重点讲解如何科学划分阿米巴单元,阐述划分的实操要领、思路、方法、技术与工具</td><td>最大限度减少“推行风险”和“摸索成本”,利于公司成功搭建适合自身的个性化阿米巴经营体系</td></tr>
<tr><td>欧博心法:好管理靠修行<br>曾 伟 著</td><td>用佛家的智慧,深刻剖析管理问题,见解独到</td><td>如果真的有‘中国式管理’,曾老师是其中标志性人物</td></tr>
<tr><td rowspan="2">流程管理</td><td>1. 用流程解放管理者<br>2. 用流程解放管理者2<br>张国祥 著</td><td>中小企业阅读的流程管理、企业规范化的书</td><td>通俗易懂,理论和实践的结合恰到好处</td></tr>
<tr><td>跟我们学建流程体系<br>陈立云 著</td><td>畅销书《跟我们学做流程管理》系列,更实操,更细致,更深入</td><td>更多地分享实践,分享感悟,从实践总结出来的方法论</td></tr>
<tr><td rowspan="3">战略落地</td><td>公司大了怎么管:从靠英雄到靠组织<br>AMT 金国华 著</td><td>第一次详尽阐释中国快速成长型企业的特点、问题及解决之道</td><td>帮助快速成长型企业领导及管理团队理清思路,突破瓶颈</td></tr>
<tr><td>低效会议怎么改:每年节省一半会议成本的秘密<br>AMT 王玉荣 著</td><td>教你如何系统规划公司的各级会议,一本工具书</td><td>教会你科学管理会议的办法</td></tr>
<tr><td>年初订计划,年尾有结果:战略落地七步成诗<br>AMT 郭晓 著</td><td>7个步骤教会你怎么让公司制定的战略转变为行动</td><td>系统规划,有效指导计划实现</td></tr>
<tr><td rowspan="6">企业案例·老板传记</td><td>宗:一位制造业企业家的思考<br>杨 涛 著</td><td>1993年创业,引领企业平稳发展20多年,分享独到的心得体会</td><td>难得的一本老板分享经验的书</td></tr>
<tr><td>简单思考:AMT 咨询创始人自述<br>孔祥云 著</td><td>著名咨询公司(AMT)的CEO创业历程中点点滴滴的经验与思考</td><td>每一位咨询人,每一位创业者和管理经营者,都值得一读</td></tr>
<tr><td>六个核桃凭什么:从0到150亿<br>张学军 著</td><td>首部全面揭秘养元六个核桃裂变式成长的巨著</td><td>学习优秀企业的成长路径,了解其背后的理论体系</td></tr>
<tr><td>三四线城市超市如何快速成长:解密甘雨亭<br>IBMG 国际商业管理集团 著</td><td>国内外标杆企业的经验+本土实践量化数据+操作步骤、方法</td><td>通俗易懂,行业经验丰富,宝贵的行业量化数据,关键思路和步骤</td></tr>
<tr><td>中国首家未来超市:解密安徽乐城<br>IBMG 国际商业管理集团 著</td><td>本书深入挖掘了安徽乐城超市的试验案例,为零售企业未来的发展提供了一条可借鉴之路</td><td>通俗易懂,行业经验丰富,宝贵的行业量化数据,关键思路和步骤</td></tr>
<tr><td>借力咨询:德邦成长背后的秘密<br>官同良 王祥伍 著</td><td>讲述德邦是如何借助咨询公司的力量进行自身 与发展的</td><td>来自德邦内部的第一线资料,真实、珍贵,令人受益匪浅</td></tr>
<tr><td rowspan="4">人力资源</td><td>回归本源看绩效<br>孙 波 著</td><td>让绩效回顾“改进工具”的本源,真正为企业所用</td><td>确实是来源于实践的思考,有共鸣</td></tr>
<tr><td>曹子祥教你做绩效管理<br>曹子祥 著</td><td>复杂的理论通俗化,专业的知识简单化,企业绩效管理共性问题的解决方案</td><td>轻松掌握绩效管理</td></tr>
<tr><td>把招聘做到极致<br>远 鸣 著</td><td>作为世界500强高级招聘经理,作者数十年招聘经验的总结分享</td><td>带来职场思考境界的提升和具体招聘方法的学习</td></tr>
<tr><td>人才评价中心.超级漫画版<br>邢 雷 著</td><td>专业的主题,漫画的形式,只此一本</td><td>没想到一本专业的书,能写成这效果</td></tr>
</table>

续表

| | | | |
|---|---|---|---|
| 人力资源 | **走出薪酬管理误区**<br>全怀周　著 | 剖析薪酬管理的8大误区，真正发挥好枢纽作用 | 值得企业深读的实用教案 |
| | **集团化人力资源管理实践**<br>李小勇　著 | 对搭建集团化的企业很有帮助，务实，实用 | 最大的亮点不是理论，而是结合实际的深入剖析 |
| | **我的人力资源咨询笔记**<br>张　伟　著 | 管理咨询师的视角，思考企业的HR管理 | 通过咨询师的眼睛对比很多企业，有启发 |
| | **本土化人力资源管理8大思维**<br>周　剑　著 | 成熟HR理论，在本土中小企业实践中的探索和思考 | 对企业的现实困境有真切体会，有启发 |
| | **HRBP是这样炼成的之"菜鸟起飞"**<br>新　海　著 | 以小说的形式，具体解析HRBP的职责，应该如何操作，如何为业务服务 | 实践者的经验分享，内容实务具体，形式有趣 |
| 企业文化 | **华夏基石方法：企业文化落地本土实践**<br>王祥伍　谭俊峰　著 | 十年积累、原创方法、一线资料，和盘托出 | 在文化落地方面真正有洞察，有实操价值的书 |
| | **企业文化的逻辑**<br>王祥伍　著 | 为什么企业之间如此不同，解开绩效背后的文化密码 | 少有的深刻，有品质，读起来很流畅 |
| | **企业文化激活沟通**<br>宋杼宸　安　琪　著 | 透过新任HR总经理的眼睛，揭示出沟通与企业文化的关系 | 有实际指导作用的文化落地读本 |
| | **在组织中绽放自我：从专业化到职业化**<br>朱仁健　王祥伍　著 | 个人如何融入组织，组织如何助力个人成长 | 帮助企业员工快速认同并投入到组织中去，为企业发展贡献力量 |
| | **企业文化定位·落地一本通**<br>王明胤　著 | 把高深枯燥的专业理论创建成一套系统化、实操化、简单化的企业文化缔造方法 | 对企业文化不了解，不会做？有这一本从概念到实操，就够了 |
| 生产管理 | **高员工流失率下的精益生产**<br>余伟辉　著 | 中国的精益生产必须面对和解决高员工流失率问题 | 确实来源于本土的工厂车间，很务实 |
| | **车间人员管理那些事儿**<br>岑立聪　著 | 车间人员管理中处理各种"疑难杂症"的经验和方法 | 基层车间管理者最闹心、头疼的事，'打包'解决 |
| | **1. 欧博心法：好管理靠修行**<br>**2. 欧博心法：好工厂这样管**<br>曾　伟　著 | 他是本土最大的制造业管理咨询机构创始人，他从400多个项目、上万家企业实践中锤炼出的欧博心法 | 中小制造型企业，一定会有很强的共鸣 |
| | **欧博工厂案例1：生产计划管控对话录**<br>**欧博工厂案例2：品质技术改善对话录**<br>**欧博工厂案例3：员工执行力提升对话录**<br>曾　伟　著 | 最典型的问题、最详尽的解析，工厂管理9大问题27个经典案例 | 没想到说得这么细，超出想象，案例很典型，照搬都可以了 |
| | **苦中得乐：管理者的第一堂必修课**<br>曾　伟　编著 | 曾伟与师傅大愿法师的对话，佛学与管理实践的碰撞，管理禅的修行之道 | 用佛学最高智慧看透管理 |
| | **比日本工厂更高效1：管理提升无极限**<br>刘承元　著 | 指出制造型企业管理的六大积弊；颠覆流行的错误认知；掌握精益管理的精髓 | 每一个企业都有自己不同的问题，管理没有一剑封喉的秘笈，要从现场、现物、现实出发 |
| | **比日本工厂更高效2：超强经营力**<br>刘承元　著 | 企业要获得持续盈利，就要开源和节流，即实现销售最大化，费用最小化 | 掌握提升工厂效率的全新方法 |
| | **比日本工厂更高效3：精益改善力的成功实践**<br>刘承元　著 | 工厂全面改善系统有其独特的目的取向特征，着眼于企业经营体质（持续竞争力）的建设与提升 | 用持续改善力来飞速提升工厂的效率，高效率能够带来意想不到的高效益 |
| | **3A顾问精益实践1：IE与效率提升**<br>党新民　苏迎斌　蓝旭日　著 | 系统的阐述了IE技术的来龙去脉以及操作方法 | 使员工与企业持续获利 |

续表

| | | | |
|---|---|---|---|
| 员工素质提升 | **跟老板"偷师"学创业**<br>吴江萍　余晓雷　著 | 边学边干，边观察边成长，你也可以当老板 | 不同于其他类型的创业书，让你在工作中积累创业经验，一举成功 |
| | **销售轨迹：一位快消品营销总监的拼搏之路**<br>秦国伟　著 | 本书讲述了一个普通销售员打拼成为跨国企业营销总监的真实奋斗历程 | 激励人心，给广大销售员以力量和鼓舞 |
| | **在组织中绽放自我：从专业化到职业化**<br>朱仁健　王祥伍　著 | 个人如何融入组织，组织如何助力个人成长 | 帮助企业员工快速认同并投入到组织中去，为企业发展贡献力量 |
| | **企业员工弟子规：用心做小事，成就大事业**<br>贾同领　著 | 从传统文化《弟子规》中学习企业中为人处事的办法，从自身做起 | 点滴小事，修养自身，从自身的改善得到事业的提升 |
| | **手把手教你做顶尖企业内训师：TTT培训师宝典**<br>熊亚柱　著 | 从课程研发到现场把控、个人提升都有涉及，易读易懂，内容丰富全面 | 想要做企业内训师的员工有福了，本书教你如何抓住关键，从入门到精通 |

## 营销类：把客户需求融入企业各环节，提供"客户认为"有价值的东西

| | 书名．作者 | 内容/特色 | 读者价值 |
|---|---|---|---|
| 营销模式 | **变局下的营销模式升级**<br>程绍珊　叶　宁　著 | 客户驱动模式、技术驱动模式、资源驱动模式 | 很多行业的营销模式被颠覆，调整的思路有了！ |
| | **卖轮子**<br>科克斯【美】 | 小说版的营销学！营销理念巧妙贯穿其中，贵在既有趣，又有深度 | 经典、有趣！一个故事读懂营销精髓 |
| | **弱势品牌如何做营销**<br>李政权　著 | 中小企业虽有品牌但没名气，营销照样能做的有声有色 | 没有丰富的实操经验，写不出这么具体、详实的案例和步骤，很有启发 |
| | **老板如何管营销**<br>史贤龙　著 | 高段位营销16招，好学好用 | 老板能看，营销人也能看 |
| | **动销：产品是如何畅销起来的**<br>吴江萍　余晓雷　著 | 真真切切告诉你，产品究竟怎么才能卖出去 | 击中痛点，提供方法，你值得拥有 |
| 组织和团队 | **升级你的营销组织**<br>程绍珊　吴越舟　著 | 用"有机性"的营销组织替代"营销能人"，营销团队变成"铁营盘" | 营销队伍最难管，程老师不愧是营销第1操盘手，步骤方法都很成熟 |
| | **用数字解放营销人**<br>黄润霖　著 | 通过量化帮助营销人员提高工作效率 | 作者很用心，很好的常备工具书 |
| | **成为优秀的快消品区域经理**<br>伯建新　著 | 37个"怎么办"分析区域经理的工作关键点 | 可以作为区域经理的'速成催化器' |
| | **一位销售经理的工作心得**<br>蒋　军　著 | 一线营销管理人员想提升业绩却无从下手时，可以看看这本书 | 一线的真实感悟 |
| | **快消品营销：一位销售经理的工作心得2**<br>蒋　军　著 | 快消品、食品饮料营销的经验之谈，重点突出 | 来源于实战的精华总结 |
| | **销售轨迹：一位快消品营销总监的拼搏之路**<br>秦国伟　著 | 本书讲述了一个普通销售员打拼成为跨国企业营销总监的真实奋斗历程 | 激励人心，给广大销售员以力量和鼓舞 |
| | **用营销计划锁定胜局：用数字解放营销人2**<br>黄润霖　著 | 全方位教你怎么做好营销计划，好学好用真简单 | 照搬套用就行，做营销计划再也不头痛 |
| | **快消品营销人的第一本书：从入门到精通**<br>刘　雷　伯建新　著 | 快消行业必读书，从入门到专业 | 深入细致，易学易懂 |
| 营销案例 | **解决方案营销实战案例**<br>刘祖轲　著 | 用10个真案例讲明白什么是工业品的解决方案式营销，实战、实用 | 有干货、真正操作过的才能写得出来 |
| | **招招见销量的营销常识**<br>刘文新　著 | 如何让每一个营销动作都直指销量 | 适合中小企业，看了就能用 |

续表

| | | | |
|---|---|---|---|
| 营销案例 | **我们的营销真案例**<br>联纵智达研究院　著 | 五芳斋粽子从区域到全国/诺贝尔瓷砖门店销量提升/利豪家具出口转内销/汤臣倍健的营销模式 | 选择的案例都很有代表性，实在、实操！ |
| | **中国营销战实录：令人拍案叫绝的营销真案例**<br>联纵智达　著 | 51个案例，42家企业，38万字，18年，累计2000余人次参与…… | 最真实的营销案例，全是一线记录，开阔眼界 |
| | **双剑破局：沈坤营销策划案例集**<br>沈　坤　著 | 双剑公司多年来的精选案例解析集，阐述了项目策划中每一个营销策略的诞生过程，策划角度和方法 | 一线真实案例，与众不同的策划角度令人拍案叫绝、受益匪浅 |
| 产品 | **产品炼金术Ⅰ：如何打造畅销产品**<br>史贤龙　著 | 满足不同阶段、不同体量、不同行业企业对产品的完整需求 | 必须具备的思维和方法，避免在产品问题上走弯路 |
| | **产品炼金术Ⅱ：如何用产品驱动企业成长**<br>史贤龙　著 | 做好产品、关注产品的品质，就是企业成功的第一步 | 必须具备的思维和方法，避免在产品问题上走弯路 |
| | **新产品开发管理，就用IPD**<br>郭富才　著 | 10年IPD研发管理咨询总结，国内首部IPD专业著作 | 一本书掌握IPD管理精髓 |
| 品牌 | **中小企业如何建品牌**<br>梁小平　著 | 中小企业建品牌的入门读本，通俗、易懂 | 对建品牌有了一个整体框架 |
| | **采纳方法：破解本土营销8大难题**<br>朱玉童　编著 | 全面、系统、案例丰富、图文并茂 | 希望在品牌营销方面有所突破的人，应该看看 |
| | **中国品牌营销十三战法**<br>朱玉童　编著 | 采纳20年来的品牌策划方法，同时配有大量的案例 | 众包方式写作，丰富案例给人启发，极具价值 |
| | **今后这样做品牌：移动互联时代的品牌营销策略**<br>蒋军　著 | 与移动互联紧密结合，告诉你老方法还能不能用，新方法怎么用 | 今后这样做品牌就对了 |
| 渠道通路 | **快消品营销与渠道管理**<br>谭长春　著 | 将快消品标杆企业渠道管理的经验和方法分享出来 | 可口可乐、华润的一些具体的渠道管理经验，实战 |
| | **传统行业如何用网络拿订单**<br>张　进　著 | 给老板看的第一本网络营销书 | 适合不懂网络技术的经营决策者看 |
| | **采纳方法：化解渠道冲突**<br>朱玉童　编著 | 系统剖析渠道冲突，21个渠道冲突案例、情景式讲解，37篇讲义 | 系统、全面 |
| | **学话术　卖产品**<br>张小虎　著 | 分析常见的顾客异议，将优秀的话术模块化 | 让普通导购员也能成为销售精英 |
| | **向高层销售：与决策者有效打交道**<br>贺兵一　著 | 一套完整有效的销售策略 | 有工具，有方法，有案例，通俗易懂 |
| | **通路精耕操作全解：快消品20年实战精华**<br>周　俊　陈小龙　著 | 通路精耕的详细全解，每一步的具体操作方法和表单全部无保留提供 | 康师傅二十年的经验和精华，实践证明的最有效方法，教你如何主宰通路 |

## 思想·文化

| | 书名．作者 | 内容/特色 | 读者价值 |
|---|---|---|---|
| 思想·文化 | **史幼波中庸讲记(上下册)**<br>史幼波　著 | 全面、深入浅出地揭示儒家中庸文化的真谛 | 儒释道三家思想融汇贯通 |
| | **史幼波心经讲记(上下册)**<br>史幼波　著 | 句句精讲，句句透彻，佛法经典的多角度阐释 | 通俗易懂，将深刻的教理以浅显的语言讲出来 |
| | **史幼波大学讲记**<br>史幼波　著 | 用儒释道的观点阐释大学的深刻思想 | 一本书读懂传统文化经典 |
| | **史幼波《周子通书》《太极图说》讲记**<br>史幼波　著 | 把形而上的宇宙、天地，与形而下的社会、人生、经济、文化等融合在一起 | 将儒家的一整套学修系统融合起来 |